职业教育城市轨道运输类培训教材

城市轨道交通运营与管理综合应用

李 力 编
王毓吉 主审

CHENGSHIGUIDAO JIAOTONGYUNYING YU GUANLI ZONGHEYINGYONG

中国电力出版社
http://jc.cepp.com.cn

内 容 提 要

本书为城市轨道运输专业教材。全书共六章，主要内容包括城市轨道交通概述、城市轨道交通系统的构成、运输计划、城市轨道交通行车组织、城市轨道交通客运管理、安全管理等。本书以培养岗位技能为出发点，理论联系实际，书中采用了大量的实物图片，图文并茂，通俗易懂，形象直观，便于阅读，并在每一章后配有习题，供参考选用。

本书可作为中职、高职院校相关专业教材，也可作为职工培训及相关技术人员和管理人员参考用书。

图书在版编目（CIP）数据

城市轨道交通运营与管理综合应用/李力编. —北京：中国电力出版社，2008.3（2019.9 重印）

职业教育城市轨道运输类培训教材

ISBN 978-7-5083-6670-8

Ⅰ. 城… Ⅱ. 李… Ⅲ. 城市铁路—交通运输管理—职业教育—教材 Ⅳ. U239.5

中国版本图书馆 CIP 数据核字（2008）第 011020 号

中国电力出版社出版、发行

（北京市东城区北京站西街 19 号　100005　http://jc.cepp.com.cn）

三河市航远印刷有限公司印刷

各地新华书店经售

*

2008 年 3 月第一版　　2019 年 9 月北京第六次印刷

787 毫米×1092 毫米　16 开本　14.25 印张　347 千字

定价 **58.00** 元

PREFACE 前言

在我国，城市轨道交通正处于快速发展的初始阶段。轨道交通系统的建设和运营，急需大量的既具有较高素质，又具有专业技术知识的人才。因此，为满足城市轨道交通发展中对服务与运营管理人员的需求而编写此书。

本书以培养学生的创新精神和实践能力为重点，以培养在服务和管理第一线的高素质服务者和管理人员为目标。通过对本书的学习，培养学生的综合职业能力和继续学习深造的能力。

本书主要介绍了城市轨道交通系统的发展、构成、行车组织、客运组织和安全管理等方面的基本知识，以及运营中的服务、组织方法和相关的管理规定等内容。本书以培养岗位技能为出发点，理论联系实际。书中采用了大量的实物图片，图文并茂，通俗易懂，形象直观，便于阅读。同时，在每一章后均配有习题，供参考选用。

由于作者水平有限，不足之处在所难免，恳请读者与专家指正。

本书由天津市市政教育中心地铁教研室李力编写，天津地铁总公司王毓吉主审。在编写过程中得到了天津地铁总公司有关专家及学校有关老师的大力帮助和支持，在此一并深表感谢。

本书可作为中职、高职等院校相关专业教材，也可作为职工培训和相关技术人员及管理人员参考用书。

编　者

2007 年 6 月

CONTENTS 目录

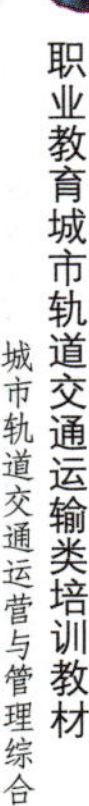

第一章 城市轨道交通概述

第一节　城市轨道交通的由来与发展

城市轨道交通的发展至今已有百余年的历史。目前城市轨道交通以其快速、正点、低能耗、少污染以及安全舒适等优点，逐渐成为世界上各大中城市客运交通的主力。城市轨道交通已经成为城市生活中不可缺少的一部分，同时也鲜明地标志着这个城市已进入了现代化的行列。

一、城市轨道交通发展历程

城市轨道交通的雏形是轨道公共马车。19 世纪初期，欧美一些城市开始出现这种公共交通方式，其特点是以畜力牵引，在街道上有专用的轨道线路。1830 年，英国的利物浦和曼彻斯特之间开通了第一条城市间铁路线路，从此铁路在城市间运输起着主导作用。地铁的产生源于将蒸汽列车引入市中心的构想。

1863 年 1 月 10 日，世界第一条地下铁道在英国伦敦建成通车，见图 1-1-1，列车由蒸汽机车牵引，线路全长 6.4km，采用明挖法施工。由于其较当时地面交通快速的特点，尽管隧道内烟雾弥漫，仍然受到了市民的热烈欢迎，从此城市交通进入轨道交通时代。

图 1-1-1　伦敦地铁（一）

1879 年电力驱动的列车研制成功，大大改善了地下铁道的环境，不仅使乘客和工作人员免受烟熏之苦，也开了轨道交通使用无大气污染的二次能源之先河。1890 年 12 月 8 日，伦敦首次采用盾构法施工，建成由第三轨供电、电力机车牵引的另外一条线路，城市轨道交通从此步入了持续发展时期，见图 1-1-2。

图 1-1-2　伦敦地铁（二）

1892 年，芝加哥建成世界上第二条蒸汽列车地铁，1895 年建成一条电气化地铁线路，1896 年布达佩斯建成欧洲大陆第一条电气化地铁，此后，波士顿、维也纳、巴黎、纽约等城市的地铁线路也相继建成通车。1897 年，动车组出现，即每辆车均有电机驱动，但可以全部由第一辆车的驾驶员操纵。它的重要性体现在不减少列车牵引力的条件下，可增大列车编组。

20 世纪上半叶，东京、莫斯科等几座城市相继修建了地铁。据 1994 年 7 月德国出版的《地铁世界》一书统计资料，到 1990 年世界上有 98 个城市约 5300km 轨道交通投入运营，另有 29 个城市、94 条线约 1000km 在建。

总结城市轨道交通的发展过程，大致可以分为以下几个阶段：

1. 初步发展阶段（1863～1924 年）

在这一阶段，欧美的城市轨道交通发展较快，其间 13 个城市建成了地铁，还有许多城市建设了有轨电车。20 世纪 20 年代，美国、日本、印度和中国的有轨电车有了很大发展。这种旧式的有轨电车行驶在城市的道路中间，运行速度慢，正点率很低，而且噪声大，加速性能低，乘客舒适度差，但在当时却是公共交通的骨干，见图 1-1-3。

2. 停滞萎缩阶段（1924～1949 年）

二次世界大战的爆发和汽车工业的发展，导致了城市轨道交通的停滞和萎缩。汽车的灵活、便捷及可达性使之一度成为城市交通的宠儿，得到飞速发展。而轨道交通因投资大、建设周期长，许多城市停止了投资建设。但由于地下空间对于战火的特殊防护作用，有的处于战争状态中的国家反而加速进行地铁的建设，如日本的东京、大阪和前苏联的莫斯科等。特别是莫斯科，第一条地铁于 1935 年建成通车，二战期间建设速度反而加快，见图 1-1-4。目前地铁运营网络达 251 公里。据悉二战期间斯大林曾经在地铁车站站台开过大型军事会议。别据有关报道，在运营线路下方 20m 深还有长达 280 余千米的军用地铁网络。在这一阶段，只有 5 座城市发展了城市地铁，有轨电车也被纷纷拆除。美国 1912 年已有 370 座城市建有有轨电车，到了 1970 年只剩下 8 座城市保留有轨电车。

图 1-1-3　有轨电车

图 1-1-4　莫斯科路网

3. 再发展阶段（1949～1969 年）

汽车的过度增长造成城市道路堵塞、行车速度下降，严重时还会导致交通瘫痪，加之空气污染、噪声严重、石油资源匮乏、缺少停车场地等原因，人们开始寻找解决城市交通问题的根本出路。依靠电力驱动的城市轨道交通又重新发展起来，并且从欧美扩展到亚洲的日本、中国、韩国、伊朗及非洲的埃及等国家，这期间世界上共有 17 座城市新建了地铁，见图 1-1-5。

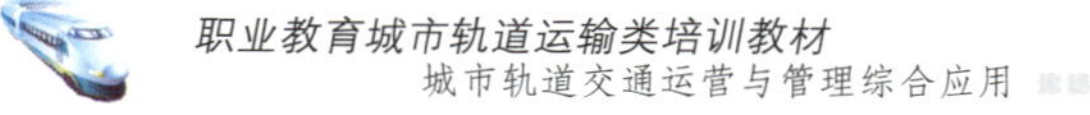

图 1-1-5　东京地铁

4. 高速发展阶段（1970 年至今）

世界上很多国家都确立了优先发展轨道交通的方针，立法解决城市轨道交通的资金来源。世界各国城市化的趋势，导致人口高度集中，要求大力发展城市轨道交通以适应日益增长的客流运输，各种技术的发展也为轨道交通的发展奠定了良好的基础。

城市轨道交通的形式是多样化的。几乎在地下铁道发展的同一时期，在电力驱动的列车问世后，1881 年，德国展示了一列 3 辆编组的小功率有轨电车。在它的启示下，1888 年，美国里士满市出现了世界上第一列商业运行的城市道路有轨电车。此后有轨电车飞速发展，美国、欧洲、亚洲的许多城市相继开通了有轨电车，见图 1-1-6。虽然它行驶在共用的城市道路上，又受路上红绿灯的限制，运行速度很低，但在当时也曾在城市交通中发挥了骨干作用。1906 年，在天津市建成第一条有轨电车线路，全长 5.2km。此后上海、大连、北京、沈阳、哈尔滨、长春、鞍山等城市的有轨电车线路也相继开通。

图 1-1-6　20 世纪初城市有轨电车

随着汽车工业的迅速发展，西方国家的私人小汽车数量急剧增长，大量的汽车拥上街头，城市道路面积明显不够用，于是导致世界上各大城市都纷纷拆除有轨电车线路。这也波及到我国有轨电车的发展。到20世纪50年代末，我国仅剩长春、大连和鞍山3座城市的有轨电车没有拆光，并一直保留至今，继续承担着正常的公共客运任务。

当汽车的发展使人们普遍感到方便而大量使用时，许多城市曾经拆除有轨电车。后来道路的拥塞和尾气的污染迫使城市的管理层寻找新的途径。轨道交通以其快速、安全、准点、大运量、无污染的优越性被世界范围内广大有识之士所认同。因此在地下铁道发展的基础上，造价相对较低的地面新型有轨电车在欧美一些城市道路有条件的情况下重新发展起来。据不完全统计，目前已有270余座城市包括一些大城市（如柏林等）均有较大的发展见图1-1-7。

图1-1-7 旧金山有轨电车

世界各国的地铁也各具特色。莫斯科地铁是世界上最豪华的地铁，有欧洲“地下宫殿”之称，见图1-1-8。天然的料石、欧洲传统的灯饰与莫斯科气势恢宏的各类博物馆交相辉映，简直是一座艺术的博物馆。市内9条地铁线路纵横交错，充分体现了前苏联城市交通规划和建筑业的一流水平。

纽约是当今世界地铁运行线路最长的城市，有线路37条，全长432.4km，车站多达498个，但设施较为陈旧，见图1-1-9。巴黎地铁是世界上最方便的地铁，每天发出4960列车，在主要车站的出入口，均设电脑显示应乘的线路、换乘的地点等，一目了然。巴黎地铁也是世界上层次最多的地铁，包括地面大厅最多有6层（一般为2～3层）。

法国里昂地铁是当今世界上最先进的地铁，全部由微机控制，无人行驶，轻便、省钱、省电，车辆行驶中噪声和振动都很小，高峰小时可通过60列车，为世界上行车间隔最短的全自动化地铁。香港地铁1994年总收入51.3亿港元，扣除经营开发、折旧、利息和财务开支后，当年利润为10.38亿港元。世界各国地铁均靠政府补贴，唯独香港地铁既解决市区出行，同时又可创利。新加坡地铁的车站和线路清洁明亮，一尘不染，是世界上最安全、最清洁、管理最好的地铁。新加坡地铁也像莫斯科一样考虑了战时的防护掩蔽，车站出入口设置了防护门、密闭门等防护设施。墨西哥城在10年间修建了150km地铁，到2000年开通21条地铁线路，全长400km，承担全城客运量的58%。汉城地铁1971年开始建设，目前已有9条线，总长280多千米，这两个城市是世界上地铁发展最快的城市。

(a)

(b)

图 1-1-8　莫斯科地铁

二、国内城市轨道交通简况

1. 北京

我国建设城市轨道交通始于北京地铁 1 号线。20 世纪 60 年代中期开工，1969 年 10 月，北京地铁 1 号线正式投入运营，当时全部采用国产设备，借鉴前苏联技术标准设计，见图 1-1-10。

北京市老规划网络 286km，是 1950 年构思的，20 世纪 80 年代成文。1992 年进行了修订。包括 12 条干线、3 条支线，总长 380km。1998 年又进行了修订，包括 13 条干线，2 条支线，408.2km，见图 1-1-11。北京地铁 1 号线东起北京火车站，沿前门大街转复兴门外大街西行直到终点站——苹果园站，全长 23.6km，1969 年通车。1984 年第二条地铁即北京环线全长 19.9km 建成通车。两条线共长 43.5km、车站 29 座，日客运量 146 万人次，占公交客运量的 15%。2000 年 6 月，第三线复兴门至八王坟的地铁建成通车，全长 13.5km。

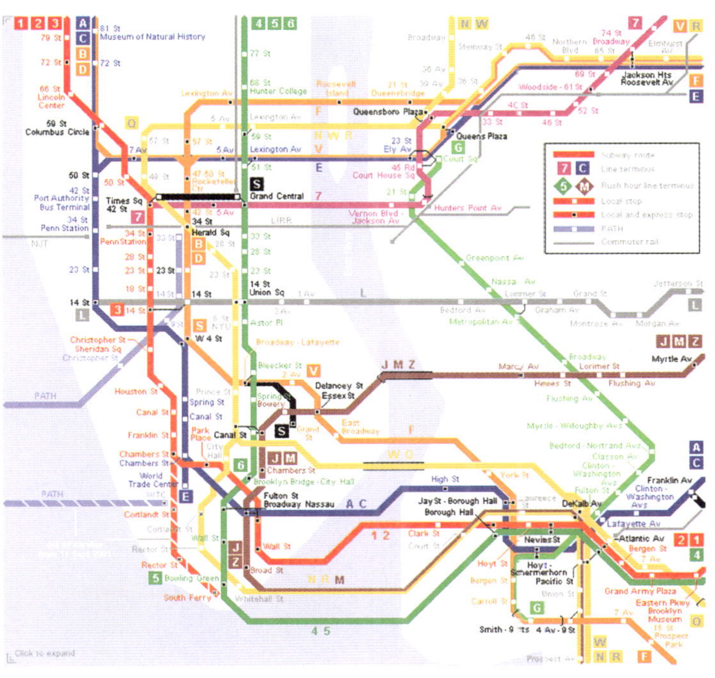

图 1 - 1 - 9　纽约路网

图 1 - 1 - 10　北京地铁

2002 年北京东直门——西直门的城市铁路建成通车，其长度为 40km。至此，北京地铁运营线路长度为 97km。除城市铁路外，北京地铁三条线均为地下线路，其钢轨现采用 60kg/m 钢轨，供电制式为 DC 750V 三轨受电，车辆为 1999 年建设部批准的“城市快速交通工程项目建设标准”中的 B 型车，耐候钢车体、凸轮变阻调速牵引（复八线以后为 VVVF 交流牵引、不锈钢车体）。信号系统原为铁路自动闭塞人工驾驶模式，后引进改造为 ATC 系统，

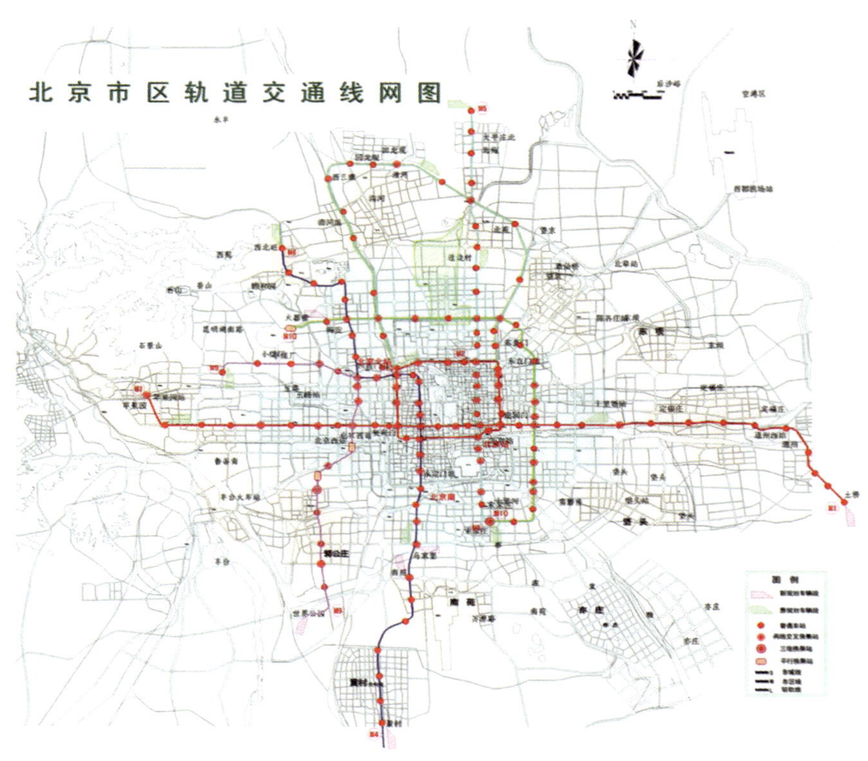

图 1-1-11　北京市区轨道交通线网规划

环线开始采用自行设计安装的 CTC＋移频轨道电路＋ATP 系统。北京地铁三条线目前仍采用人工售检票制式，采用单一票价制，并发行本月票和公交通用 IC 卡，地铁 13 号线采用自动收费系统。

北京地铁的运营和建设由北京地铁总公司统一管理。2001 年改为北京地铁集团，下设运营、建设两公司，分别进行地铁运营和地铁新线建设的管理。2003 年，为适应北京市基础设施领域不断发展的需要，原北京地铁集团转制变更成北京市基础设施投资公司，其主要职责为：承担包括城市轨道交通在内的市重大基础设施的融资还贷，并参与市重大基础设施规划。相应地，运营公司变更为北京市地铁运营有限公司，具体负责对北京地铁线路的运营管理。建设管理公司变更为北京市轨道交通建设管理有限公司，具体负责轨道交通新建线路的初步设计、施工设计、施工队伍、车辆设备的招标、评标和决标；组织轨道交通新建线路的土建结构、建筑装修和设备安装工程的实施；组织轨道交通新建线路的系统调试、开通、验收直至交付运营。

2. 上海

上海是中国第 4 个拥有地铁的城市。1985 年 3 月开始筹建地铁 1 号线，1990 年开工建设，1995 年 4 月全线通车。线路总长 16.13km，设 13 个车站，年客运量约 1 亿人次。建筑限界直径 5.2m。采用美国寇比克公司提供的自动售检票系统。上海地铁 1 号线主要利用德国政府贷款建设，车辆设备均由国外引进，其设备车辆主要采用德国标准。上海地铁 1 号线北起火车站经人民广场、淮海中路、衡山路、漕溪路到终点站虹梅路，于 1995 年 4 月通车，全长 16.1km。1997 年 7 月 1 日南延伸线通车，从火车站至莘庄，使 1 号线全长增加到 21km，全线设车站16座。2000年6月1日上海地铁2号线建成通车，从中山公园站至浦东张江高科园区，全长19km，设车站13座。2000年底上海地铁3号线（又称明珠线）建成通车，该线利用已完成历史任务的淞沪铁路及铁路内环旧址进行建设，全长25km，设车站19座。至此，上海地铁三条线投入运行，运营里程达65km，共设车站48座，日客运量100万人次。2001年3月1日，我国在上海开始修建一条长度约30km的磁悬浮列车示范运营线，列车工程引进德国技术，线路起点为地铁2号线上的龙阴路站，终点为浦东国际机场站，设计最高速度为430km/h，见图1-1-12。2003年莘庄—闵行轻轨线建成后，投运长度17km，车站11座，见图1-1-13。

图1-1-12　上海磁悬浮

图1-1-13　上海莘闵线

目前上海共规划了一个较大规模的地铁网络和一个轻轨网络，见图1-1-14。地铁网络由12条线路组成。轻轨系统作为地铁系统的补充，线路5条，全长780km。上海地铁地下、地面及高架的形式都有。1号线南段5个车站及相应区间设在地面，2号线南段一站一区间为高架形式，其他车站线路在地下；3 号线设两座地面站，其他均为高架形式。钢轨均为 60kg/m 耐磨轨，供电均采用 DC 1500V 接触网制式，车辆为“建设标准”中规定的 A 型车，铝合金车体，斩波调压直流（1 号线）及 VVVF 交流牵引（2 号线、3 号线），信号制式均为 ATC 自动驾驶，1 号线为模拟系统，2、3 号线为数字系统。售检票为 AFC 自动化制式，计程票价制，单程票用磁卡，储值计程票有磁卡和 IC 卡两种制式，其中 IC 卡和公交、轮渡、出租车通用。上海地铁的运营和建设从 1 号线投运开始，由上海地铁总公司统一管理。2000 年原上海地铁总公司进行改组，运营和建设由新组成的上海地铁运营有限公司和上海地铁建设有限公司单独管理。由于 IC 储值卡为地铁、公交、轮渡、出租车等交通方式所通用，因此 1999 年成立的上海东方卡有限公司负责发行 IC 储值卡，并对地铁、公交、轮渡、出租车各公司的票款按日结算。

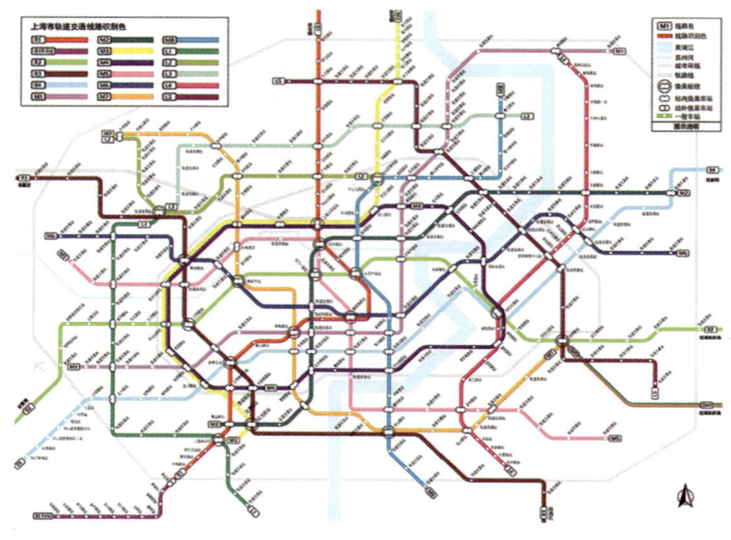

图 1-1-14　2010 年上海市轨道交通路网示意图

上海地铁是由代表政府的投资公司出资（贷款）修建的，建成后的固定资产归投资公司所有，故地铁运营公司的经费是按运营实际和投资公司的资本摊销来结算年度费用的。

3. 天津

天津地铁既有线始建于 1970 年，于 1984 年建成通车，全长 7.4km，设车站 8 座，技术标准和北京地铁 1 号线相同。日客运量约 3 万人次。2001 年该线停止运营，进行改扩建。新建的天津地铁 1 号线，全长 26.188km，设车站 22 座，其中高架站 8 座，地下站 13 座，地面站 1 座。地铁 1 号线刘园至双林是既有段的北伸和南延，刘园至西站和新华路至双林，两段为新建线路，加上西站至新华路既有段，组成完整的 1 号线。天津地铁发展历程见图 1-1-15。天津市快速轨道系统规划共规划了 9 条线路，总长度约 200km。确定 1、2、3 号线为城市快速轨道交通的基本骨架线。4 号线为内部填充线，5、6 号线为外围发展线的线网构架格局、轨道交通系统采用放射式的线网结构，并利用两条线路构成中心市区内不封闭的两个半环线，以加强各组团间的联系，见图 1-1-16。

(a)

(b)

(c)

图 1-1-15　天津地铁发展轨迹

(a) 天津市最早的地铁车辆；(b) 引进的日产电客车（1987 年）；
(c) 运营中的天津地铁 1 号线（2006 年）

天津市地下铁道总公司于 2000 年正式组建，是承担天津市轨道交通规划、融资、建设、运营以及地铁资源开发的企业，下设建设、运营、经营开发三大职能部门。建设公司是总公司全面实施地铁建设管理的职能公司，是公司生产指挥调度中心，主要任务是从参与初步设计开始，对地铁设计、工程前期拆改、设备监造、设备采购、土建与安装工程施工、工程验收等全过程进行全面管理。按照投资合理、质量满意、符合进度、确保安全等要求进行建设管理。运营公司承担地铁运营操作、运营安全、乘客服务、运营经济效益等的规划、管理和日常工作，并承担已建成线路国家验收后的设备设施的必要维护、维修和整改工作。天津地铁经营开发总部是全面负责、统一策划地铁各项综合经营业务资源开发和利用的经营管理部门，全权代表总公司行使对地铁沿线资源的经营管理权利，统一策划总公司资源的开发和利用，有效地利用总公司的各项资源，重点开发物业、广告、通信和商贸等核心资源，优化地铁综合经营业务资源，使地铁资产增值。

4. 广州

广州是中国第 5 个拥有地铁的城市，见图 1-1-17。1989 年 9 月开始筹建地铁 1 号线，

图 1-1-16　天津轨道交通线网规划

(a)

(b)

图 1-1-17　广州地铁

1号线全长18.48km，设16个车站，采用美国寇比克公司提供的自动售检票系统。广州地铁1号线从西朗站北上穿越珠江在公园前向东穿过市中心转向北至终点站广州东站。全长18.5km，设车站16个。1999年6月28日正式通车。2000年日客运量平均为17.4万人次。2003年2号线首段（长约10km，车站9座）投入运行。广州地铁1号线除南段两站及相应线路设在地面外，其余均为地下线路。线路采用60kg/钢轨，供电为DC 1500V接触网制式，车辆为A型车、铝合金车体、VVVF交流牵引。信号采用数字式ATC系统列车自动驾驶。售检票为AFC自动化系统，计程票价制，储值票和单程票均采用磁卡。最近结合2号线的设计，准备将1号线AFC系统包括储值、单程票全部进行IC卡系统的改造，为城市交通"一卡通"创造条件，更好地为乘客服务。广州地铁的运营和建设均由广州地铁总公司统一管理。广州市轨道交通线网规划见图1-1-18。

图1-1-18　广州轨道交通线网规划

5. 香港

香港地铁开通于1979年，共有3条线路，总长43.2km。地铁车站设置合理，购物、旅游和换乘均十分方便，在车站和月台的每个路口，都设置了中英文的指示标志，使乘客一目了然不会迷失方向。为方便并加快乘客出入站，平均每个车站至少设置 7、8 个出入口，最多的达 14 个，且每个车站都安装了很多自动扶梯，以加快和引导乘客顺利进出站，见图 1-1-19、图 1-1-20。香港地铁采用全自动的售检票系统，列车间隔只有两分钟，在繁忙时刻还可以低于两分钟，达到世界地铁的先进水平。从 1994 年开始每年盈利都在 10 亿港元以上。

图 1-1-19　香港迪斯尼专列

图 1-1-20　香港地铁出站闸机

我国城市轨道交通发展比较落后，近几年我国城市建设地铁和轻轨的热情高涨，深圳、南京、重庆、长春、大连、青岛等 20 多个城市都在规划、申报或正在筹建，见图 1-1-21～图1-1-25。根据国外经验，大中城市尤其是特大城市的交通结构应向快速、大容量、立体化方向发展，以地铁和轻轨等快速轨道交通为主，公共电、汽车为辅，多种交通方式组成一个比较完整的城市公共交通体系。

图 1-1-21 武汉地铁

图 1-1-22 重庆地铁

图 1-1-23 南京地铁

图 1-1-24　重庆轻轨

图 1-1-25　深圳地铁

第二节　城市轨道交通类型

城市轨道交通是指服务于城市客运交通，通常以电力为动力，轮轨运行方式为特征的车辆或列车与轨道等各种相关设施的总和。

一、城市轨道交通的分类

1. 按技术特征分类

根据轨道交通系统基本技术特征的不同，轨道交通系统主要有市郊铁路、地下铁道、轻轨交通、独轨铁路和自动导向交通系统等类型。

（1）市郊铁路，见图 1-2-1。市郊铁路是连接城市市区与郊区，以及连接城市周围几十千米甚至更大范围的卫星城镇或城市圈的铁路，通常市郊铁路又是连接大中城市干线铁路的一部分，因此它具有干线铁路的技术特征，如轨道通常是重型的，以及铁路运输的特点，如在我国市郊旅客列车与干线旅客列车和货物列车混跑。

图 1-2-1 铁路

(2) 地下铁道。在地下铁道修建初期，地下铁道是修建在地下隧道中的铁路。但现在对地下铁道系统的定义，并不以线路的设置方式为依据。线路设置方式对投资影响很大，同样规模的线路，地下线路投资最高，高架次之，地面线路投资最少。为减少造价，在市区建筑密集的地段设在地下，在城郊结合部和郊区等场地和环境允许的条件下，线路和车站可设在地面或高架结构上，见图 1-2-2。国外有把地下铁道分为重型地铁、轻型地铁与微型地铁 3 种类型。重型地铁就是传统的普通地铁，轨道基本采用干线铁路技术标准，线路以地下隧道和高架线路为主，仅在郊区地段采用地面线路，路权专用，运量最大。轻型地铁是一种在轻轨线路、车辆等技术设备工艺基础上发展起来的地铁类型，路权专用，运量较大，通常采用高站台。微型地铁，又称小断面地铁，隧道断面、车辆轮径和电动机尺寸均小于普通地铁，路权专用，运量中等，行车自动化程度较高。

(3) 轻轨铁路。轻轨的含义是指就车辆对轨道施加的荷载而言，轻轨车辆与市郊列车或地下铁道车辆比较相对较轻。轻轨是从旧式有轨电车系统发展演变而来的，早期的轻轨系统一般是直接对旧式有轨电车系统改建而成，20 世纪 70 年代后期一些国家开始修建全新的现代轻轨系统。现代轻轨系统与旧式有轨电车系统相比，具有行车速度快、乘坐舒适、噪声较低等优点。同样，对世界各国轻轨系统进行分类研究，轻轨也存在多种技术标准并存发展的情况。高技术标准的轻轨接近于轻型地铁，而低技术标准的轻轨则接近于有轨电车，如图 1-2-3 所示。

(4) 独轨铁路。独轨是车辆或列车在单一轨道梁上运行的城市客运交通系统。独轨的线路采用高架结构，车辆则大多采用橡胶轮胎。从构造形式上可分为跨骑式独轨与悬挂式独轨两种。跨骑式独轨是列车跨坐在轨道梁上运行的形式（图 1-2-4），而悬挂式独轨则是列车悬挂在轨道梁下运行的形式（图 1-2-5）。

(5) 自动导向交通系统。自动导向交通系统在一些文献资料中称为新交通系统，当然是

图 1-2-2 天津地铁 1 号线高架桥梁部分

图 1-2-3 英国 Manchester 的 Metrolink

指狭义的新交通系统，如图 1-2-6 所示。这种交通系统的主要技术特征是轨道采用混凝土道床、车辆采用橡胶轮胎，有一组导向轮引导车辆运行，列车运行自动控制，可实现无人驾驶等。

2. 按路权及列车运行控制方式分类

根据城市轨道交通系统是否专用、列车运行控制方式的不同，轨道交通系统可分为路权专用、按信号指挥运行，路权专用、按视线可见距离运行和路权混用、按视线可见距离运行等类型。

图 1-2-4 跨骑式独轨

图 1-2-5 多特蒙德大学悬挂式单轨系统

图 1-2-6 自动导向系统

（1）路权专用、按信号指挥运行类型。该类型系统的特点是线路专用，与其他城市交通线路没有平面交叉。由于路权专用及按信号指挥运行，行车速度高且行车安全性好。属于该种类型的轨道交通系统包括市郊铁路、地下铁道、高技术标准的轻轨和自动导向交通系统等，见图 1-2-7。

图 1-2-7　路权专用、按信号指挥运行的地铁系统

（2）路权专用、按视线可见距离运行类型。该类型系统的特点是线路专用，与其他城市交通线路没有平面交叉，行车安全性较好。但由于无信号、按可视距离间隔运行，行车速度稍低。属于该种类型的轨道交通系统主要是中等技术标准的轻轨。

（3）路权混用、按可视距离运行类型。该类型系统的特点是线路与其他运输车辆和行人共用，与其他城市交通线路有平面交叉。除在交叉口设置信号控制外，其余路段按可视距离间隔运行，行车速度与行车安全稍差。属于该种类型的轨道交通系统主要是低技术标准的轻轨和有轨电车，见图 1-2-8。

图 1-2-8　大连有轨电车（路权混用）

3. 按高峰小时单向运输能力分类

根据城市轨道交通系统高峰小时单向运输能力的大小，轨道交通系统可分为高运量、中运量和低运量等类型。

（1）高运量轨道交通系统。该类型系统的高峰小时单向运输能力达到30000人以上，属于该种类型的轨道交通系统主要有重型地铁和轻型地铁等。

（2）中运量轨道交通系统。该类型系统的高峰小时单向运输能力为15000～30000人，属于该种类型的轨道交通系统主要有微型地铁、高技术标准的轻轨和独轨铁路。

（3）低运量轨道交通系统。该类型系统的高峰小时单向运输能力为5000～15000人，属于该种类型的轨道交通系统主要有低技术标准的轻轨、自动导向交通系统和有轨电车。

应当指出，以上根据城市轨道交通系统的基本技术特征，路权是否专用、列车运行控制方式的不同以及高峰小时单向运输能力的大小进行的分类并不是绝对的。事实上，在一些不同类型城市轨道交通系统之间并没有明确的、清晰的界限。另外，一种轨道交通系统归入何种运量类型也是有条件的，因为计算轨道交通系统高峰小时单向运输能力的基本参数是列车间隔时间、车辆定员人数和列车编组辆数等，即使是同一轨道交通系统，这些参数也可能是多值的，这里进行分类的基本依据是根据某一轨道交通系统有关参数的常用取值。根据我国现行的标准如“城市快速轨道交通工程项目建设标准”，划分“地铁、轻轨”等简单称谓的城市轨道交通，主要依据的是该线路远期的单向客运能力，而不是看其主要处在地下、地面或高架。而相应的视觉判断则可以采用车辆的大小粗略地判定。现行规定：

Ⅰ. 高运量——单向运能5～7万人次/h、车辆A型，地铁；

Ⅱ. 大运量——单向运能3～5万人次/h、车辆B型（或A型），地铁；

Ⅲ. 中运量——单向运能1～3万人次/h、车辆C型（或B型），轻轨；

A型车——长22（24）m、宽3m、4轴；

B型车——长19m、宽2.8m、4轴；

C型车——长18.9m、宽2.8m、4轴（单车）；
长22.3m、宽2.6m、6轴（铰接）；
长29.5m、宽2.6m、8轴（铰接）。

根据以上参数可以判断，北京、天津地铁使用的车辆为B型车；上海、广州地铁使用的车辆为A型车；莘—闵轻轨使用的是上海阿尔斯通组装的SHANGHAITRAM车辆，属C型，4轴车；大连电车公司车辆厂生产的6轴铰接车则使用在大连有轨电车线路上。

二、城市轨道交通的特点

1. 城市轨道交通的优越性

（1）速度快，运量大。一般线路最高运行速度为80km/h，旅行速度（包括启动、减速制动及停车时在内的从起点开车到终点停车的平均速度）为30～40km/h。快速线路运行速度为100～120km/h，旅行速度可达到60km/h左右。因此适于输送市内中长途客流。地铁的单向小时断面流量为3～7万人次，日常客运量可达到40万人次。因此，在市内客运繁忙而地面交通又难以解决的地段（见图1-2-9），可以吸引大批乘客，减轻地面交通的压力，

图 1-2-9 北京二环高峰时间交通情况

从而使地面道路更加顺畅。

(2) 安全好。由于轨道交通一般均采用封闭线路的专用通道运行，无其他车辆和行人干扰（见图 1-2-10），对各种灾害的防护均有相应的措施，如地铁系统针对火灾设有自动报警、自动消防、通风排烟等系统。运行系统车辆均有自动化的保护措施，安全性能好，并且不受气候等因素的影响，故障率低。因此轨道交通运送相同客运量其事故较地面交通大大降低。

(3) 正点率高。轨道交通的列车按事先安排好的运行图由自动化系统指挥列车运行，包括运行中的及时调整和停车经路的排列均自动完成，因此效率比较高，列车的正点率就高，一般均在 99%以上。因此受到乘客欢迎。

(4) 服务优。轨道交通为乘客提供乘车全过程的优良服务。除列车速度快、时间短、安全正点外还提供一系列自动化服务，使乘车过程成为一种享受，提高了市民的生活质量（见图 1-2-11）。

图 1-2-10 封闭、独立的地铁系统

(5) 污染少。电力是城市轨道交通运行的能源，和地面常规公共交通方式相比较，无空气污染（见图 1-2-12）。

2. 城市轨道交通建设的局限性

(1) 建设投资巨大。城市轨道交通路线越长，形成路网的规模越大，其优势就越明显。同时，城市轨道交通系统建设要求高，施工难度大，设备技术标准高。因此，城市轨道交通路线建设一次性的工程投资巨大。一个国家或地区的城市没有相当强的整体经济实力，是无法承受如此巨额的投资负担的，见表 1-2-1。

图 1-2-11　乘客利用自动售票机购票

图 1-2-12　第三轨供电

表 1-2-1　**天津地铁 1、2、3 号线基本情况**

项目／线路	线路起点	线路终点	线路全长（km）	车站数量（座）	投资估算（亿元）	计划开工日	计划竣工日
1 号线	刘园	双林	26.2	22	78.7	2002 年	2005 年
2 号线	曹庄	李明庄	22.5	20	99.8	2006 年	2009 年
3 号线	华苑	小淀	28.4	22	109.8	2006 年	2009 年

（2）建成以后路线走向及路网结构不易调整。城市轨道交通路线一般均是永久性结构（地下隧道、高架桥结构等），见图 1-2-13，如地铁设计规范要求地铁主体结构工程设计使

用年限为100年，所以城市轨道交通建成后几乎无调整可能性。因此，对于城市轨道交通路线的选线及路网规划要求更高，难度更大。

图1-2-13　海光寺站进行基坑开挖及支撑

（3）运营成本高。城市轨道交通系统能源消耗绝对量相当大，包括列车牵引、环境控制、车站机电设备及通信信号设备等日常运转的能耗等。除此之外，高标准的防灾系统使用机会虽然不多，但其投资成本与日常维护保养（图1-2-14）的成本也相当高；再加上车站服务工作、运营管理的大量人员、设备的费用等，使整个轨道交通系统运营成本居高不下。

图1-2-14　列车检修

（4）经济效益有限。城市轨道交通系统带有较强的公益性特征，较多地关注间接的社会

整体效益，无法按运营成本核收票价，极易导致运营亏损。虽然已有少数城市轨道交通系统因乘客量巨大，产业开发经营较佳而达到略有盈余，但还是有众多的城市轨道交通系统处于“亏本经营”，依赖国家与地方政府、社会机构提供补贴。

（5）观念认识的限制。由于城市交通客流分布在时间和空间上具有不均衡性（主要指在时间、空间分布上的不均衡、无规律），再加上城市轨道交通系统本身的投入大、成本高、经济效益差的特点，交通需求与供给存在较大矛盾，导致决策层的观念认识往往跟不上交通的发展，带来轨道交通规划建设的滞后。此外，城市管理的体制、城市规划的缺陷等众多因素，均可导致轨道交通建设受限制。

（6）发生重大事故时，不宜疏散。由于轨道交通系统是封闭的大容量系统，而该系统与乘客直接接触的车站空间（图1-2-15）与外界交流的出入口的数量又是有限的，当轨道交通系统出现火灾、爆炸等重大事故时，迅速有序地疏散轨道交通系统内的乘客（特别是地下站的乘客）是非常重要的。

图1-2-15 地铁车站（朝鲜平壤）

三、我国目前发展城市轨道交通的主要努力方向

我国城市轨道交通的建设始于20世纪60年代北京地铁的修建。由于地铁建设造价高昂，国家对地铁建设一直持审慎态度，1996年、2002年先后两次下达文件，暂缓地铁项目建设。2005年，沈阳、成都、南京等城市的地铁项目获批，我国城市轨道交通进入大规模建设中。2005年12月，中国交通运输协会城市轨道交通专业委员会完成了一份报告，指出我国已经成为世界上最大的城市轨道交通市场。目前国内40多座百万人口以上的特大城市中，已经有30多座城市开展了城市快速轨道交通的建设或建设前期工作，约有14个大城市上报轨道交通网规划方案，拟建设55条线路，长约1500km，总投资5000亿元，其中“十一五”期间预计投资2000多亿元。我国城市交通的技术政策规定，大城市和特大城市公共交通的发展方向应是实现电气化和立体化，在特大城市的客运交通要以快速轨道交通为主，

公共汽车、无轨电车和出租汽车为辅，组成一个完整的客运交通运输网。

结合我国各城市轨道交通建设的具体情况，应从以下几方面进行加强：

1. 降低工程造价，减少运营成本

(1) 合理确定设计年限；

(2) 合理选择交通方式；

(3) 合理设计线路敷设方案，尽量增加地上线；

(4) 合理选用施工方案，地下空间只利用不开发；

(5) 设备尽量国产化（图1-2-16）；

(6) 精减运营管理组织机构，尽量紧缩定员；

(7) 避免大而全，生活服务社会化，生产车间综合化，特殊生产市场化；

(8) 工程采用招投标。

图1-2-16　北京地铁DKZ5型国产车辆

2. 提高运行效率

(1) 合理车站分布，适当加大平均站间距离；

(2) 精心线路设计，尽量避免限速线路（小半径曲线）；

(3) 改善车辆技术性能，提高车辆加减速度。

3. 改善交通环境

(1) 选择简洁、美观的桥梁形式（图1-2-17）；

(2) 合理确定桥梁的跨度与净空；

(3) 尽量缩小车站体积，并与周围环境相协调；

(4) 站位的确定要考虑对景观的影响；

(5) 车辆、轨道、桥梁等方面要采取有效的降噪减震措施。

4. 不断革新，逐步提高运营综合自动化管理水平

快速轨道交通综合自动化管理水平是一个国家的经济实力和工业化先进水平的集中体现，是国家实力象征，也是维持行车安全、提高运行效率、加密列车运行间隔、提高综合运

营管理能力与效益以及提高综合服务质量的充分保证。

(a)

(b)

图 1-2-17　轨道交通运行环境

(a) 上海明珠线；(b) 上海地铁 3、4 号线

第三节　城市轨道交通的技术发展

自城市轨道交通面世以来，其发展是随着科学技术的发展不断进行的。早期行驶在城市街头的轨道公共马车是城市轨道交通的雏形，蒸汽铁路的应用方便了城市居民的出行，电力驱动车辆以及动车组的出现，极大地改善了列车的运行环境和效率。随着电子技术的发展，以微电子为基础的信息时代的到来也推动了城市轨道交通技术的飞跃，车辆、信号、通信、供电及环控技术无不受信息技术的推动而发展到一个更高的层次。21 世纪，轨道交通以其快速、正点、安全、低能耗等功能将吸引大中城市客运交通 80%以上，世界各国也在不断增加对轨道交通科技的投入，新材料、新技术、新工艺不断应用到轨道交通工程中，见图1-3-1。同时值得指出的是，技术的发展还使传统的钢轮—钢轨的城市轨道交通形式朝着多样化方向发展，在不断提高技术水平的基础上适应不同情况对轨道交通的需求，见图 1-3-2。

一、车辆技术发展

一般的车体主要采用碳素钢或耐候钢，制造工艺技术（铆、焊）成熟，价格较低。但其重量大、耐腐蚀性能差。随着大型铝合金型材加工技术（挤压成型、焊接）的成熟，铝合金及不锈钢车体逐步被采用。尽管其价格相对较高，但其重量轻，可以减少车体自重，增加载重量；耐腐蚀可以延长车辆的使用寿命，减少大量的日常维护保养工作，节约土建结构工程

图 1-3-1 乘客在站台候车

图 1-3-2 轻轨车辆

造价，长期运营中节省能耗等，这些优点使得车辆整体技术水平得以提高而被采用。上海、广州 20 世纪 90 年代引进的车辆均采用了铝合金车体。

早期的车辆大都采用直流牵引技术，牵引控制系统主要采用凸轮变阻方式，这种方式运行多年，也比较可靠，但因车辆起停频繁，能耗较大，车辆运行平稳性能较差，且在隧道内长期运行引起温升。为了实现牵引电机的无级调速，确保车辆平稳起、停，20 世纪 60 年代，在大功率半导体晶体管发展的基础上采用晶闸管，实现了斩波调压技术的应用，继而又以 GTO（可控硅元件）代替晶闸管，提高了斩波频率，达到了无级调速，同时又减轻了设

备的体积和重量，大大减少了维护工作量。20 世纪 90 年代初，VVVF 交流牵引技术逐渐被采用，利用变压变频技术将直流电源转换成为不同电压不同频率的三相电流驱动作为牵引电机的三相异步电动机。异步电机体积重量小，结构简单，故障较少，便于维修。因此，是今后城市轨道交通牵引技术发展的方向。20 世纪 60 年代建设的北京地铁，车辆属于直流凸轮变阻型；80 年代后期决定引进的上海地铁 1 号线车辆属于直流斩波控制技术。20 世纪 90 年代引进的广州地铁 1 号线、上海地铁 2 号线车辆属于 VVVF 交流牵引型，后续各城市地铁车辆如上海地铁 3 号线、广州 2 号线等均为 VVVF 交流牵引型。大连电车厂为城市电车设计制造了 3 部 6 轴铰接车，第 3 部也是 VVVF 交流牵引。

车辆的控制早期基于机电、电磁技术基础，司机通过人工驾驶操纵器和制动阀对列车进行加减速和停车制动的控制，并从速度表监视列车运行速度，根据地面色灯信号显示决定到站停车和启动发车。从某种意义上讲，这时司机的技术熟练程度和经验的积累，决定了列车运行的质量，而一列车的运行质量（如晚点、故障停车、停运），又影响了全线的运营秩序，甚至波及线网的正常运行。计算机技术的应用使得列车的驾驶显得比较轻松，启动、加速、减速、停车集中属一个手柄，显示屏不仅有列车运行速度，还有通过列车自诊断系统显示列车技术状态和故障类型，以便司机判断，见图 1-3-3。特别是自动驾驶技术的应用，使列车实现了自动驾驶。加拿大的一条轻轨和巴黎 14 号线已经实现无人驾驶运营数年。城市轨道交通列车的自动驾驶是在原有的人工驾驶并根据地面信号行车的技术基础上，将地面信号系统和列车控制技术相结合进行综合研究的成果，它的技术基础同样是计算机的应用和发展。

图 1-3-3 城市轨道交通车辆驾驶

二、通信与信号技术发展

早期的轨道交通线路上，车站是各区间的分界点。为保证列车运行安全，每个区间只允许一列车运行。列车开之前，车站人员和前方站办理手续（如通过电话），确认站间无其他列车后，取得车站给出的凭证（如路牌、路灯、路票），即可取得前一区间的占用权，再确认出站信号（色灯、臂板）开放才能开车。列车进入前方站前必须确认进站信号开放，进站停车后将取得的凭证交付该站，表示交出已驶过区间的占用权。继续向前行驶必须办理同样的手续。当然每站办理手续需要一定的时间，这就降低了效率，但是

这种人工的手续在当时对于列车运行的安全都是非常重要的，这也是初期轨道交通血的教训的积累，不得已而为之。随着技术的进步，轨道交通的信号技术在不断发展，车站电气集中、区间自动闭塞代替了机电时代的水平。微机联锁 ATC 系统则是信息时代的产物，见图 1-3-4。ATC 技术包括了列车追踪运行的自动保护，它允许一区间有两列以上的车辆运行，通过列车运行信息传递来控制后续列车的速度以避免列车追尾相撞（ATP 子系统）。车载自动驾驶系统将得到的信息传向列车控制系统，使其按信息要求控制列车运行（ATO 系统），见图 1-3-5。各列车、车站的列车运行，车站经路信息由中央计算机来接收处理分配，按设定的列车运行图指挥列车自动运行（ATS 子系统）和相关车站进路的自动排列。上海地铁 1 号线引进的是基于模拟技术的 ATC，广州地铁 1 号线、上海地铁 2 号线均引进基于数字技术的 ATC 系统，北京地铁 1 号线则在 20 世纪 70 年代的自动闭塞的基础上进行了 ATC 信号系统的改造。ATC 系统可以使行车间隔缩短到两分钟，香港地铁已经做到了 105s。ATC 的信息传递是用钢轨进行的，因此它适用于钢轮钢轨的轨道交通模式。

图 1-3-4　城市轨道交通控制中心

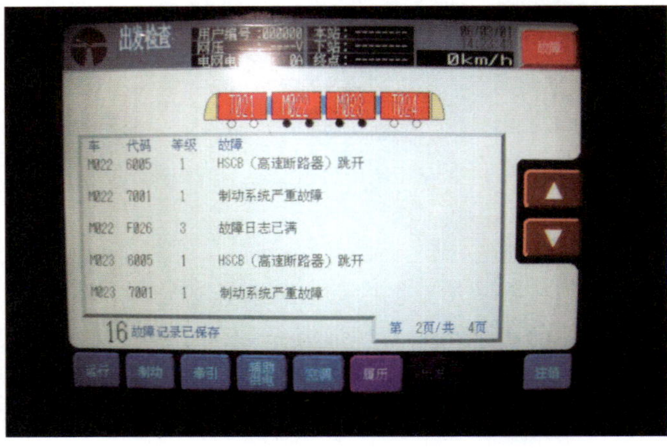

图 1-3-5　车载装置

突破了钢轮钢轨模式的胶轮混凝土梁及磁悬浮列车等轨道交通模式已经无钢轨可用，其信号的传输方式只有另辟途径了。在轨道交通初期，两车站之间线路空闲确认就是利用地面电话通话确认的，称为“电话闭塞”，列车运行安全需要调度直接和司机通话，因此，无线通信技术的发展成了无线列车调度电话在轨道交通中的广泛应用。在无线通信技术日臻成熟的今天，基于无线通信技术的列车“移动闭塞”系统在国外已有比较快速的发展，它不占用钢轨，利用基站和列车间的行车信息交换来实现调度对行车系统的自动化指挥，可以做到保证安全的前提下，提高运输效率，据有关资料，列车自动运行间隔可以达到 100s 以下。该系统无论有无钢轨均可应用，这在国外已有先例。上海引进的磁悬浮列车行车指挥系统也具有该系统功能。

实际上，通信系统也是轨道交通不可缺少的一个技术系统。计算机和光纤传输技术的发展使得程控交换机和光缆被普遍应用，通信传输的能力和可靠性有了一个飞跃的进步。在轨道交通系统中，各专业技术设备均要依靠通信和计算机技术，才能充分发挥自动化带来的高效率。行车指挥系统除无线列调和“移动闭塞”外，如供电系统、环控、消防系统、自动售检票系统以及乘客服务自动显示系统等，这些自动化系统均需将分布在全线（网）许多站点的有关信息收集、处理和交换才能完成轨道交通的集中统一指挥。而这些系统的信息通道均由通信系统的光、电缆及相关设备承担。

三、供电技术发展

供电系统是轨道交通的能源供给系统，地位十分重要。其技术的发展也十分迅速，变压器从油浸式逐步发展为体积小、重量轻、性能优的一体环氧浇铸干式变压器；保护系统从继电器保护发展到微机保护；控制系统从以调度电话下达调度操作命令，人工操作逐步采用了系统遥控、遥信、遥调等远动系统控制（SCADA），从而简化了操作程序。由中央直接监控系统内多处设备，数十（百）个被控对象，保证了控制过程的快速、准确、安全，特别在设备故障情况下，可以准确判断故障范围，加快故障处理速度，而这些对于保证列车的正常运行都是非常重要的。接触网（图 1-3-6）及第三轨（图 1-3-7），是供电系统中唯一没有备用的、沿线不间断使用的供电设备，它的故障会立即造成行车中断，因而特别重要。三轨是钢性的，故障几乎为零，而柔性接触网悬挂在列车上空，其性能靠张力来维持，安全性能比三轨稍显逊色。最近根据国外的运行经验，将采用刚性接触悬挂，使其在保证高压（1500V）传输优越性的同时，其安全性能也能和三轨供电方式媲美。

四、售检票技术发展

20 世纪 80 年代前，我国交通行业售票、检票几乎全部由人工操作。随着电子技术的发展，各交通行业纷纷采用电子技术代替人工进行售检票作业。在城市轨道交通中，这种属于企业服务和管理范畴的电子技术是和运行同时采用的。上海、广州 1 号线于 20 世纪 90 年代开通后均使用了自动售检票系统（AFC），方便了乘客，保证了畅通，提高了服务质量，因储值票还有储值功能，简化了乘客购票手续，受到了普遍的欢迎，见图 1-3-8。各站售检票等设备均与中央计算机联网，使计程票价制式得以采用，使乘客付费较为合理，还能设计出老人、学生等各种优惠票价，可适时调整因而有利于吸引客流。对客运管理而言，客流的统计更加及时、方便、准确，包括线路之间的换乘客流，高峰小时客流，站间“OD”资料等。大大地简化了客运统计工作，并使适应客流需求的决策更加

图 1-3-6 接触网供电

图 1-3-7 第三轨供电

准确、及时。自动售检票系统以磁卡或者IC（智能）卡作为车票，磁卡作为单程票，IC卡主要作为储值票。为方便乘客，许多城市在推行“一卡通”，即市民持有一卡通、IC卡，乘坐市内地铁、公共汽车等交通工具均可使用该卡付费，有的城市还将其和金融机构的系统相连，可持卡进行金融活动及各种消费的付费。随着IC卡技术的发展，其成本降低到可以接受的范围，单程票亦可使用IC卡，届时自动售检票设备则可进一步简化，使用更加可靠，建设和维修费用还可降低。

另外，轨道交通智能运输系统（ITS）能够自动获取乘客要求、个人信息、地点识别、公共运输和私人运输信息的交换，其开发和应用将能更好地满足各种乘客的旅行需求。我国目前还在开展关于轻轨高架结构上长大无缝线路铺设引起温度应力的研究，并

(a)

(b)

图 1-3-8 乘客利用 AFC 购票、进站

开发与之适应的轨道伸缩控制器和小阻力大调节量扣件的研制，高架轨道交通大跨度预应力钢筋混凝土桥梁徐变控制，各种设备如机车车辆、自动控制、信号、通信、防灾系统的国产化方面的研究，在这些方面都取得了丰硕成果，为我国 21 世纪城市轨道交通的发展奠定了基础。

思 考 题

1. 城市轨道交通的发展经历了哪几个阶段？
2. 何谓城市轨道交通系统？
3. 城市轨道交通系统是如何分类的？
4. 何谓地铁？
5. 何谓轻轨？轻轨有哪几种类型？
6. 何谓独轨？独轨有哪几种构架方式？
7. 城市轨道交通的特点是什么？
8. 简述城市轨道交通技术进步的具体表现。
9. 我国城市轨道交通的建设应朝着哪些方向发展？

第二章

城市轨道交通系统的构成

轨道交通系统由一系列相关设施组成，这些设施包括线路、车辆与车辆段、轨道、车站、供电、通信、信号、环控系统、给排水等，它们的协同工作是为用户提供满意服务的保证。下面分别介绍这些设备。

第一节 线 路

线路是轨道交通系统中重要的组成部分，按线路远期单向客运能力，可分为Ⅰ、Ⅱ、Ⅲ三个等级。各级线路相关技术特征按表 2-1-1 确定。每条线路运能，应通过客流预测分析确定。客流预测应按初期、近期、远期设计年限分别测算，初期为建成通车后第 3 年，近期为第 10 年，远期为第 25 年。同时也应考虑整个线网的远景客流进行平衡性的预测，经过综合分析，合理确定需求规模。

表 2-1-1 各级线路相关技术特征

线路运能分类	Ⅰ（高运量）	Ⅱ（大运量）	Ⅲ（中运量）
	（地铁）		（轻轨）
单向运能（万人次/h）	5～7	3～5	1～3
适用车型	A	B（或 A）	C（或 B）
列车最大长度（m）	185	140	100
线路型式（市中心区）	全封闭	全封闭	半封闭①/全封闭
最高速度（km/h）	≥80	80	60～80
旅行速度（km/h）	30～40	30～40	20～30/30～40
适用城市区人口规模②（万人）	＞300	＞200	＞100

①半封闭型线路系指当地面线路为专用道，其中部分路口设平交道口。
②“适用城市市区人口规模”系指人口规模能达到或超过此限的城市，其快速轨道交通线网中的主干线可能达到相应的运量等级。

线路走向应串联主要客流集散点，符合城市主导客流方向，并应与城市用地和其他交通相配合。线路敷设形式应根据城市环境、地形条件和总体规划要求，因地制宜地选择。在城市中心区，宜采用地下线；在城市中心区外围，且街道宽阔地段，宜首选地面和高架线；在地面和高架线地段，应注意环境保护和景观效果，并维护地面道路的交通功能。

城市轨道交通线路按其在运营中的作用，可分为正线、辅助线、车场线。下面分别介绍这些线路。

一、正线

正线是指供载客列车运行的线路，贯穿所有车站和区间，见图 2-1-1。

图 2-1-1　伦敦地铁运营线路

城市轨道交通正线是独立运行的线路，一般按双线设计，采用与我国城市街面一致的右侧行车制。大多数线路为全封闭，与其他交通线路相交处，一般采用立体交叉，见图 2-1-2。在特殊条件下（如运营初期），两条线路或交通方式的运量均较小时，经计算通过能力满足要求，也可以考虑采用平面交叉。

图 2-1-2　建设中的天津地铁 1 号线运营正线

二、辅助线

辅助线是指为空载列车进行折返、停放、检查、转线及出入段作业所运行的线路，包括折返线、渡线、停车线、车辆段出入线、联络线等。辅助线是轨道交通系统的重要组成部分，直接关系到系统运营组织的效率。

1. 折返线

城市轨道交通线路一般都比较长，全线的客流分布可能会不太均匀，这时可组织区段运行。区段运行是指列车根据运行交路的要求，在端点站与中间车站或中间站与中间站之间进行列车折返调头。因此，在这些提供折返作业的车站上，需要为列车设置折返线，如图 2-1-3所示。折返线的形式应能满足折返能力的要求。除了供运营列车往返运行时的调头转线使用外，有些折返线也可以作为夜间存车使用。

图 2-1-3　端点站尽端折返

图 2-1-4　交叉渡线

2. 渡线

在上下行正线之间（或其他平行线路之间）设置的连接线，通过一组联动道岔达到转线的目的。渡线有单渡线和交叉渡线（图 2-1-4）之分。渡线单独设置时，用来临时折返列车，增加运营列车调度灵活性；在与其他辅助线合用时，能完成或增强其他辅助线的功能。

3. 停车线

停车线一般设置在端点站，专门用于停车，也可进行少量检修作业，如图 2-1-5所示。在城市轨道交通车辆基地，要设有足够的停车线以供夜间停止运营后的列车停放。城市轨道交通线路由于运输量大，列车运行间隔一般比较密。在运营过程中，在线运营列车可能会发生故障。为了不影响后续列车运行，设计上应能使故障列车及时退出运营正线。一般来说，在轨道交通线路沿线每隔 3～5 个车站的站端应加设渡线和车辆停放线。通过渡线使故障列车能及时调头，临时停车线的作用是临时停放事故列车。

4. 车辆段出入线

为保证运行列车的停放和检修，在轨道交通沿线适当的位置应设置车辆段，车辆段与正线连接的线路为车辆段出入线。出入线可以设计成双线或单线，与城市道路或其他交通方式的交叉处可采用平交或立交，具体方案要根据远期线路通过能力需要量来确定。

5. 联络线

在整个城市轨道交通路网中，要使同种制式线路可以实现列车过轨运行，这种过渡一般需要通过线与线之间的联络线来实现（图 2-1-5）。联络线主要是两条正线间的连接线，一般采用单线。联络线的位置应在路网规划中确定，先期修建的线路应该根据规划要求，为后建线路预留联络线的设置条件。合理确定联络线，能够在路网建成后机动灵活地调用路网中各线的车辆，使路网形成有机的整体。

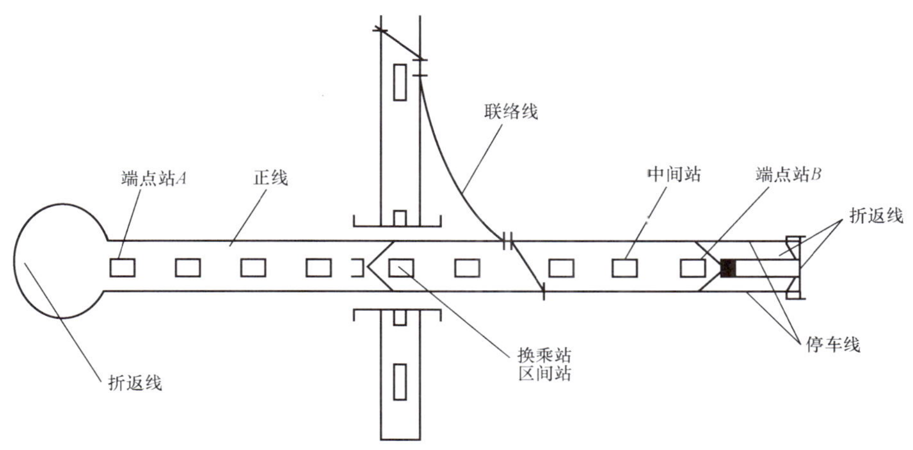

图 2-1-5 立体交叉的城市轨道交通线路整体布置图

例如在天津地铁 1 号线中，列车运行方式采用右侧行车制，双线单方向运行。从刘园站开往双林站为上行方向，从双林站开往刘园站为下行方向。控制中心设在双林车辆段内，在双林站附近设有车辆段，在刘园站附近设有停车场。列车运行交路分别为刘园站至双林站，勤俭道站至土城站。刘园站、勤俭道站、土城站、双林站均设有折返线，除供列车折返外，还可以存放车辆及供临时处理车辆故障时使用。其中刘园站、双林站为终点折返站。勤俭道站、土城站为中间折返站。在复兴门站南端设有与铁路专用线的单线联络线。在西站南端设有一条渡线，作为列车临时折返之用。在海光寺站保留一组既有渡线。在海光寺站北端原通往临时车场的线路予以保留，可作为故障列车停车线。在土城站南端两正线之间设一条与折返线平行的故障列车停留线。刘园设停车场，双林设车辆段。

三、车场线

车场线指车辆基地内各种作业线，如设在车辆基地用于检修车辆作业的检修线，设有地沟，配有架车设备、检修设备；用于对检修完毕的轨道交通车辆进行运行状态检测的试验线，其技术标准应满足最大运行速度的要求。

各种线路工程主要技术标准可参照表 2-1-2。

表 2-1-2 线路工程主要技术标准

基本车型		A	B	C	基本车型		A	B	C
最小曲线半径（m）	正线	300～350	250～300	50～100	竖曲线半径（m）	正线	3000～5000	2500～5000	1000
	辅助线	250	150～200	25～80		辅助线	2000	2000	1000
	车场线	150	80～110	25～80	钢轨（kg/m）	正线	≥60	50～60	50
最大坡度（‰）	正线	30～35	30～35	60		辅助线	≥50	≥50	50
	辅助线	40	40	60	道岔（N_0/R_0）	正线	9/200	9/200 或 7/150	7/150
	车场线	1.5	1.5	1.5		车场线	7/150	6/110	（待定）

注 1. 特殊困难地段的技术标准，应按国家现行有关技术规范执行。

2. C 型车的线路最小曲线半径 80m，系指受流器的车辆。

3. N_0 系指道岔号，R_0 系指道岔导曲线半径（m）。

第二节　车辆与车辆段

一、车辆

1. 车辆的分类

城市轨道交通车辆是技术含量高且集中的机电设备，其选型和技术参数不仅是确定线路技术标准的基础，也是确定系统运营管理模式和维修方式的基本条件，而且影响着系统设备的选型和规模的确定。城市轨道车辆是直接为乘客提供服务的设备，应具有先进性、可靠性和实用性，满足容量大、安全、快速、舒适、美观和节能的要求。车辆一般可按有无动力装置分为动车和拖车两类，按有无驾驶室分为带司机室车和不带司机室车两类，根据我国《城市快速轨道交通工程项目建设标准》，按车体大小也可以分为A、B、C三类车型。各类车型的主要技术规格，可参照表2-2-1。为提高效率，现代车辆大多按动车组（单元）设计。例如，北京地铁1号线、环线按全动车设计，4辆、6辆为一固定编组，复八线为两辆车一单元，列车编成可以按2、4、6辆编挂。上海地铁分为带司机室的拖车（A型）、无司机室带受电弓的动车（B型）、无司机室不带受电弓的动车（C型）三种。6节时可按A—B—C—C—B—A编组，也可以编成A—B—C—B—C—A，各节车辆之间均互相贯通，以方便乘客流通。当为8节编组时，可以编成A—B—C—B—C—B—C—A，也可以是A—B—C—C—B—B—C—A。

表2-2-1　　各类车型主要技术规格

<table>
<tr><th rowspan="2">序号</th><th rowspan="2" colspan="2">项　目　名　称</th><th>A型车</th><th>B型车</th><th colspan="3">C型车</th></tr>
<tr><th>四轴车</th><th>四轴车</th><th>四轴车</th><th>六轴车</th><th>八轴车</th></tr>
<tr><td>1</td><td colspan="2">车辆基本长度（m）</td><td>22</td><td>19</td><td>18.9</td><td>22.3</td><td>29.5</td></tr>
<tr><td>2</td><td colspan="2">车辆基本宽度（m）</td><td>3</td><td>2.8</td><td colspan="3">2.6</td></tr>
<tr><td rowspan="3">3</td><td rowspan="3">车辆高度（m）</td><td>受流器车（m）（加空调/无空调）</td><td>3.8/3.6</td><td>3.8/3.6</td><td colspan="3">3.7/3.25</td></tr>
<tr><td>受电弓车（m）（落弓高度）</td><td>3.8</td><td>3.8</td><td colspan="3">3.7</td></tr>
<tr><td>受电弓工作高度（m）</td><td colspan="5">3.9～5.6</td></tr>
<tr><td>4</td><td colspan="2">车内净高（m）</td><td colspan="5">2.10～2.15</td></tr>
<tr><td>5</td><td colspan="2">地板面高（m）</td><td colspan="2">1.1</td><td colspan="3">0.95</td></tr>
<tr><td>6</td><td colspan="2">车辆定距（m）</td><td>15.7</td><td>12.6</td><td>11</td><td colspan="2">7.2</td></tr>
<tr><td>7</td><td colspan="2">固定轴距（m）</td><td>2.2～2.5</td><td>2.1～2.2</td><td colspan="3">1.8～1.9</td></tr>
<tr><td>8</td><td colspan="2">车轮直径（mm）</td><td colspan="2">ϕ840</td><td colspan="3">ϕ760</td></tr>
<tr><td>9</td><td colspan="2">车门数（每侧）（个）</td><td>5</td><td>4</td><td>4</td><td>4</td><td>5</td></tr>
<tr><td>10</td><td colspan="2">车门宽度（m）</td><td colspan="5">≥1.3</td></tr>
<tr><td>11</td><td colspan="2">车门高度（m）</td><td colspan="5">≥1.8</td></tr>
<tr><td rowspan="2">12</td><td rowspan="2">定员人数（人）</td><td>单司机室车</td><td>295</td><td>230</td><td>200</td><td>240</td><td>315</td></tr>
<tr><td>无司机室车</td><td>310</td><td>245</td><td>210</td><td>250</td><td>325</td></tr>
<tr><td>13</td><td colspan="2">车辆轴重（t）</td><td>≤16</td><td>≤14</td><td colspan="3">≤11</td></tr>
<tr><td rowspan="2">14</td><td rowspan="2">站立人员标准</td><td>定员（人/m²）</td><td colspan="5">6</td></tr>
<tr><td>超员（人/m²）</td><td colspan="5">9</td></tr>
<tr><td>15</td><td colspan="2">最高运行速度（km/h）</td><td colspan="2">≥80</td><td colspan="3">≥70</td></tr>
<tr><td>16</td><td colspan="2">起动平均加速度（m/s²）</td><td colspan="2">≥0.9</td><td colspan="3">≥0.85</td></tr>
</table>

续表

序号	项目名称		A型车	B型车	C型车		
			四轴车	四轴车	四轴车	六轴车	八轴车
17	常用制动减速度（m/s^2）		1.0		1.1		
18	紧急制动减速度（m/s^2）		1.2		1.3		
19	噪声[dB(A)]	司机室内	≤80		≤70		
		客室内	≤83		≤75		
		车外	80～85（站台）		≤82		

注 1. 车辆详细技术条件，可参照《地下铁道车辆通用技术条件》（GB7928—1987）和《轻轨交通车辆通用技术条件》（CJ/T5021—1995）。
2. C型车未包括低地板车。

对于轻轨交通常采用铰接式车辆，车辆两端均设驾驶室，可以单节运行，也可以多节连挂编组运行。我国推荐的轻轨电动车辆有三种形式：四轴动车、六轴单铰接式车、八轴双铰接式车，见图2-2-1～图2-2-3。

图2-2-1 四轴动车

图2-2-2 六轴单铰接式车

各城市应根据客流量、行车密度、线路条件、供电电压、车辆与备品来源、产品价格和维修能力等因素，综合比较而选定车型，并严格坚持车辆国产化的原则和政策。

图 2-2-3　八轴双铰接式车

2. 城市轨道车辆组成

城市轨道交通车辆一般由车体、转向架、牵引缓冲装置、制动装置、受流装置、车辆设备、车辆电气系统 7 大部分组成。

(1) 车体。车体是容纳乘客和司机（如有司机室时）的地方，多采用整体承载的钢结构、轻金属结构或复合材料结构。车体本身又包括底架、端墙、侧墙、车顶等部分。城市轨道交通车辆车体具有如下特点：

1) 一般编组列车由动车、拖车及带司机室的拖车组成；

图 2-2-4　地铁车辆内部

2) 由于服务于市内公共交通，在车内的平面布置上有其特征，例如座位少，车门多且开度大，内装美观实用，并有完善的乘客服务设施（见图 2-2-4），如北京地铁 13 号线使用的 DKZ5 型电动客车，每车装有两台空调，每车均设紧急报警按钮及通话装置，门区有LED 显示屏，自动报站广播；

3) 重量的限制较严格，特别是高架轻轨车和独轨车，要求轴重小，以降低线路的工程投资。为使车体轻量化，对于车体承载结构一般采用大型中空截面挤压铝型材，或高强度复合材料，或不锈钢，构成整体承载筒形结构，对车体其他辅助设施尽量采用轻型化材料；

4) 对车体的防火要求严格，在车体的结构及选材上采用防火设计和阻燃处理；

5) 对车辆的隔音和减噪有严格要求，以最大限度地降低噪声对乘客和沿线居民的影响；

6) 由于用于市内交通，对车辆的外观造型和色彩都有美化和与城市景观相协调的要求。如重庆轻轨（较场口—新山村）线一期工程采用了跨坐式胶轮单轨系统，噪声小，爬坡能力强，转弯半径小，适于重庆山城的特点（图 2-2-5）。

(2) 车门。车门是车辆的重要设施，见图 2-2-6。城市轨道交通车辆的车门过去采用以压缩空气为动力的风动门，现全部采用电气驱动的车门。由于车辆运载客流量大，乘客上下车频繁，一般车体每侧车门开度较大，数量也较多，例如，上海地铁车每侧设有 5 扇内藏

图 2-2-5 重庆轻轨

图 2-2-6 车体内侧车门结构

嵌入式对开拉门 1900mm×1300mm（高×宽）。B 型车一般每侧设 4 扇对开电动车门，开度为 1800mm×1300mm。

根据情况在带司机室车的前端还设有应急安全疏散门，在紧急情况下，做成可伸缩的套节式踏级板可向前放下到路基上，列车内的乘客可通过此踏级板疏散到路基上，见图 2-2-7。另外，带司机室拖车两侧还设有司机室门及司机室与客室通过门。

电控风动门由压缩空气驱动传动风缸，再通过机械传动系统和电气控制系统完成车门的开关动作。机械传动系统的作用是将传动风缸活塞杆运动传递至车门，使门动作。电气控制系统包括风动门控制、再开门设置、车门动作监视和列车空制电路联锁等内容，其作用是为了保证车门动作可靠和行车安全。

电气驱动车门由电动机、传动装置（轴、磁性离合器、皮带轮和齿形皮带）、控制器、锁闭装置和紧急开门装置组成。齿形皮带与两个门翼相固定，闭锁和解锁所需的扭矩由电动机提供。另一种电驱动装置为电动机通过一根左右同步的螺杆和球面支承螺母驱动滚珠摆动导向件和与其固定的门翼。

图 2-2-7 安全疏散门

车门的电气控制系统一般采用电子控制技术，可根据乘客和司机的不同要求编制程序修改操作过程，自动监控装置具有全方位监控车门系统、自动故障报警和记录的功能。为了防止在开关门时夹伤乘客，现代自动车门还设有防夹装置，车门前端最大挤夹力根据欧洲标准规定为：在关门时最大挤夹力<200N；在开门时<250N。

以北京地铁车辆的车门为例，车门的有效开度为 1900mm×1200mm，为内藏嵌入式双向对开风动侧移门，司机可操纵按钮通过电气控制系统实现对列车所有车门的同步动作，也可对没关好的车门单独进行再关门控制。它由两大部分即机械联动系统和电气控制系统组成。机械联动系统包括传动风缸、传动系统和电磁阀等，电气控制系统包括控制电路、信号监视电路等。风动门的风源由总风缸通过总风管供给，总风管的压缩空气压力经减压阀减至 0.5MPa，通过支管截断塞门、电磁阀（常开阀或常闭阀）冲至传动风缸内，推动活塞运动，再经钢丝绳、导轮、滚轮、导轨组成的机械传动部分使门动作。双向对开拉门开门时间约为 2～3s，关门时间约为 3～4s，门移动有快慢两档速度，通过双重活塞双向作用式风缸来实现，门翼快速运动时挤夹力为 740N，慢速运动时挤夹力为 320N。

地铁和轻轨的车门按其开启方式可分为内藏嵌入式侧移门、外侧移门、拉塞门和外摆式车门。北京和上海地铁 1、2 号线及广州地铁 1 号线车辆均采用气动式内藏嵌入式侧移门（图 2-2-8），香港旧式地铁车辆多采用风动外侧移门（图 2-2-9），香港机场快线和深圳地铁车辆采用电动拉塞门。

1）内藏嵌入式侧移门。开关车门时门翼在车辆侧墙的外墙与内护板之间的夹层内移动，传动机构设于车厢内侧车门的顶部，装有导轮的门翼可在导轨上移动并与传动装置的钢丝绳或皮带相连接，借助风缸或电动机驱动传动机构，从而使钢丝绳或皮带带动门翼动作。

2）外侧移门。与上述内藏嵌入式侧移门区别仅在于开关车门时，门翼均处于侧墙的外侧，车门驱动结构工作原理与内藏嵌入式侧移门相同。

3）拉塞门。借助于车门上端的传动机构和导轨，车门开启状态时门翼贴靠在侧墙的外侧，车门在关闭状态时，门翼外表面与车体外墙成一平面，这不仅使外观美观，而且也有利于在高速行驶时减少空气阻力，车门不会因为空气涡流产生噪声，也便于自动洗车装置对车体的清洗。在车门上方设有门翼导轨，风缸带动连杆机构使门翼沿着导轨滑移。

4）外摆式车门。开门时通过转轴和摆杆使门翼向外摆出并贴靠在车体的外墙板上，门关闭后门翼外表面与车体成一平面，这种车门结构的特点为门在开启的过程中，门翼需要较大的摆动空间。

图 2-2-8　内藏嵌入式侧移门

图 2-2-9　外侧移门

（3）转向架。转向架是车辆的走行部分。转向架是支承车体并担负车辆沿轨道走行的支承走行装置，见图 2-2-10。为了便于通过曲线，在车体与转向架之间设有心盘或回转轴，转向架可以绕一中心轴相对车体转动。为了改善车辆的走行品质和满足运行要求，在转向架上设有弹簧减震装置和制动装置。转向架可分为动力转向架和非动力转向架两类。动力转向架装设有牵引电机、减速箱以及集电器（受电靴）装置等。转向架又分为有摇枕转向架和无摇枕转向架，现地铁电动客车基本采用无摇枕转向架。

图 2-2-10　DKZ1 型斩波调压地铁客车转向架

转向架是车辆最重要的组成部件之一，它的结构是否合理直接影响车辆的运行品质、动力性能和行车安全。

由于车辆的用途、运用条件与要求的不同，所采用的转向架结构各异，类型很多。但它们的基本组成部分和主要功能是相同的，一般转向架可以分为以下几个部分：

1）轮对轴箱装置。轴箱与轴承装置是联系构架和轮对的活动关节，使轮对的滚动转化为车体沿着轨道的平动。轮对沿钢轨的滚动，除传递车辆的重量外，还传递轮轨之间的各种作用力。

2）弹性悬挂装置。为减少线路不平顺和轮对运动对车体各种动态的影响，转向架在轮对与构架或构架与车体之间，设有弹性悬挂装置。前者称为轴箱悬挂装置，后者称为摇枕（或中央）悬挂装置。

3）构架。构架是转向架的基础，它把转向架的各个零部件组成一个整体。它不仅承受、传递各种载荷及作用力，而且它的结构、形状和尺寸都应满足各零部件组装的要求。

4）制动装置。为使运行中的车辆在规定的距离范围内停车，必须安装制动装置，其作用是传递和放大制动缸的制动力。

5）牵引电机。

图 2-2-11　某地铁车辆转向架部分

（4）牵引缓冲装置。车辆的连接是通过车钩（图 2-2-12）实现的，车钩可分为全自动车钩、半自动车钩和半永久性车钩三种。带司机室的拖车一般采用全自动车钩或半自动车钩，车辆中间一般采用半永久性车钩。全自动车钩可以实现列车之间的机械连接、气路连接和电气连接。在司机室内可以对全自动车钩进行遥控，也可以在轨道上进行手动操作。半自动车钩可以自动实现列车单元之间的机械连接和气路连接。电气连接通过车辆之间的跨线电缆线实现。在车内可以进行遥控解钩作业，也可以在轨道上手动操作。半永久性车钩的设计用于确保车辆的永久连挂，在运行时使车辆构成一个单元，因此除了在紧急情况或列车在车间维护外，半永久性车钩不需要拆开。车钩后部一般需要装设缓冲装置，传递和缓冲列车在运动中所产生的纵向力或冲击力。

图 2-2-12　车钩

密接式中央牵引、缓冲连挂装置集牵引、缓冲和连挂于一体，通过车辆彼此相向缓慢走行相互碰撞，使钩头的连接器动作，实现两车辆的机械、电气线路和空气管路的自动连接的一种装置。在两连挂车钩高度具有偏差以及在有坡度线路和曲线上都能安全地连挂，这种车钩属于刚性自动车钩，在两钩连接后，其间没有上下和左右的移动，而且对前后的间隙要求

限制在很小的范围之内，主要用于地下铁道车辆和城市轻轨车辆上。

密接式中央牵引、缓冲连挂装置按其钩头结构的不同具有多种型式，我国制造的地下铁道车辆上采用凸锥和凹锥结构实现两钩的闭锁，在结构上主要由密接式车钩、橡胶缓冲器、风管连结器、电气连结器和风动解钩系统等部分组成。车辆连挂时，依靠两车钩相邻钩头上的凸锥和凹锥孔相互插入，起到紧密连接作用；同时自动将两车之间的电路、空气通路接通，并起到缓和连挂中车辆之间的冲击作用。在两车分解时，亦可自动解钩，并自动切断两车间的电路和空气通路。

（5）制动装置。制动装置是保证列车运行安全的装置。

按电动车组动能转移方式可分为两大类：一是摩擦制动方式，即动能通过摩擦副的摩擦转化为热能，然后消散于大气；二是动力制动方式，即把动能通过发电机转化为电能，然后将电能从车上转移出去。

1）摩擦制动。电动车组的动能通过摩擦转化为热能。城市轨道交通车辆常用的摩擦制动方式主要有闸瓦制动和盘形制动，在高速列车的制动系统中还有轨道电磁制动等方式。

a. 闸瓦制动。又称为踏面制动。它是最常用的一种制动方式，制动时闸瓦压紧车轮，轮、瓦之间产生摩擦，车组的动能大部分通过轮、瓦之间的摩擦变成热能，经车轮与闸瓦最终逸散到大气中去。

在闸瓦与车轮这一对摩擦副中，车轮由于主要承担着车辆走行功能，因此不能随意改变材料。要改善闸瓦的制动性能，只能通过改变闸瓦材料的方法。早期的闸瓦材料主要是铸铁。为了改善摩擦性能和增加耐磨性，目前城市有轨交通车辆中大多采用合成闸瓦。但合成闸瓦的导热性较差，因此目前也有采用导热性能良好，且具有较好的摩擦性能和耐磨性的粉末冶金闸瓦。

b. 盘形制动。有轴盘式和轮盘式之分，一般采用轴盘式盘形制动装置，当轮对中间由于牵引电机等设备使制动盘安装发生困难时，可采用轮盘式盘形制动装置。制动时，制动缸通过制动夹钳使闸片夹紧制动盘，使闸片与制动盘间产生摩擦，把车组的动能转变为热能，热能通过制动盘与闸片散于大气。

c. 轨道电磁制动（磁轨制动）。在转向架构架侧梁下通过升降风缸安装有电磁铁，电磁铁下设有磨耗板。制动时将电磁铁放下，使磨耗板与钢轨吸住，车组的动能通过磨耗板与钢轨的摩擦转化为热能，最终散于大气。轨道电磁制动能得到较大的制动力，因此被高速列车用作紧急制动时的一种补充制动。

2）动力制动。动力制动在制动时，将牵引电机变为发电机，使列车动能转化为电能，对这些电能的不同处理方式形成了不同方式的动力制动。城市轨道交通车辆上采用的动力制动形式主要有电阻制动和再生制动。

a. 电阻制动。将发电机发出的电能加于电阻器中，使电阻器发热，即电能转变为热能。电阻器上的热能靠风扇强迫通风而散于大气中。电阻制动一般能提供较稳定的制动力，但车辆底架下需要安装体积较大的电阻箱。

b. 再生制动。在以上的各种制动方式中，车组的动能最终都转化为热能而消散于大气中。再生制动是把车组的动能通过电机转化为电能后，再使电能反馈回电网提供给别的列车使用。这种方式既能节约能源，又减少制动时对环境的污染，并且基本上无磨耗。

由于动力制动的效率随着车辆运行速度的降低而下降，所以一般在高速时施行动力制动，当车辆速度降到一定程度后则采用摩擦制动。另外，在动力制动不足时，须同时施行摩擦制动。城市轨道交通车辆一般均采用再生制动与电阻制动相结合的电制动优先、空气制动补充，保证得到尽可能大的制动减速度。

(6) 受流装置。从接触导线（接触网）或导电轨（第三轨）将电流引入动车的装置。按照受流方式不同，受流装置可分为以下几种：

1) 杆形受流器：外形为两根平行杆，上部有两个受电轨（导线），广泛用于城市无轨电车，如图 2-2-13 所示。

图 2-2-13　杆形受流器

2) 弓形受流器：形状如⏢，属上部受流装置，弓可升可降，其接触有一根导线，下面有导轨构成电路，用于城市有轨电车，如图 2-2-14 所示。

图 2-2-14　弓形受流器

3) 侧面受流器：在车顶的侧面受流，多用于矿上装货物的电力机车上。

4) 滑靴式受流器：从底部导电轨受流，又称为第三轨受流，见图 2-2-15，空间可得到充分利用，多用于速度较高的隧道列车运行。北京地铁及目前欧美大部分城市地铁均采用这种受流方式。

(a)

(b)

图 2-2-15 导电轨及受流器

5）受电弓受流器：形状如▽，属上部受流，弓可升可降，适用于列车速度较高的干线电力机车上，见图 2-2-16。上海地铁采用此种方式。

图 2-2-16 受电弓受流器

在受电制式上，目前世界上地铁发展较早的城市大都采用直流 750V，个别有采用 600V 的。北京地铁为直流 750V。上海地铁采用直流 1500V，与直流 750V 比较有以下优点：可提高牵引电网供电质量，降低迷流数值，增加牵引供电距离，从而可减少牵引变电所数量；便于地铁线路实现地下、地面和高架的联动。

（7）车辆设备。指服务于乘客的车体内部固定附属装置（如车灯、广播、空调、座椅、乘客信息显示装置等）和服务于车辆运行的设备装置（如蓄电池箱、继电器箱、主控制箱、风缸、电源变压器等），见图 2-2-17。

(a)

图 2-2-17 车辆设备（一）

(a) 地铁车辆车底设备

(b)

(c)

图 2-2-17 车辆设备（二）

(b) 香港迪斯尼列车；(c) 车体内部装置

(8) 车辆电气设备。包括车辆上的各种电气设备及其控制电路。按其作用和功能可分为牵引电路系统、辅助电路系统和列车监控系统三个部分。牵引电路由牵引电机及与其相关的电气设备和连接导线组成，其作用是将电网的电能转变为车辆运行所需的牵引力，当在电气制动时将车辆的动能转换为电制动力。辅助电路系统为保证车辆正常运行必须设置的辅助设备（如供某些电器通风、冷却的通风机、空气压缩机、空调装置、车辆照明等）所提供的辅助用电系统。列车监控系统通过司机操纵主控制器和各按钮使列车正常运行或由列车自动运行控制系统控制运行。

图 2-2-18 车厢内机电设备

城市轨道交通车辆的电气部分主要是按功能和系统以屏、柜及箱体的形式安装在车厢内（图 2-2-18）及悬挂固定在车体底部车架上（图 2-2-19）。为了使车厢用于载客部分的空间尽量多，电气箱柜绝大部分安装在车体底下的空间。

图 2-2-19 车底电气设备

3. 有轨电车的车辆

有轨电车行驶线路曲线半径小，旧式有轨电车车辆长度一般在 12m，宽度一般在 2～2.4m。一般编组 1～2 节（图 2-2-20）。

20 世纪 70 年代以后的有轨电车采用新技术，故现代有轨电车与轻轨车辆已无多大差别。

图 2-2-20　大连有轨电车

4. 轻轨系统车辆

四轴车车辆长度不超过 20m，每侧不少于 3 个车门，如图 2-2-21 所示；六轴车不超过 25m，每侧至少 4 个车门；八轴车不超过 30m，每侧至少 5 个车门。

图 2-2-21　大连轻轨

轻轨车辆的优点是因地制宜，如供电方式有 600、750、1500V，车辆宽度在 2.4～2.65m。长度也有较大差异，见图 2-2-22。一般轻轨车辆的基本参数见表 2-2-2。

图 2-2-22　法国低地板轻轨

表 2-2-2　**轻轨车辆基本参数**

每列车载客量	1000 人（座席+6 人/m^2 站席）	每列车载客量	1000 人（座席+6 人/m^2 站席）
列车编组	最多 3 辆	单向能力	一般 3000～10000 人
列车长度	最长 100m	地板高度	高地板车：0.9～1.0m； 低地板车：0.3～0.35m
列车宽度	最大 2.65m	车体设计寿命	30 年以上
速度	最大 80km/h	大修周期	8 年/5 万 km
轨距	1435mm	车门开度	（1300～1350）mm×1950mm

5. 我国使用的地铁车辆简介

（1）我国北京、上海、广州等城市地铁车辆（图 2-2-23～图 2-2-25）主要参数见表2-2-3。

北京地铁 DK3 车辆

北京地铁 DK11 车辆

北京地铁 DK16 车辆

北京地铁 DK20 车辆

图 2-2-23　北京地铁车辆的发展

图 2-2-24 广州地铁车辆

图 2-2-25 上海地铁车辆

表 2-2-3 我国部分城市地铁车辆列车编组及主要技术参数

技术参数		北京早期车辆	北京复-八线	上海 1 号线	上海 2 号线	广州 1 号线	深圳一期工程
列车编组		2～6 辆 (全自动)	6 辆 (3 动 3 拖)	6 辆 (4 动 2 拖)	6 辆 (4 动 2 拖)	6 辆 (4 动 2 拖)	6 辆 (4 动 2 拖)
供电及受流方式		DC 750V (三轨)	DC 750V (三轨)	DC 1500V (架线式)	DC 1500V (架线式)	DC 1500V (架线式)	DC 1500V (架线式)
车辆轮廓尺寸(mm)	长	19520	19520	24140 (拖车) 22800 (动车)	24140 (拖车) 22800 (动车)	24390 (拖车) 22800 (动车)	24390 (拖车) 22800 (动车)
	宽	2650	2800	3000	3000	3000	3100 (最大宽度)
	高	3509～3600	3510	3800	3800	3800	3800 (不含排气口)

续表

技术参数	北京早期车辆	北京复-八线	上海1号线	上海2号线	广州1号线	深圳一期工程
车辆定距（mm）	12600	12600	15700	15700	15700	15700
每列额定载客量（人）	360～1080	1440	1860	1860	1860	约1920
转向架	有摇枕轴距2100mm	无摇枕轴距2200mm	无摇枕轴距2500mm	无摇枕轴距2500mm	无摇枕轴距2500mm	无摇枕轴距2500mm
空气压缩机	活塞式	2级压缩活塞式供风量0.8m³/min	W230/180－2 供风量1450L/min	活塞式、2级、三缸供风量0.92m³/min	活塞式、2级、三缸供风量0.92m³/min	活塞式、2级、三缸供风量0.92m³/min
空调与通风	机械通风	机械通风	空调	空调	空调	空调
牵引电动机	直流	鼠笼式异步电动机180kW	直流电动机207kW	鼠笼式异步电动机190kW	鼠笼式异步电动机190kW	鼠笼式异步电动机220kW
最大运营速度（km/h）	80	80	80	80	90	80
平均加速度（m/s^2）	0.9	0.83	0.9	0.9（0～36km/h）	平均值1.0（0～35km/h）	平均值≥0.6（0～80km/h）
常用制动平均减速度（m/s^2）		0.94	1.0	1.0	1.0	1.0
紧急制动平均减速度（m/s^2）	1.2	1.2	1.3	≥1.2	1.2	1.2
车钩高度（mm）	660～670	660	720	720	720	720
减速箱传动比	5.9	7.69	5.95		6.3	6.68

注 1. 北京地铁早期车辆是指工厂设计序号为DK1～DK16的车辆。

2. 上海地铁1号线线路、站场设施按8节车辆编组预留，2006年开始启动扩编工程。

(2) 天津地铁车辆。天津地铁1号线电动客车采用B型车，车辆采用接触轨上部接触受电方式，列车初期为两个单元四辆车编组，近期和远期为六辆车编组，每个列车单元由一辆带司机室拖车（Tc车）（图2-2-26）和一辆不带司机室动车（M车）组成。采用H型钢板焊接构架、两系悬挂、无摇枕转向架；牵引系统采用VVVF逆变器控制的交流异步牵引电机微机控制装置，实现对列车的牵引和电制动控制；列车空气制动系统采用微机控制的模拟式电空制动装置；直流/交流逆变器为主的辅助供电系统；列车采用微机控制的列车监控系统。

车体整体呈鼓形，由底架、侧墙、端墙、车顶和司机室等部分组成，见图2-2-27、图2-2-28，承受垂直、纵向、横向、扭转等载荷，采用铝合金大断面挤压型材或不锈钢材料，为整体承载轻型焊接结构。车辆设计及选用材料的防火要求符合UIC564或相关中国标准中适用于铁路车辆的规定。在满足车辆性能的条件下，按照标准要求，所采用的材料具备低烟、无毒、难燃的特性，同时保证对人体无害。车辆内不采用木材。在司机室及客室均配置足够数量及容量的灭火器具，并作适当存放，便于取用。

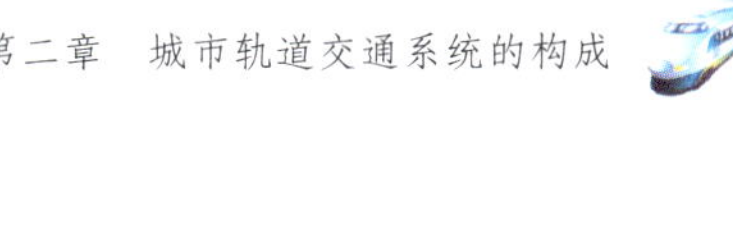

图 2-2-26　司机室

图 2-2-27　车辆外观

车辆宽度：2750mm；车辆高度（轨面到车顶高度）：3510mm

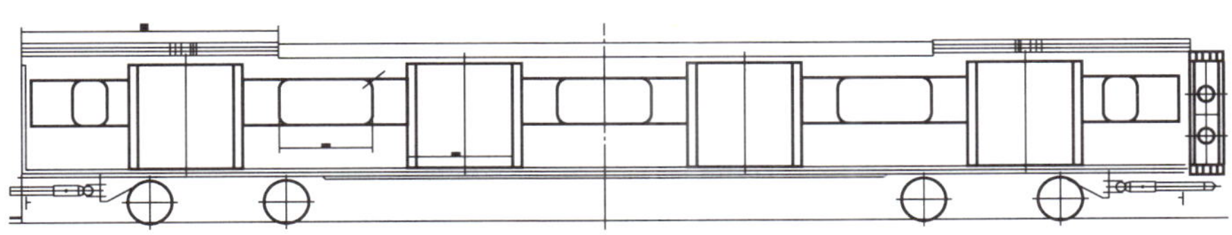

Tc 车辆长度（车钩连接面之间长度）：20120mm；Tc 车体长度：19500mm

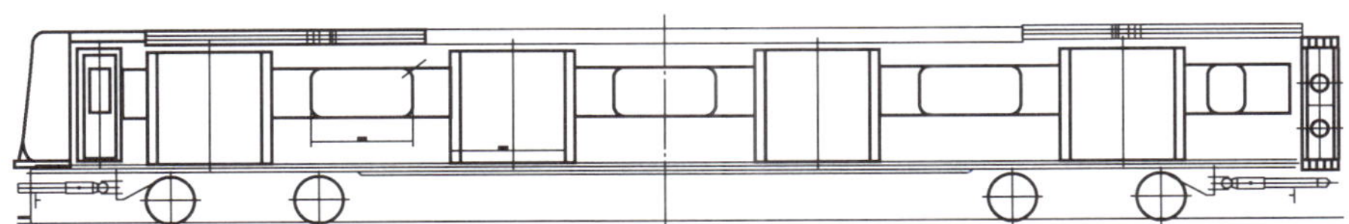

M 车辆长度：19520mm；M 车体长度：19000mm

图 2-2-28　车辆效果图

表 2-2-4　　**天津地铁车辆主要技术参数**

车辆长度（车钩连接面之间长度）	19520mm+500mm	车辆高度（轨面到车顶高度）	≤3510mm
车辆宽度（最大）	2780mm	客室高度（客室内净空高度）	2050mm
车体长度	19000mm	地板面到顶棚中心最小高度	1950mm

二、车辆段

1. 车辆段的作用

轨道交通系统的车辆管理单位基本上有两种：一是车辆段；二是停车场。

车辆段是电动车辆停放、运用、检查、管理、整备和检修保养的场所及管理单位。其主要业务为：①列车运用，编组，调车，停放，日常检查，故障处理，清扫等，见图 2-2-29；②车辆技术检查，月修，定修，架修，临修等；③列车折返及乘务组换班；④其他维修工作。

(a)

(b)

图 2-2-29　车辆段

(a) 检修台；(b) 车辆吸尘、清洗、吹扫

2. 车辆段的设置原则

一般一条线设一个车辆段，线路长度超过 20km 的线路，为保证配属列车停放数量，减少两终点站首末班时间差异、空驶里程及提高运营调整能力，应在线路另一端增设一个停车场。停车场负责部分车辆的存放、运用、检查和准备工作。当技术经济合理，也可以两条或两条以上线路共设一个车辆段。当运营线路里程达到 50km 时应考虑设车辆修理工厂(50km 线路平均每天有 3、4 辆车厂修)。车辆段的设计规模应以服务线路长期客流量为依据，综合分析列车配属数量及维修能力。

3. 车辆段的组成

车辆段总体上分为咽喉部分、线路部分和车库部分。

(1) 咽喉部分是车辆段的停车库、检修库与正线连接地段，有出入段线和众多道岔，它直接影响整个线路的正常运营。咽喉部分在规划设计中既要主要保证行车安全，满足输送、接收能力的需要，又要保证必要的平行作业，还要努力缩短咽喉区的长度，尽量节省用地。

(2) 线路部分由各种用途不同的停车线、洗车线、牵出线、试车线、检修线、清扫线及材料线等组成。

(3) 车库部分有停车库、定修库、架修库。停车库除了停放车辆以外，还是日常检修保养的场所，所以设有检修坑道。架修、定修库作车辆定期维修使用。

停车场规模、设施较车辆段小，一般用作停放列车及小规模的维修保养等，一般没有定

修库和架修库。

4. 车辆段及停车场设备配置

(1) 出入段（场）线。车辆段或停车场与正线的结合部，是段（场）与正线过渡线路，供列车出入场使用。其有效长度至少保证一列车的停放。

(2) 停车线。停车库线要满足线路所有运用车辆的停放需要，线路长度根据车辆编列的需求进行设计，一般为列车长＋8m，可设计为一线一列位或一线二列位，线路间隔通常为3.8m，通常设检修坑道。

(3) 试车线。用作列车调试、项目试验的线路，有效长度应保证列车最高时速和全制动的需求。试车线一般为平直线路。

(4) 交接线或联络线。是一条运营线路与另一条运营线路或运营线路与国铁连接的专用线路，主要用于车辆与生产物资的周转、调送。

(5) 洗车库。一般安装自动洗车机，用于车辆自动清洗．列车以低于5km/h的速度通过洗车设备，完成车体清洗作业。目前较高级洗车设备有喷淋、去污、上蜡、吹干等功能，减少了人力。

(6) 维修线。是指用于车辆各种不同修程的专用线路，包括架大修线、定修线、临修线、静调线等，这些线路设有1.4m至1.6m深的检修坑道，中间设维修平台。根据需求配有架车机、悬挂式起重机、转向架转向盘等设备。

(7) 办公及生活设施。由办公室、值班室、会议室、食堂、浴室、司机公寓等组成，一般设在作业区附近。

目前国内各城市的地铁采用的修程基本上分四种：厂修、架修、定修、月修。轻轨车辆检修周期见表2-2-5。车辆的厂修和车辆段内设备的大修一般可由车辆设备修理工厂或委托其他工厂担当，也可选择一个车辆段增加车辆厂修任务。

车辆段的线路布置一般遵循收发车顺畅、停车检修分区合理、用地布置紧凑等原则，见图2-2-30。

表2-2-5　　轻轨车辆检修周期表

修程	检修周期	修车时间	施修地点	修程	检修周期	修车时间	施修地点
厂修	54万～60万km	40d	车辆段或工厂	月修	1万～1.2万km	2d	车场
架修	18万～20万km	20d	车辆段	列检	200～400km（每天）	2h	车场或列检所
定修	6万～7万km	10d	车辆段				

三、车辆的运用

（一）车辆运用生产组织部门的工作范围

(1) 列车检修停放计划管理；

(2) 列车行车计划编排；

(3) 按运行图要求配置列车及乘务人员；

(4) 按运行图完成正线列车的运营工作；

(5) 车辆的清洗、保洁；

(6) 配合维修人员进行列车的保养、维修、调试等工作；

(7) 车辆乘务人员及站场行车人员的行政管理、技术管理及材料供应；

图 2-2-30 某地铁线路车辆段

(8) 正线事故救援工作。

(二) 车辆运用生产组织部门构成

车辆运用生产部门一般设在车辆段或停车场内，这样有利于车辆合理使用及人员调配。其组织机构如图 2-2-31 所示。

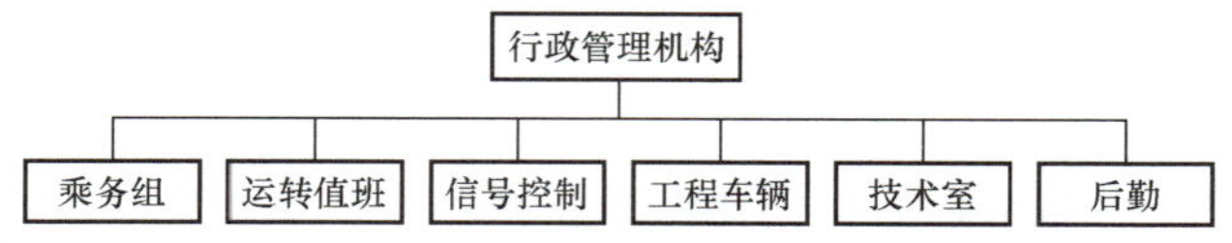

图 2-2-31 车辆运用生产部门组织结构图

(1) 行政管理机构：按照车辆运用规模设主管一名，副主管若干名及相关办事人员。负责部门内日常行政管理、人事、教育培训、安全、技术等工作，协调与相关单位工作关系，科学合理地制定工作流程，安排好人力，按运行图要求组织好每日车辆运用工作。

(2) 乘务组：根据列车配置数和运行图的要求设若干班组，由乘务长进行管理指挥。乘务组主要职责是按运行图的要求安全、快速、准点地驾驶列车，并配合车辆调试、验收、保养等工作。

(3) 运转值班室：设有内勤值班员和外勤值班员，主要负责运用列车的编排，乘务人员调配，行车信息的搜集、统计等工作。

(4) 信号控制室：设值班员和助理值班员，主要负责车辆段或停车场内行车指挥、进路排列和列车接发工作。

(5) 工程车辆组：负责牵引机车与工程车辆的驾驶，配合车辆维修、线路施工及列车救援等工作。

(6) 技术室：设立相关专业的技术人员，负责车辆运用技术管理、站场行车组织管理及行车安全管理工作。

(7) 后勤：主要负责生产物资的准备、司机公寓管理、工作人员生活保障。

（三）车辆运转流程（图 2-3-32）

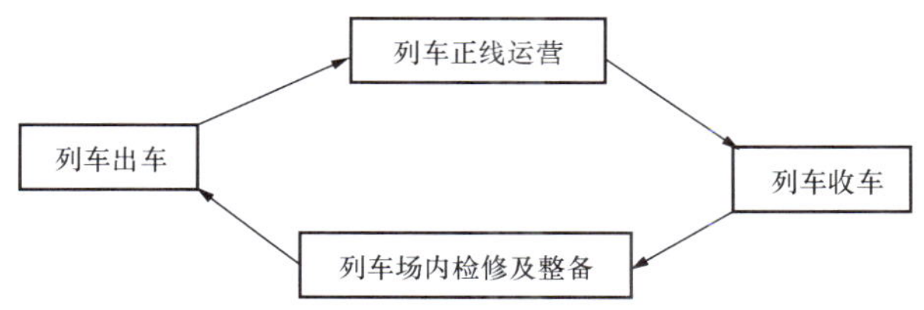

图 2-2-32 列车运转流程图

1. 列车出车

列车发车工作流程分为制定发车计划、出乘计划及发车作业三部分，从制定发车计划开始到列车发出结束。其中制定列车发车计划可分为编制、下达发车计划与检修交车、确认计划两个环节。出乘作业可细分为司机出勤、出车前检查、列车出库这三个环节。

（1）列车发车工作流程图（图 2-2-33）：

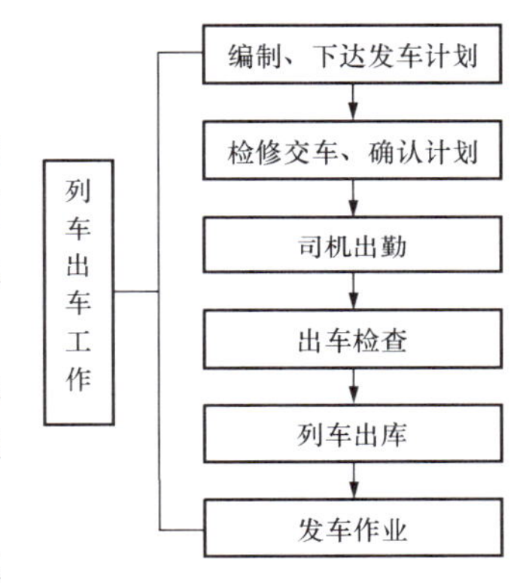

图 2-2-33 列车出车流程

（2）列车发车计划的编制与下达：

1）列车发车计划由运转值班员根据车辆维修部门提供的“列车运营检修用车安排”，并结合车场线路存车情况和运行图的要求合理编制，编制时必须考虑降低交叉发车作业的难度及保证各车的出车顺序无误，不堵车。

2）列车发车计划编制完成后运转值班员应在运转《行车日志》内填写有关内容，并向信号楼行车值班员传达列车发车计划，信号楼行车值班员应认真记录在《行车日志》上。

3）列车发车计划包括以下内容：执行运行图编号、列车车次、待发股道、运用车编号。

4）信号楼行车值班员在接到运转下达的“列车发车计划”后应立即验证“列车发车计划”的可行性，发现问题及时汇报运转值班员更正。验证通过后根据“列车发车计划”编制“备用发车计划”，以便在站场信号设备故障时启用。

（3）列车发车计划的确认与变更：车辆维修部门交车后运转值班员应立即与车辆维修部门提供的“列车运营检修用车安排”中的运用车辆核对，发现所交车辆数量、车号与“列车运营检修用车安排”中提供的数据有出入时，应立即调整“列车发车计划”并及时将变更后的“列车发车计划”传达给信号楼行车值班员执行。

（4）出乘工作一般规定：

1）列车司机按列车运行图所规定的出库时间，提前半小时至运转值班室与运转值班员办理出勤手续，领取相应物品。

2）司机在办理出勤手续时，应认真回答运转值班员的询问，仔细查看行车告示牌上的行车命令指示和安全注意事项并从发车告示牌上了解本次列车出车股道。

3）办妥出勤手续后，司机应对运转值班员安排的电客列车做一次出车前检查。检查完毕合格后方能按时发车。

4）如检车时发现电客车辆故障不能担负列车任务时，应及时通报运转值班员并按其指示执行。运转值班员应立即通知车辆检修部门检修故障列车，及时调整司机出乘车辆及列车出车次序并向信号楼值班员传达变更出车计划。

5）列车凭出库信号显示出库，动车前应确认库门开放正常、平交道无人员车辆穿越后通过。

6）在运行图出库点已到后，如出库信号还未开放，待发列车司机应主动使用列车对讲电话询问信号楼值班员，联系不上时可通过运转值班员询问。

（5）备用列车准备制度：

1）备用司机应与首发列车司机同时出勤。

2）完成备用列车检车程序后，备用司机应在车上待命，在发车工作结束后备用司机方可回到司机休息室内待命。

3）在其他待发列车故障起备用列车替换后，运转值班员应及时安排其他可运用车辆担负备用列车任务。无法安排备用列车时应向行车调度员汇报。

（6）列车出车信息流转。

1）运转值班员应在当日列车发车计划确定后，及时将计划中有关内容上报行车调度员，内容包括：列车车次、车号、有无备车、备车车号。

2）遇待发列车故障调整时，运转值班员应及时将调整后的计划中有关内容上报行车调度员，内容包括：变更/替换列车车次、车号。

2. 列车正线运营

列车正线运营主要由乘务员（电动列车司机）来完成。

（1）正线运营中信息流转：

1）正线列车或其他行车设备发生故障时，司机应及时报告行车调度员，报告故障车次、故障时间、故障现象及处理结果。

2）行车调度员将故障车次/车号、故障情况及其他相关信息通报维修部门，以便对故障及时修复处理。

3）司机除汇报行车调度员有关故障信息外，还应将故障信息在报单上记录，以便备案。

4）对运营中列车因故障而导致下线，行车调度员应及时通知运转值班员。在列车回库后由运转值班员将司机填写的《故障报告单》传达至车辆维修部门。

（2）正线交接班有关规定。

1）司机在正线交接班时应提前20分钟至相关地点出勤，出勤方式按部门制定的相应规定执行。

2）司机在途中交接班时必须向接班人员说明列车的运行技术状态及有关行车注意事项，并填写在司机报单上，内容包括制动性能、故障情况、线路情况、当前有效调度命令及执行情况以及其他必须交接的情况。

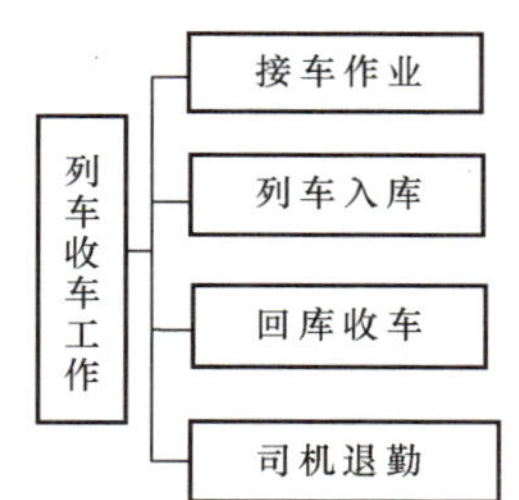

图2-2-34　列车收车工作流程图

3. 列车收车工作

列车回库收车工作流程分为接车及回库作业，其中回库作业可细分为列车入库、回库检查及收车、司机退勤这三个环节（图2-2-34）。

（1）列车回库及退勤：

1）列车进入车库停稳后，司机应做回库检查并按《电动列车司机作业标准》有关内容收车。

2）确认回库列车无异常情况后携带列车钥匙、司机报单及其他相关物品至运转值班室向运转值班员办理退勤手续。

3）司机在办理退勤手续时应将列车钥匙、司机报单及列车故障单交于运转值班员整理、保管。遇列车技术状态不良、故障和上线运营时发生行车安全事故等情况时，司机应向运转值班员报告并应在有关报表中详细记录，运转值班员应对当日列车故障情况与安全记录做出统计并上报有关部门处理。

4）司机退勤工作结束后应至司机公寓向乘务组长汇报工作、总结当日工作情况并听取次日行车工作计划与安全注意事项。

5）司机在司机公寓休息时间时按《司机作息规定》有关内容执行。

（2）列车回库后技术统计工作：

1）列车回库后技术统计工作由运转值班员负责。

2）待所有列车回库，司机退勤后运转值班员应收集整理列车故障信息，并将车辆故障情况向车辆维修部门通报。

3）运转值班员还要根据报单中有关影响安全生产的记录作出统计和记录，并及时传至有关部门。

4）在发生列车晚点、大间隔、掉线、清客、救援及发生行车事故时组织当事人及有关人员填写《车辆事故（事件）情况报告》并及时上报有关部门处理。

4. 列车检修与整备

（1）列车清洗工作：列车清洗工作一般规定包括如下内容。

1）电客车清洗工作由运转值班室指派专人负责，洗车负责人根据电客列车清洗需要制定列车清洗计划，列车清洗计划制定完成后由运转值班员及时下达给信号楼行车值班员、司机、调车员及其他相关人员执行。

2）列车清洗工作包括客室内部清洗、清扫，车身清洗/机洗作业。

3）清洗工作安排在清扫线进行。清洗时需要断电进行，由负责清洗工作部门负责至运转值班室办理断电手续。断电后的防护工作由负责清洗工作单位指派专人负责。

4）列车机洗作业时，由运转值班员及时派出当值司机调车，司机动车时应确认地面调车信号机的进行信号，清洗时按相应设备操作办法执行。

（2）列车检修工作：列车检修工作一般规定包括如下内容。

1）列车回库停稳并按规定收车后，如无调动、机洗及其他任务，运转值班员应及时与车辆维修部门办理车辆交接手续。

2）未办理车辆交接手续的电客车辆，未经运转值班员同意，检修部门不得擅自进行检修作业。

3）正在进行检修作业的电客车辆，未经检修负责人同意，运转值班员不得擅自调动使用。

4）正在进行检修作业的电客车辆，应在司控器上挂“禁动牌”防止无关人员擅自动车。

5）电客车辆检修完毕后，检修负责人应及时与运转值班员办理车辆交接手续，将电客车辆移交给车辆运转部使用。

司机配合检修部门调试车辆应按以下规定执行：

1）司机配合检修部门调试车辆时，行车安全防护工作应由检修负责，检修负责人指示车辆动车前应先确认无关人员已撤离、止轮器已撤除、股道上无障碍物、股道接触网已送电。

2）司机配合检修部门调试车辆时，行车安全由司机负责并严格按信号动车，遇有危险及时停车。

3）司机配合检修部门调试车辆时，检修负责人应指派检修联系人进入驾驶室内与司机保持联系。司机严格按照检修联系人的指示操作电客车辆，但检修联系人的指示违反安全规定及危及行车安全时司机应拒绝执行。

（3）车辆交接与验收：

1）运转值班室接到车辆维修部门移交的车辆后指派专人对车辆技术状态进行检查，确认车辆状况符合运营要求后方能接收投入正线使用。

2）如车辆技术状态不符合运营要求，运转值班员要交付车辆维修部门，进行维修。

第三节　限　　界

限界（Load Gauge）指列车沿固定的轨道安全运行时所需要的空间尺寸。为保证列车运行安全，各种建筑物及设备均不得侵入限界范围。轨道交通工程地下隧道的断面尺寸及高架桥梁的宽度的设计都是根据限界确定的。限界越大，安全度越高，但工程量及工程投资也随之增加。因此，合理限界的确定既要考虑保证列车运行的安全，又要考虑系统建设成本。

限界是确定行车轨道周围构筑物净空大小的依据，是管线和设备安装位置的依据，是各专业间共同遵守的技术规定，应经济、合理、安全可靠。

限界应根据车辆的轮廓尺寸和技术参数、轨道特性、受电方式、施工方法、设备安装等综合因素进行分析计算确定。限界一般是按平直线路的条件进行制定的。曲线和道岔区的限界，一般应在直线地段限界的基础上，根据车辆的有关尺寸以及不同的曲线半径、超高、道岔类型，再分别考虑适当的加宽和加高量。在制定限界时，对结构施工、测量、变形误差、设备制造和安装误差，以及设计、施工、运营过程中难于预计的其他因素在内的安全留量等，都应分别研究确定。

一、限界的种类

根据轨道交通系统的构成和设备运营要求，限界可以分为车辆限界、设备限界、建筑限界（图 2-3-1）、接触轨和接触网限界。限界的确定需要根据车辆外轮廓尺寸及技术参数、轨道特性、各种误差及变形，并考虑列车在运动中的状态等因素，经过科学的分析计算后确定。

图 2-3-1　矩形隧道建筑限界

二、限界基本内容

1. 限界的坐标系

限界的坐标系是二维直角坐标，将车辆横断面的垂直中心线与平直轨道横断面的垂直中心线相重合设为纵坐标轴 Y。将平直轨道轨顶连线设为横坐标 X，两轴相垂的交点为坐标的原点 O。

2. 车辆轮廓线

车辆横断面外轮廓线作为确定车辆限界及设备限界的依据，是车辆设计和制造的基本数据。

（1）车辆限界。车辆限界应根据车辆的轮廓尺寸和技术参数，并考虑其静态和动态情况下所能达到的横向和竖向偏移量，按可能产生的最不利情况进行组合计算确定。

（2）设备限界。设备限界是为保证轨道交通系统的列车等移动设备在运营过程中的安全所需要的限界。设备限界要在车辆限界的基础上，考虑轨道出现状态不良而引起的车辆偏移和倾斜；此外，还要考虑适当的安全预留量。设备限界是一条轮廓线，所有固定设备以及土木工程的任何部分都不得侵入此轮廓线内。

（3）建筑限界。建筑限界是指在行车隧道和高架桥等结构物的最小横断面所形成的有效内轮廓线基础上，再考虑其施工误差、测量误差、结构变形等因素，为满足固定设备和管线安装的需要而必须的限界。换言之，建筑限界以内、设备限界以外的空间主要是为各类误差、设备变形和其他管线安装所预留的空间。

各种限界之间关系见图 2-3-2。

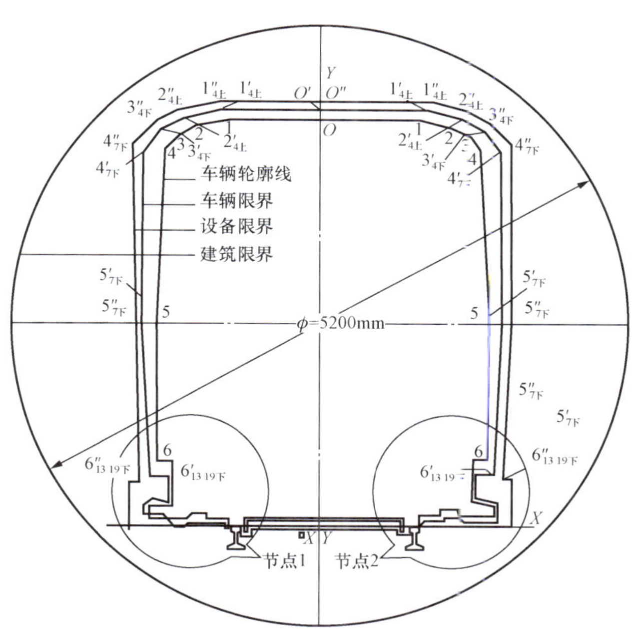

图 2-3-2　圆形隧道限界示意图

建筑限界分为矩形隧道建筑限界、马蹄形隧道建筑限界、圆形隧道建筑限界、高架线及地面线建筑限界、车辆段车场线建筑限界等。在设计隧道及高架桥等结构物断面时，必须分别考虑测量误差、结构变形等因素，才能保证竣工后的隧道及高架桥等结构物的有效净空满足建筑限界的要求，以保证列车安全高速运行。

盾构施工的圆形隧道和矿山法施工的马蹄形以及拱形隧道，在列车顶部控制点范围内，建筑限界与设备限界之间的空间，宜不小于150mm，以满足电缆管线横穿的需要。

在高架桥上以及隧道内可以设置侧向人行道，也可以不设置，但各国的地铁及轻轨多数都设有侧向便道。若设置便道，高架桥的桥面建筑限界及隧道建筑限界都需要留出其具体位置。一般高架桥侧向便道的宽度以600～700mm为宜。

3. 车站限界

(1) 隧道内直线段车站限界。在直线车站站台有效范围内，靠近站台一侧，站台边缘至线路中心线的距离应根据车厢宽度来确定。在我国，一般站台边缘与车厢外侧之间的空隙设置100mm为宜，站台面的高度应低于车厢地板面50～100mm较为合适。这个数值与车辆质量及运营水平有关，也与线路和车站工程的施工质量有关。站内线路中心线至隧道边墙内侧的距离，如无特殊要求，一般都采用与区间相一致。车站建筑限界的高度，一般与区间相同就能满足设备限界的要求。但是由于建筑装修和有些设备及管线安装的需要，因此车站建筑限界的高度都比区间大。站台有效长度范围以外的所有用房的外墙面距线路中心线的距离宜不小于1800mm，且外墙面不允许安装各种设备和管线。

(2) 曲线地段车站限界。在曲线地段的隧道内车站，都应在直线地段车站的各有关尺寸基础上，根据所选车辆的有关尺寸以及平面曲线半径和是否超高进行加宽。

第四节　轨　　道

轨道结构是城市轨道交通系统的重要组成部分，一般由钢轨、轨枕、道床、道岔及其他附属设备组成，见图2-4-1。各部分均应有足够的强度和稳定性，才能保障列车按规定的最高速度，安全、平稳和不间断地运行。

图2-4-1　轨道结构

一、钢轨

钢轨直接承受车轮的巨大压力并引导车轮运行方向。其类型通常用每米长度的重量表示，现行标准钢轨类型有75、60、50kg/m等。城市轨道交通线路一般采用50或60kg/m钢轨，60kg/m钢轨比50kg/m钢轨寿命更长、更耐磨，见表2-4-1。钢轨的标准长度有25m和

12.5m 两种。标准轨距为 1435mm。钢轨断面采用具有最佳抗弯性能的工字形断面，由轨头、轨腰、轨底三部分组成，见图 2-4-2。轨道交通正线应采用焊接型长钢轨，见图 2-4-3。

表 2-4-1　　60kg/m 钢轨的性能

性　能　指　标	与 50kg/m 钢轨比较	性　能　指　标	与 50kg/m 钢轨比较
钢轨抗弯强度	+34%	疲劳破坏造成的更换率	−83.3%
弯曲应力	−28%	列车冲击振动	−10%
使用年限	+50%～200%		

图 2-4-2　钢轨

(a)　(b)　(c)　(d)

图 2-4-3　线路的铺装

二、道床和轨枕

道床和轨枕是钢轨的基础。道床有整体道床和碎石道床两种，道床在隧道内采用混凝土整体道床，可减小隧道断面的开挖工作量。高架桥可采用整体道床也可采用碎石道床，地面则一般采用碎石道床，而且要对路基进行强度处理。在有折返、停车线路车站还应敷设道岔，一般采用 9 号道岔。轨枕按材料不同可分为木枕和混凝土轨枕。城市轨道交通通常采用混凝土轨枕，通常有短枕式（图 2-4-4、图 2-4-5）和长枕式（图 2-4-6、图 2-4-7）两种形式。短枕是在左右两股钢轨下分开铺设的轨枕，常用于混凝土整体道床。长轨枕相对普通轨枕长度要长，多用于道岔和安有第三轨支架的路段。列车的重量通过轨枕传递给道床，轨枕还起到保持钢轨轨距、方向的作用。北京地铁中，地铁车站、地下线路及高架线路采用短枕式混凝土整体道床，地面线路采用混凝土轨枕碎石道床。

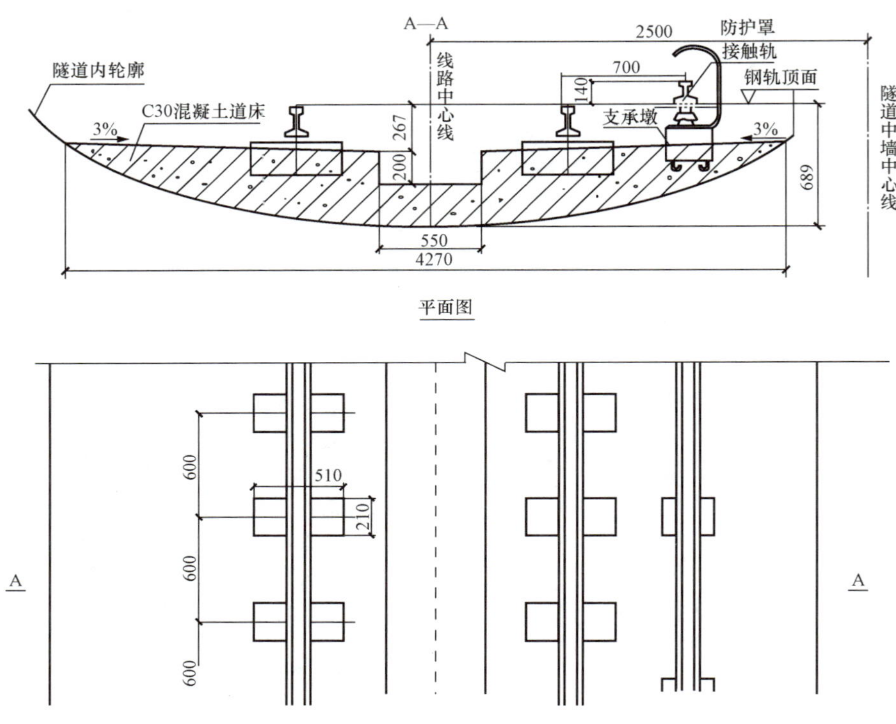

图 2-4-4　短枕式整体道床

三、道岔（turnout）

道岔是使机车车辆从一股道转向或越过另一股道的连接设备，通常在车站、车辆段和停车场大量使用。由于道岔具有数量多、构造复杂、使用寿命短、限制列车速度、行车安全性低、养护维修投入大等特点，与曲线、接头并称为轨道的三大薄弱环节。

最常见的道岔是普通单开道岔，由转辙器（points or switch）部分、连接部分和辙叉及护轨（frog and guard rail）三部分组成（见图 2-4-8）。

1. 转辙器部分

（1）转辙机械：用来控制轨道变线连接的设备，分为电动和手动两种。若按操纵方式分类，则有集中式和非集中式两类。

图 2-4-5 短枕式道床结构

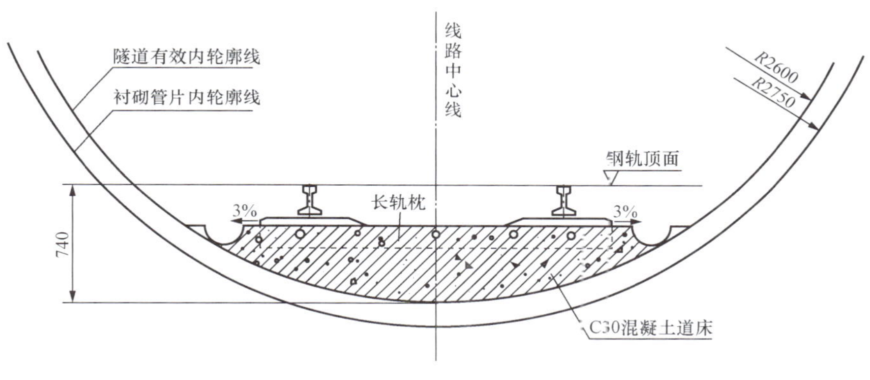

平面图

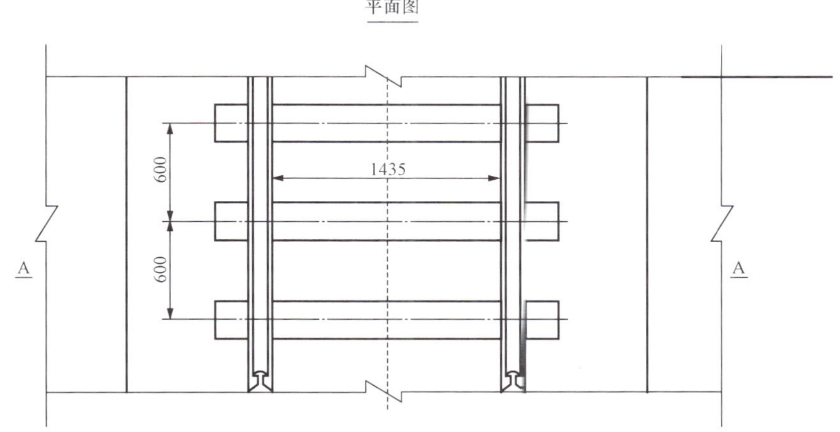

图 2-4-6 长枕式整体道床

图 2-4-7　长枕式碎石道床

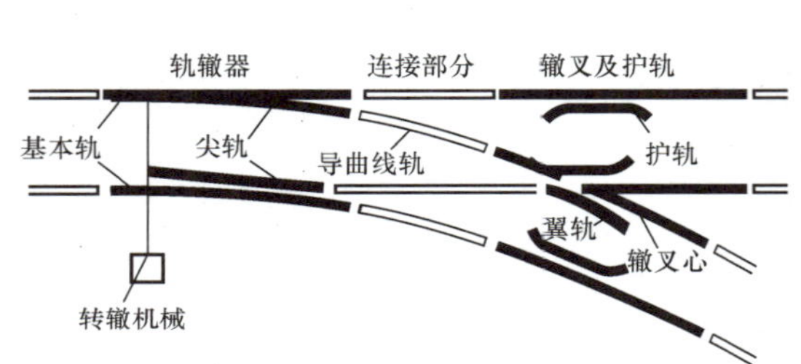

图 2-4-8　普通单开道岔的组成

图 2-4-9　单轨道岔轨道梁

(2) 尖轨：两条可以水平移动的钢轨，在平面上可分为直线型和曲线型。尖轨用来引导车轮进入导轨，依靠尖轨的扳动，将列车引入正线或侧线方向。尖轨与基本轨的贴靠方式主要有贴尖式与藏尖式两种。

(3) 轨距拉杆：一根位于两条尖轨间的连接拉杆。轨距拉杆是用来维持两条尖轨距离的，并加强尖轨间的联系，提高尖轨的稳定性。

(4) 转辙拉杆：是一根用来控制尖轨位置转换的拉杆，并与转辙机械相连，以实现尖轨的摆动。

(5) 此外还有一些转辙机械上的零配件，如有滑床板、轨撑、顶铁、各种特殊形式的垫板等。

2. 连接部分

引导车轮进入辙叉的一组或多组轨道，分直线导轨和曲线导轨两种。

3. 辙叉及护轨

(1) 辙叉：用来引导车轮准确地进入岔心的一组钢轨。由岔心、翼轨和联结零件组成。按平面形式分，有直线辙叉和曲线辙叉两类；按构造类型分，有固定辙叉和活动辙叉两类。直线式固定辙叉又分两种，即整铸辙叉和钢轨组合式辙叉。可动辙叉有可动心轨式辙叉、可动翼轨式辙叉及其他消灭有害空间的辙叉。

(2) 护轨：是防止车轮在岔心处，因轮缘有可能走错辙叉槽而引起脱轨或进错路线而在

固定辙叉两侧设置的钢轨。

（3）翼轨：是在内侧轮轨紧邻岔心处设置的钢轨。翼轨与岔心间形成必要的轮缘槽，引导车轮行驶。

（4）岔心：又称辙叉心，是用来连接两边轨道的钢轨。

单轨轨道梁将各种预埋件、结构件和供电、信号设施集成到预应力钢筋混凝土梁（PC梁）上，与通常钢轨线路在施工工艺和装备上完全不同，具有体量小、系统结构紧凑、工厂化生产、透光性好、景观性好等突出特点，但作为轨道车辆的三维空间受力的行走轨道，其生产加工精度高，安装技术要求高（需要达到2mm的精度要求）。因此，这种称为PC梁的单轨交通轨道梁，对设计、施工、产品生产的技术能力与管理水平要求极高。

与一般地铁和铁路轨道系统不同，单轨道岔系统由可移动的整体钢制轨道梁和转辙电控系统及梁上供电、信号设施等集成，在产品精度、安全可靠性等各项指标和安装调试上要求也很高。跨座式单轨交通的道岔分为两种：关节可挠型和关节型。

关节可挠型道岔设备，是一种采用电力驱动的特殊结构道岔，其梁整体转辙与轨道梁或道岔梁对位而形成岔道。转辙时道岔梁两侧的导向面板和稳定面板，同时挠曲成规定的圆滑曲线，以使车辆安全平稳地转线。关节可挠型道岔由于价格较高，一般只在正线上使用。

关节型道岔为转辙时其两侧的面不弯曲的道岔，其走行面为折线，车辆通过时对速度有较大的限制。此种道岔一般在车场内使用。

第五节　供　电　系　统

城市轨道交通的供电系统负责提供车辆及设备运行的动力能源，一般包括高压供电源系统、牵引供电系统和动力照明供电系统（图2-5-1）。

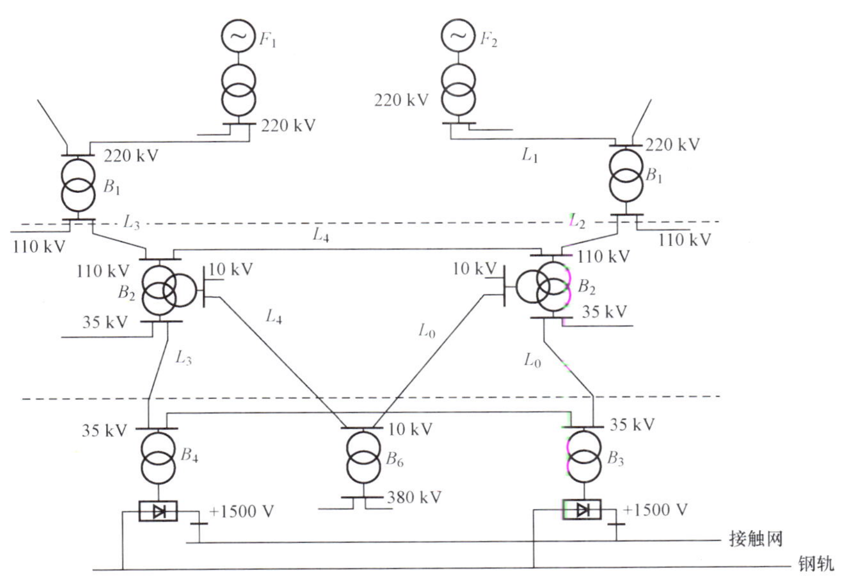

图2-5-1　城市轨道交通供电系统

F_1、F_2—城市电网发电厂；L_1～L_9—传输线；B_1～B_3—城市电网区域变电所；B_4、B_5—牵引变电所；B_6—降压变电所

一、高压供电源系统

高压供电源系统即城市电网对轨道交通系统内部变电所的供电系统，是保证城市轨道交通列车正常运行及各种设备系统不间断工作的能源，一般取自城市电网，且大部分为一级负荷，要求比较高。

（一）高压供电源系统的组成

高压供电源系统包括发电厂（站），传输线路，区域变电所。

（1）发电厂（站）：分为火力、水力、核动力等各种能源发电厂（站）。

（2）传输线路：需升压为超高压电压（110kV 或 220kV），满足远程输送需要。

（3）区域变电所：将超高压电能降压为所需电压等级（如 35kV 或 10kV），通过三相传输线输送到本供电区域内各个用电部门的变电所，再次降压为所需电压等级（如 380V、1500V 等）。城市轨道交通是一个重要的用电部门，其一次供电力系统定为一级负荷，按规定需由两路独立的电源供电，当其中任何一路电源发生故障时，另一路应能保证一级负荷的全部用电的需要。因此，城市轨道交通牵引变电所的电源进线来自两个区域变电所或来自一个区域变电所的两路独立电源，当一路电源失压时，另一路电源即自动切入，使轨道交通系统能获得不间断的电源。

（二）供电方式

1. 集中供电方式

在线路适中站位，根据总容量要求设 110kV 主变电站，经降压并在沿线结合牵引变电站、降压变电站进线形成 35（33）kV 或 10kV 沿线中压环网，由环网供沿线设置的牵引变电站经降压整流为直流 1500V（或 750V）供沿线架设的接触网（或第三轨），为运行中的列车供电。列车回流经车轮、钢轨流回牵引变电所，构成了完整的回路。上海、广州、香港地铁即为此种供电方式。

天津地铁 1 号线工程的供电系统采用 35kV/10kV 两级电压的集中供电方式，见图2－5－2。

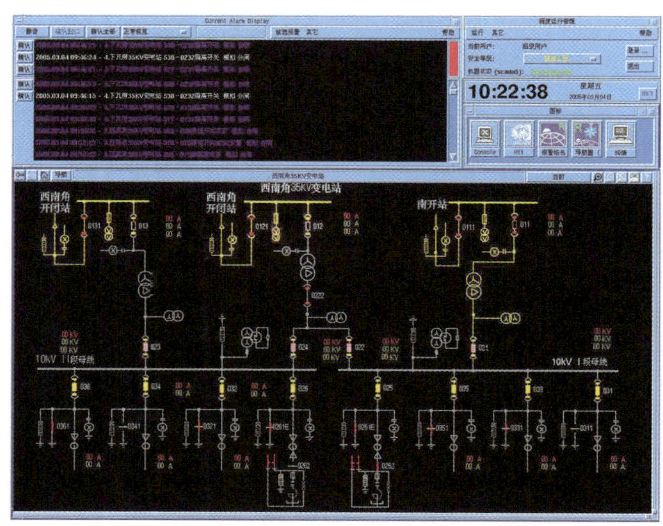

图 2－5－2　电力监控系统

跨座式单轨胶轮车无钢轨可用，必须架设另一条回流线。各专业设备系统及车站照明用电则由设在车站的降压变电所供电。为保证供电可靠，各变电所均设两条进线，互为备用。

2. 分散供电方式

不设主变电站，由城市电网的35kV或10kV电源直接向沿线设置的牵引、降压变压所供电并形成环网。采用这种方式的环境必须是城市电网比较发达，在有关车站附近有符合可靠性要求的供电设施如110kV变电站等。

3. 混合供电方式

一条轨道交通线路，其沿线供电条件不同，一部分采用集中供电，一部分采用分散供电，以集中式供电为主，个别地段引入城市电网电源作为集中式供电的补充，使供电系统更加完善和可靠，对于这条线路称为混合供电方式。北京地铁1号线和环线即为此种供电方式。

三种供电方式中，目前采用较多的是集中供电，其主要原因是城市电网的条件。分散供电方式对轨道交通供电系统来说减去了主变电所，其建设费用和长期运营费用均可减少。对国家来讲利于资源的合理配置，应该是发展的方向。供电系统中一个较为特殊的环节是列车的取流方式。由于列车沿线高速运行需不停地补充电能，只能采用接触网（三轨）和列车上的受电弓（滑靴）在一定的相互压力下相对滑动摩擦取流方式。因此，对摩擦副均有比较高的技术要求。

接触网是沿线按设计高度架设的供电线路，其下端接触线无障碍供受电弓接触滑行取流，其水平方向呈“之”字形布置，以保证受电弓磨耗均匀，且“之”字值应在受电弓水平工作范围之内并有一定的余量，以确保滑行取流的安全。接触网分为柔性和刚性两种，柔性接触一般用于露天和隧道内，刚性接触网只能用于隧道中。

二、牵引供电系统

1. 电力牵引的制式

电力牵引的制式指供电系统向电动车辆或电力机车供电所采用的电流和电压制式，如直流制或交流制、电压等级、交流制中的频率以及交流制中是单相或三相等。根据牵引列车的电动车辆或电力机车的基本要求，目前世界上城市轨道交通系统的牵引网均采用直流牵引，牵引电压等级较多，国际电工委员会（IEC）拟定的电压标准为600、750、1500V。我国国标电压标准为750V和1500V两种。所以，目前国内各城市的地铁和轻轨采用的电压制均在750V和1500V之间进行选择。广州、上海采用了1500V电压制，北京地铁、天津地铁均采用了750V的电压制。

2. 牵引供电系统组成

牵引供电系统包括：牵引变电所、馈电线、接触网、轨道电路、回流线。

牵引变电所是对轨道交通某一供电区段提供牵引电能的变电所，应尽量设置在地面；馈电线是从牵引变电所向接触网输送牵引电能的导线；轨道电路利用走行钢轨作为牵引电流回路；回流线是供牵引电流从钢轨返回牵引变电所的导线。

接触网是对轨道交通列车供电的导线，接触网分为架空式接触网和接触轨式接触网。架空接触网（图2-5-4）安全性较好，但运行维护工作量大，运行费用高。适应于电压较高的制式。

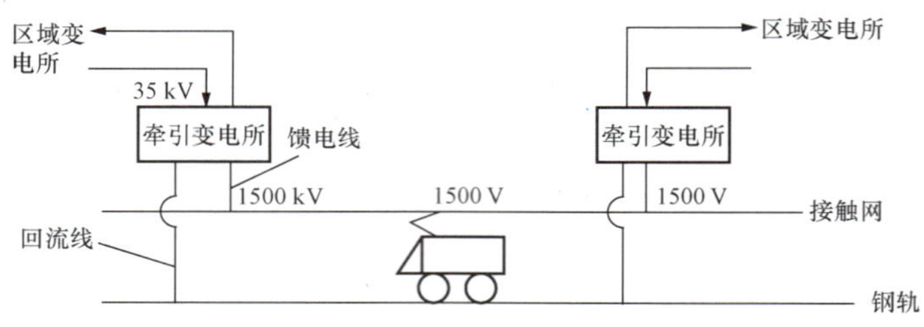

图 2-5-3　牵引供电系统

图 2-5-4　隧道内的架空线

接触轨是沿牵引线路敷设的与走行轨道平行的附加轨，故又称第三轨。电动车组伸出的受流器（集电靴）与之接触而取得电能。接触轨使用寿命长，维修量小、简单，运行费低，能充分利用隧道空间，在地面或高架运行时对城市景观没有影响，但在隧道内保养、检修或在车库内检修作业时应注意安全。适应于净空受限的线路和电压较低的制式。

天津地铁 1 号线分别在勤俭道站、西南角站、下瓦房站、华山里站附近设 35kV 变电所，从地区变电站引三路相互独立电源供电。馈线为 10kV 电缆构成环网为沿线各牵引变电所及降压变电所供电。全线设 19 座 10kV 牵引变电所经整流后输出直流 750V 通过接触轨为地铁车辆供电。牵引电力网采用接触轨正极供电，走行轨负极回流的供电方式，见图 2-5-5。

第三轨距走行轨中心距离约为 1.4m，距轨面高度约 0.44m（具体数据根据机车集电靴设置参数而定），由接触导电轨、端部弯头、防爬器、隔离开关和防护罩等组成，并用绝缘子支撑。一般根据车辆集电靴与导电轨的接触受流方式的不同，车辆接触受流方式分为上接触式、侧接触式和下接触式，对应的第三轨也就称为上接触式第三轨、侧接触式第三轨和下接触式第三轨。

(1) 上接触式（图 2-5-5）。上接触式第三轨直接放在支持绝缘子上，安装于走行轨的

（a）

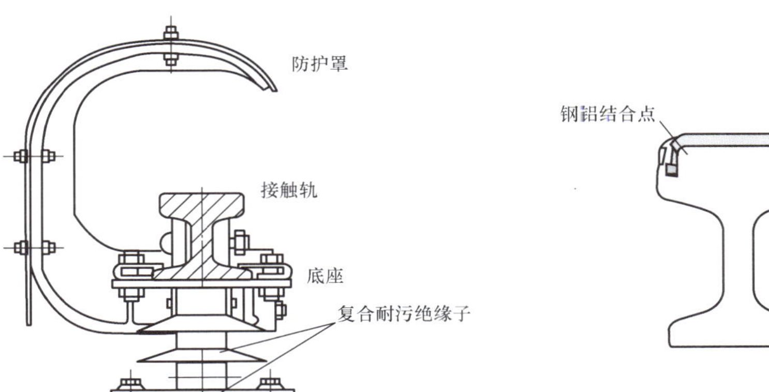

（b）

图 2-5-5　第三轨结构

（a）第三轨结构（一）；（b）第三轨结构（二）

一侧，车辆的集电靴从接触轨上表面取流。接触导电轨的上方和一侧有防护罩保护，对人员接近和雨雪侵扰有一定的保护作用。上接触式第三轨的结构简单，造价低廉，其导电轨直接放置于支持瓷绝缘子上，导电轨重量对结构的稳定有利，日常检查也一目了然，维护工作量小，机械故障的可能性也小。

（2）下接触式。下接触式第三轨向下安装在特殊的防护罩的内侧，防护罩集防护和支持功能为一体，安装在走行轨的一侧。接触导电轨的上方和两侧都被防护罩屏蔽，车辆的集电靴从接触轨下表面取流。其优点是相对安全、美观、耐候性较好。在某些特殊情况下（如乘客掉下站台、车辆在区间发生停车故障需要紧急疏散乘客、车辆维修等），由于暴露在外的导电面相对隐蔽，对可能产生的人身安全问题有一定的防护效果。

下接触式第三轨的主要缺点是比上接触式第三轨的运营维护工作量大，相应费用较高。由于其向下安装在防护罩的内侧，接触导电轨重量对于整体结构起不到稳定作用，因此对防护罩的结构有特殊要求，否则其变形可能会引起接触导电轨的变形，进而影响到车辆的受流。在检查维护时，必须打开防护罩才能观察到接触轨机械连接和电气连接部件的状态。

（3）侧接触式。侧接触式第三轨类似于上接触式第三轨，都是安装在瓷绝缘子的上部，主要区别是接触导电轨的外形不同，对着车辆受流器的侧立面较为平直。主要优缺点也与上部受流方式基本相同。与前两种方式比较，侧面受流有两个突出优点。一是接触导电轨的终端弯头向侧面外弯，在线间距较宽的道岔区，可以顺道岔导曲线轨延伸，缩短道岔区的断电区长度。二是它所受到的受流器侧向压力较为稳定，不会因为受流器脱轨而对接触导电轨和支架产生过大的侧向推力，运行更加安全可靠。

常用的接触导电轨材料可分为低碳钢和不锈钢—铝合金复合材料（简称钢铝复合接触轨或复合接触轨）两种类型。钢铝复合接触轨采用 6mm 厚的高硬度不锈钢带与铝合金轨体压和，与低碳钢接触导电轨相比，优点有重量轻、截面小、易于施工安装；电阻值低、电压降及牵引网电能损耗均有所下降；接触面光滑、耐磨耗，可减少由于受流器与接触导电轨之间的不平顺产生的电弧。

三、动力照明供电系统

动力照明供电系统由降压变电所及动力照明组成。

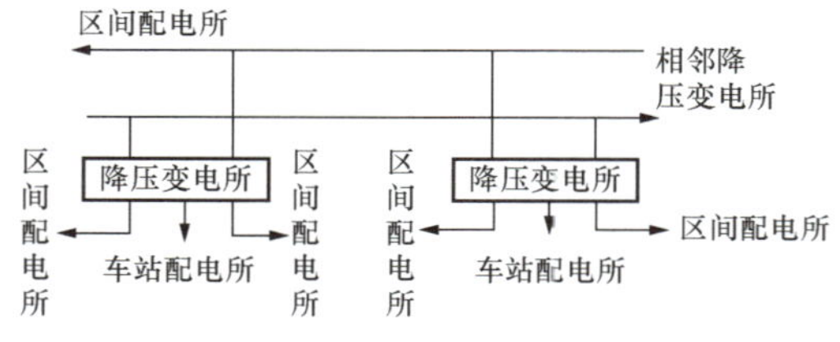

图 2-5-6　动力照明供电系统

降压变电所将三相电源进线电压（10kV）降压为三相 380V 交流电，提供机电设备如风机、水泵等动力用电，也可称为动力变电所。配电所（室）起电能分配作用，将降压变电所引入的三相交流 380V 和单相 220V 交流电，分别供给动力、照明设备。车站配电所负责车站电能配置，区间配电所负责车站两侧区间动力与照明用电配电。配电所（室）与用电设备之间通过配电线路连接。

在动力供电系统设计中，降压变电所一般按每站一个设置，也可以几个车站合设一个。也可将降压（动力）变电所附设在某个牵引变电所之中，形成一个牵引与动力混合变电所。车站动力照明采用 380/220V 三相五线制系统配电。车站设备负荷分为以下三类：

（1）一类负荷：事故风机、消防泵、主排水站、售检票机（图 2-5-7）、防灾报警、通信信号、事故照明；

图 2-5-7　车站站厅负荷

(2) 二类负荷：自动扶梯、普通风机、排污泵、工作照明（图 2-5-8、图 2-5-9）；
(3) 三类负荷：空调、冷冻机、广告照明（图 2-5-10）、维修电源。

图 2-5-8　车站照明

图 2-5-9　自动扶梯

四、北京地铁供电系统介绍

北京地铁供电系统由 10kV 电源系统、750V 直流牵引供电系统、400V 低压配电系统、应急照明系统构成。引入的城市电网电源采用集中与分散相结合的供电方式。供电系统的构成具有较高的可靠性、稳定性和安全性，以保障连续不间断的供电。

北京地铁牵引供电系统标准电压为750V，接触网采用接触轨供电方式。牵引供电系统运行方式为双边或单边供电，即两个相邻电站向同一供电区间供电或一个变电站独自向区间供电。

地铁供电系统设置远程自动化监控系统，由电力调度对供电系统进行集中调度指挥管理，并对各变电站实行远程控制、监视和监测，见图 2-5-11。

图 2-5-10　广告照明

图 2-5-11　供电系统

第六节　通　信　系　统

城市轨道交通的通信系统必须适应与满足轨道交通的运营管理。通信系统是城市轨道交通正常运营的神经，它的主要任务是及时传递轨道交通运营各系统、各部门和指挥中

心间及其相互间的信息，以便及时采取行动确保整个系统正常运营。通信系统由以下子系统构成。

一、传输系统

有线通讯传输系统过去曾长期使用电缆模拟系统，技术发展至今，光纤数字传输技术已广泛被采用。该系统由光传输终端光端机、光缆线路、PCM复接机三部分组成。PCM将语音、数据、图像等信息汇集后通过光端机将其由电信号转变为光信号经光缆传输到前方站，由前方站的光端机转变为电信号送 PCM 进行分路送至原信息各自前方站的设备。在地铁系统内，一般传输语音信息如电话、广播、闭路电视图像等；并为无线通信系统提供信道。此外还为供电远动系统（SCADA）、自动售检票（AFC）系统、环控（BAS）系统及防灾报警（FAS）等自动化系统等提供必要的信道，见图 2-6-1。

图 2-6-1　火灾报警监控系统

二、程控数字交换机

各车站、控制中心（调度所）、各系统设备的维修单位、各管理单位以及管理指挥机关内部及单位之间利用程控交换机通过 PCM 联成程控交换机网络，形成地铁内部的公务电话通信系统。该系统和市话网有中继接入功能并根据需要分配有关用户。还有一个专用电话网如调度电话（图 2-6-2、图 2-6-3），包括行车调度、电力调度、环控调度、专用调度所和各车站、车辆运用单位等用户之间的直接通话。站间直通电话，由专用通道传递，拎起直通，主要办理行车闭塞（必要时）及建立行车业务。轨旁电话，为供有关专业人员及时报告运行线路发生的故障及其他紧急情况，轨道旁隔 500m 左右设置轨旁电话机，2、3 台轨旁电话并联并通过专线连接附近程控交换机，由各有关程控交换机组成的交换网，提供各轨旁电话分机和调度及其他有关分机联系通话的功能。此外，还有公安等系统的专用电话。专用电话程控交换机网和一般公务程控交换机网组成了既独立而又相互联系的典型的地铁内部程控交换网。

天津地铁 1 号线控制中心中央控制室设有具有录音功能的调度电话总机，全线各车站站控室、车辆段行车值班室、车辆段运转派班室、车辆段信号值班室、车辆段维修调度室、停车场行车值班室、停车场运转派班室、停车场信号值班室、各主变电站均设有调度电话分

图 2-6-2　调度电话

机。调度电话用于进行正常的行车调度指挥工作。

三、无线通信系统

无线通信一般供在移动状态下工作人员如司机、检修人员及公安人员等在工作中和调度及指挥机关取得联系时通话使用，必要时可以使用无线通讯发布调度口头命令，指挥行车。

天津地铁 1 号线控制中心中央控制室设有无线电话总机。全线各车站站控室、车辆段行车值班室、车辆段运转派班室、车辆段信号值班室、车辆段维修调度室、停车场行车值班室、停车场运转派班室、停车场信号值班室、电动客车组均设有无线电话。无线电话用于特殊情况下的行车调度指挥工作，用于与移动作业人员进行联系，见图2-6-4。

图 2-6-3　直通电话

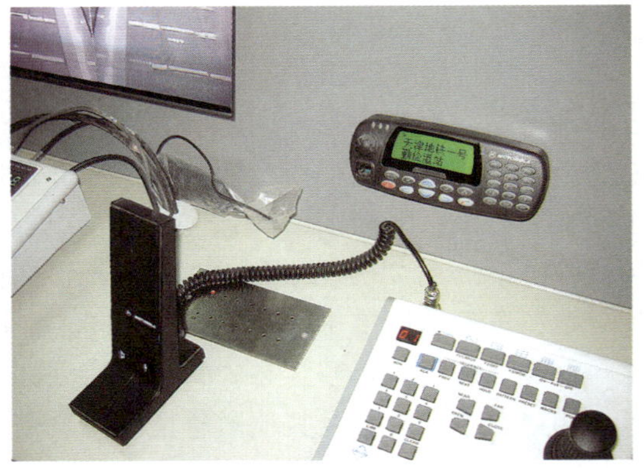

图 2-6-4　手持台

四、车站广播系统

该系统的作用主要是向乘客及时通报运营信息，在故障等非常情况下通报行车票务安排，必须时亦可紧急召唤检修、抢修人员。其目的是组织、疏导、安抚乘客有序乘降列车，及时疏散车站人员，加快事故处理进程。因此其功能有车站分别广播及调度部分或全部车站统一广播等。车站播音台配有区域选择键盘，通信室有前置放大器及功放控制接口等单元设

备，车站有关区域及隧道均装有两个带扩大器的扬声器。正常情况下车站广播可采用自动广播，必要时切为人工通报有关信息，在遇到某处故障情况下控制中心有权优先播放，并设有列车调度、电力调度和防灾调度播音台并互锁。

天津地铁1号线控制中心中央控制室及各车站站控室配备有对乘客广播系统。行车控制中心行车调度员可以进行选站、选区及全线统一广播，可以对正在的运行列车进行广播。各车站站控室可以对本站乘客进行广播，见图2-6-5。

图2-6-5 车站广播

五、闭路电视系统

该系统的主要作用是供调度员及车站值班人员不间断、有选择地监控客流动态以确保乘客进出站及乘降列车的安全和有序。一般情况下站台列车停车位置头部装有显示器，见图2-6-6，显示器由两台摄像机摄出了乘客上下列车及车门开闭情况，供列车司机监控，站厅售检票区域及重要通道（如换乘）处装有摄像设备，将车站客流状况在车控室显示，这些画面均传到调度所，供调度员重点切格监控。遇有非常情况，车站、调度可进行局部或全线售检票、列车运行的调整，以适应客流变化的需要。

图2-6-6 站台上的电视监控系统

天津地铁1号线控制中心中央控制室及各车站站控室配备有电视监控系统，如图2-6-7所示，各车站站台和车站站厅均设有监视器，见图2-6-8。

1. 电视监控系统（CCTV）系统构成

电视监控系统采用PAL彩色制式，由控制中心、车站电视监视设备及传输通道构成。

（1）控制中心。控制中心设备主要由操作键盘、控制器、视频译码器、PAL编码器、字幕叠加模块、监视器、录像机等组成。

图 2-6-7　车站控制室内电视监控显示

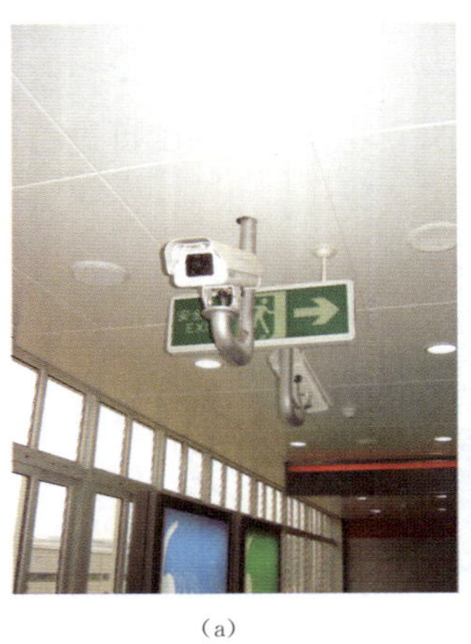

(a)

(b)

图 2-6-8　监视器

(2) 车站。车站设备主要包括监视器、操作键盘（图 2-6-9）、视频切换矩阵、视频编解码器、摄像机等设备。

(3) 传输通道。车站本地采用模拟视频传输方式。车站至控制中心采用数字视频传输方式。

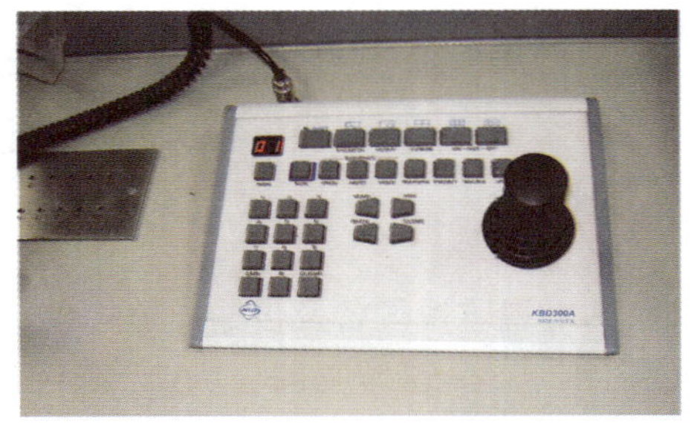

图 2-6-9　操作键盘

2. 系统功能

(1) 控制中心行车调度员既可按设定的程序自动循环切换监视各车站传来的图像，也可选择某个车站的某个摄像机所摄取的图像固定监视，并根据需要可进行录像。

(2) 车站可对本站范围内的摄像机摄取的图像进行监视，功能与控制中心相同。

(3) 列车停靠站台后，司机可通过安装在站台

上的监视器观察乘客上、下车的情况，以便于安全、准时地发车。

另外，全线与行车工作有关的值班室和设备房间及车站乘客服务区内均能显示本线路中央时钟系统提供的标准时间。

第七节　信　号　系　统

信号系统是轨道交通线路上唯一的指挥和控制列车运行的系统，尽管其投资额在整个工程中所占的比例甚低（通常在30%以下），但对于提高通过能力、保证行车安全却有着至关重要的作用。

例如：香港的地下铁道，设计要求载客能力为6万人/（小时×方向），每列车的定员定为2000人/列车，则必须每2min发出一列车，即列车间隔为2min。如果信号设备相对落后，如采用移频自动闭塞，那么最小列车间隔为4min，这就意味着在同一条线路上，使用同样的车辆，但载客能力只能达到3万人（小时×方向）。显然，在城市轨道交通中采用先进信号设备（如列车速度自动控制系统－ATC系统）是一项事半功倍的措施。

一、城市轨道交通信号特点

（1）由于城市轨道交通往往承担巨大的客流量，因此对最小行车间隔的要求远高于城市间铁路。这就对列车速度监控提出了极高的要求，要求其能提供更高的安全保证。

（2）由于城市轨道交通的列车运行速度远低于铁路干线上的列车运行速度，因此在信号系统中可以采用较低速率的数据传输系统。

（3）由于城市轨道交通的大多数车站仅有上、下旅客的功能，在大多数车站上并不设置道岔，甚至也不设置地面信号机（依靠机车信号及速度监控设备驾驶列车），仅在少数联锁站及车辆段才设置道岔及地面信号机，见图2-7-1，如上海地铁1号线仅在4个联锁站及一个车辆段上设置道岔及地面信号机，因而，联锁设备的监控对象远远少于一般大铁路的客货站，通常一个电气集中控制中心即可实现全线的联锁功能，见图2-7-2。

图2-7-1　城市轨道交通固定信号机

图 2-7-2 控制中心

(4) 由于城市轨道交通的车辆段具有与城市间铁路车辆段不同的功能，类似于城市间铁路区段站的功能，其行车组织工作主要包括编解、接发及调车，因而，城市轨道交通车辆段的信号设备远多于其他车站，通常独立采用一套电气集中装置，但在采用微机联锁时，往往也仅作为一套微机联锁中的一部分。除了车辆段外，其他车站的行车组织作业既单纯又简单。

(5) 由于城市轨道交通的线路长度、站间距离都较短，列车种类单一，行车时刻表的规律性很强，日复一日地按照同一运行计划周而复始地运行，因此，在城市轨道交通的信号系统内，通常都包含有进路自动排列功能，即按事先预定的程序自动排列进路，只有运行图变更时才有人工介入。

二、列车自动控制系统（ATC）

目前在一些发达国家的城市轨道交通中，依赖信号技术的进步，最小行车间隔已缩短至100s以下。采用先进的信号技术，还将大大提高行车的安全性，使得因人为的疏忽（如司机忽视信号显示）、设备的故障而产生的事故率降至最低。此外，采用先进的信号技术可以避免不必要的突然减速和加速，这不仅可提高行车的稳定度，还对节能具有重要的作用。据文献报道，采用先进的ATC技术，使列车始终处于最佳速度状态，可导致节省电能15%以上。

目前采用的ATC系统包括了三个子系统：ATP—列车自动防护系统（Automatic Train Protection）；ATO—列车自动操纵系统（Automatic Train Opration）；ATS—列车自动监督系统（Automatic Train Supervision）。ATC系统结构见图2-7-3。

1. 列车自动防护ATP

其工作原理是：将信息（包括来自联锁设备和操作层面上的信息、地形信息、前方目标点信息和容许速度信息等）不断从地面传至车上，从而得到列车当前容许的安全速度，依此来对列车实现速度监督及管理。ATP子系统是确保列车运行安全的关键设备，由轨旁和车载设备组成，见图2-7-4。列车通过轨旁设备接收运行区段目标速度并以该速度运行，全线列车均按此原则运行从而保证了运行图的实现。轨旁设备安装距离视运行需要而定，一般为100～400m；它们通过轨道电路相连，双向扫描自动监控确定线路上运行列车的位置以及前进方向并给出速度码，列车若由ATO控制运行则列车运行速度不会超过指令速度。若由

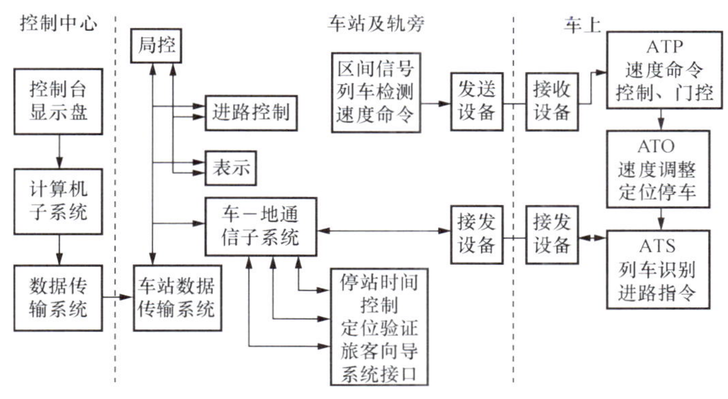

图 2-7-3　ATC 系统框图

人工驾驶，司机疏忽超过了该速度指令则列车自动停车装置启动迫使列车自动停车，以避免追尾相撞事故的发生。因此，从安全角度衡量，ATP 应该是保证列车运行安全的最重要的设备。另外，有了这套系统，可以设定运行中的列车距前方列车的最小追踪距离，这一距离是由列车编组运行重量和速度决定的紧急制动距离控制的，如 A 型车 6 节编组运行速度在 20k/h 时，制动距离一般为 100m 左右。有了最小追踪运行距离，再考虑一定的安全技术因素，就可以实现高密度的列车运行，大大提高线路输送能力。如上海、广州地铁 1 号线列车追踪运行的时间间隔均设定为 120s。

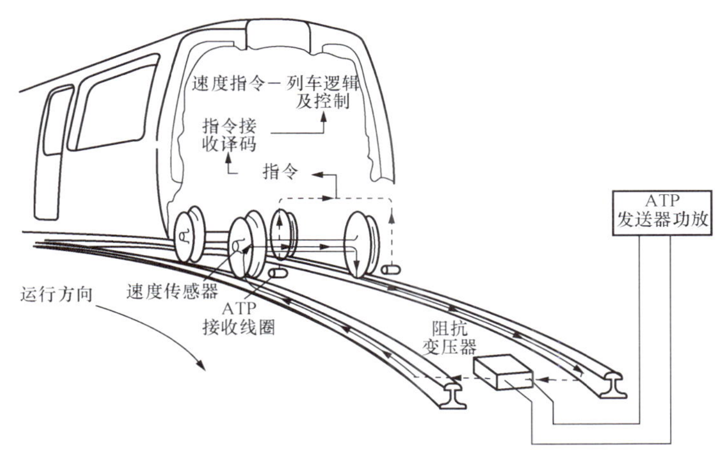

图 2-7-4　ATP 发送器与 ATP 车载设备联系示意图

2. 列车自动操纵 ATO

ATO 主要用于实现“地对车控制”，即用地面信息实现对列车驱动、制动的控制。

ATO 子系统由地面和车载设备组成，相互传递列车位置及前进方向和速度指令。当和列车上的控制系统相连后，车载设备在接收到指令后自动完成列车的启动、加速、制动、进站、定点停车的运行过程，见图 2-7-5。由于列车上的门控装置和列车启动装置相联锁，当列车停稳后，经系统内部确认车门自动开启，乘客上下车，司机确认该过程完成后，手动关闭车门并确认，然后据发车表示按启动列车按钮，列车自动出发。因为乘客上下车安全第一，所以人工介入。由于使用 ATO，列车可以经常处于最佳运行状态，避免了不必要的、过于剧烈的加速和减速，因此可显著提高旅客舒适度，提高列车准点率及减少轮轨磨损。通过与列车再生制动配合，还可以节约列车能耗。

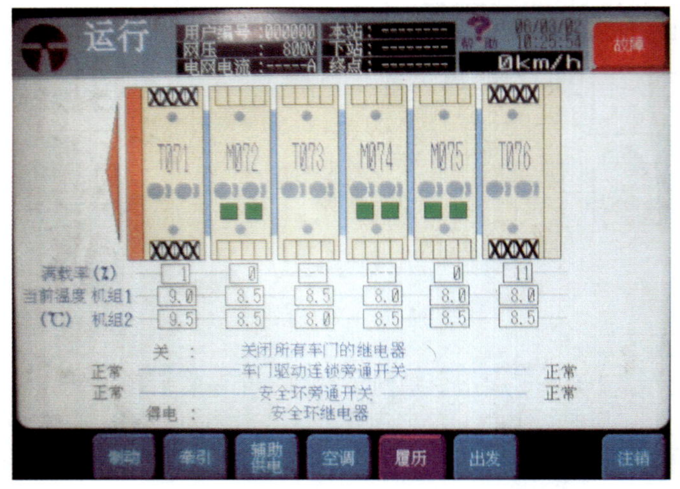

图 2-7-5　车载装置

3. 列车自动监督 ATS

ATS 主要是实现对列车运行的监督，辅助行车调度人员对全线列车运行进行管理。它可以显示全线列车运行状态，监督和记录运行图的执行情况，为行车调度人员的调度指挥和运行调整提供依据，如对列车偏离运行图时及时做出反应。通过 ATO 接口，ATS 还可以向旅客提供运行信息通报，包括列车到达、出发时间，列车运行方向，中途停靠点信息等。ATS 子系统由设在调度所和车站、车载的设备组成，能够实现行车指挥自动化。运行前将全天的列车运行图输入，该系统就可以组织列车按运行图行车，包括列车运行、列车进路排定、列车折返等，并自动画出列车当日的实际运行图。同时在中央显示屏上实时地显示列车运行情况，供调度员监控，见图 2-7-6。

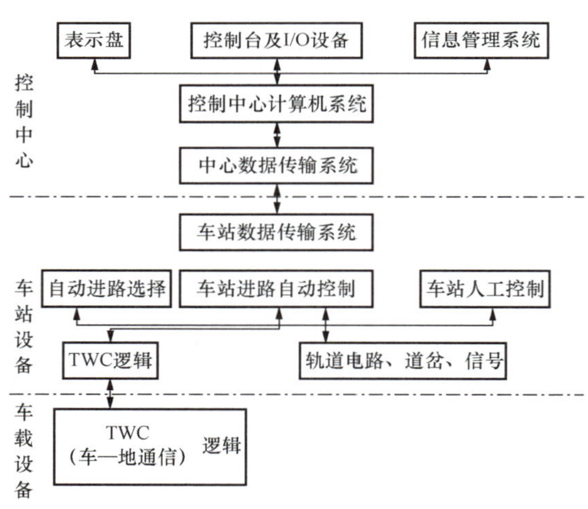

图 2-7-6　ATS 系统示意图

在折返站以及一些有必要设置道岔的车站，一般均采用微机联锁将道岔的控制接入 ATC 系统，在折返、出入库及有停车线等使用时，预先自动扳动道岔，检查排列好接车进路，列车即可自动完成折返等指定作业，从而大大减少了时间。因为列车折返时间也是控制行车间隔能否达到设计标准的关键之一，所以折返作业的自动化也是提高输送能力的重要措施。

城市轨道交通线路的车辆段（或停车场），由出入线和正线相连，以供列车进出，场内一般均设有供列车出入、停放、检修、试验的线路。场内线路一般均设有独立管理的站场信号系统。目前均采用微机联锁集中控制设备，当列车出入正线时，需和正线 ATC 系统办理必要的登记编号等手续。

三、ATC 系统控制模式

ATC 系统控制模式包括：控制中心自动控制模式、控制中心自动控制时的人工介入控制或利用 CTC 系统的人工控制模式、车站自动控制模式、车站人工控制模式。

以上控制等级应遵循的原则是：车站人工控制优先于控制中心人工控制，控制中心人工控制优先于控制中心的自动控制或车站自动控制。

1. 控制中心自动控制模式（CA）

在控制中心自动控制模式下，列车进路命令由 ATS 进路自动设定系统发出，其信息来源是时刻表及列车运行自动调整系统。控制中心行车调度员可以对列车运行自动调整系统进行人工干预，使列车运行按行调意图进行。

2. 控制中心自动控制时的人工介入控制或利用 CTC 系统的人工控制模式（CM）

在控制中心自动控制时，控制中心行车调度员可关闭某个联锁区或某个联锁区内部分信号机或某一指定列车的自动进路设定，直接在控制中心的工作站上对列车进路进行控制。在关闭联锁区自动进路设定时，控制中心行车调度员可利用联锁设备自动进路控制功能，随着前行列车的运行，自动排列一条后续列车的固定进路。在自动进路功能出现故障的情况下，行车调度员可以人工设置进路。

在 CM 模式中，车站的人工控制转到 ATS 系统，则由 ATS 系统启动控制，车站控制计算机继续接收表示，更新显示和采集数据。

3. 车站自动控制模式

在控制中心设备故障或通信线路故障时，控制中心将无法对联锁车站的远程控制终端进行控制，此时将自动进入列车自动监控后备模式，由列车上的车次号发送系统发出的带列车去向的车次信息，通过远程控制终端自动产生进路命令，由联锁设备的自动功能来自动设定进路，即随着列车运行，自动排列一条固定进路。

4. 车站人工控制模式

当 ATS 因故障不能设置进路（不论人工方式还是自动进路方式），或由于某种运营上的需要而不能由中心控制时，可改为现地操纵模式，在现地操纵台上人工排列进路。

在此种模式下，将车站的人工控制（如进路控制）转到车站控制室的车站控制计算机。车站自动控制和车站人工控制也可合称车站控制（LC）。当车站工作于 LC 模式时，不能由 ATS 系统启动控制，但 ATS 系统将继续收到表示，更新显示和采集数据。对车站控制计算机而言，这是唯一可用的控制模式。

四、列车驾驶模式

城市轨道交通列车的主要驾驶模式包括：列车自动运行驾驶模式、列车自动防护驾驶模式、限制人工驾驶模式、非限制人工驾驶模式、自动折返驾驶模式。

1. 列车自动运行驾驶模式（ATO 模式）

ATO 模式即 ATO 自动运行模式。在这种模式下，列车的运行是自动的，不需要司机驾驶，司机只负责监视 ATO 显示，监督车站发车和关闭车门以及列车运行所要通过的轨道、道岔和信号的状态，并在必要时人工介入。此模式是正线上列车运行的正常模式。

在 ATO 模式下，ATO 根据 ATP 编码和列车位置生成运行列车的行驶曲线，完全自动地驾驶列车；ATO还能根据到停车点的距离计算出列车的到站停车曲线；ATO速度曲线可以由ATS的调整命令修改；ATP系统控制列车的紧急制动。

2. 列车自动防护驾驶模式（SM模式）

SM模式即ATP监督人工驾驶模式。在这种模式下，司机根据驾驶室中的指示手动驾驶列车，并监督ATP显示以及列车运行所要通过的轨道、道岔和信号的状态，可以在任何时候操作紧急制动。ATP连续监督人工驾驶的列车运行，向司机提示安全速度和距离信息。在列车实际行驶速度到达最大安全速度之前，ATP可实施常用制动，防止列车超速；在紧急情况下，ATP可控制列车紧急制动。

3. 限制人工驾驶模式（RM模式）

RM模式即ATP限制允许速度的人工驾驶模式，其限制速度为25km/h。在这种模式下，列车由司机根据轨旁信号驾驶，ATP仅监督允许的最大限速值，超速则进行紧急制动。

该模式主要用于：列车在车辆段范围（非ATC控制区域）内运行；列车在正线运行时，联锁设备、轨道电路、ATP轨旁设备、ATP列车天线发生故障；以及列车紧急制动后的运行。

4. 非限制人工驾驶模式（URM模式）

该模式即不受限制的人工驾驶（无ATP监督）模式，用于车载ATP设备故障以及车载设备测试完全关断时的列车驾驶，使用时必须登记。列车是由司机根据轨旁信号和行车调度员的口头命令驾驶，没有速度监督，但司机必须保证列车运行不超过限制速度25km/h。

5. 自动折返驾驶模式（AR模式）

该模式是列车在站端（没有折返轨的终端）调转行车方向或使用折返线进行折返操作的驾驶模式。折返命令是由ATS中心根据需要生成并传输至列车，或由设计固定的ATP区域（如终端站）的轨旁单元发出。ATP车载设备通过接收轨旁报文而自动启动AR模式，并通过驾驶室显示设备指示给司机，ATP列车车载设备的AR模式自动启动，司机必须按压“AR”按钮确认折返作业。是否折返、是否使用折返线折返、由无人驾驶执行还是由司机执行完全由司机决定。

五、车站的信号设备

1. 发车表示器

发车表示器设置在列车在车站站台停车后司机侧前方的站台侧及出入车辆段（停车场）转换轨出口位置，为列车提供发车时间信息。

发车表示器由发车指示灯、发车计时器、站间闭塞发车指示灯三部分组成。发车指示灯显示白灯时，表示前方线路空闲，列车可以发车。发车计时器分别显示红、绿两色时间数码。列车进站停稳后发车计时器显示区的红色站停时间开始以秒为单位倒计数。当计数值减到零时，显示区上的数值由红色显示变为绿色正向计数显示，同时开放发车指示灯。当列车启动后发车计时器为灭灯状态。

在正常运营模式下，站间闭塞发车指示灯为灭灯状态。在站间闭塞运营模式下，站间闭塞发车指示灯绿色灯亮表示区间空闲，列车可以通过。站间闭塞发车指示灯红色灯亮表示区间占用，列车不可以通行，见图2-7-7。

2. 停车表示器

列车进站停车不得越过此标志，见图2-7-8。

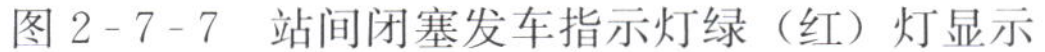

图 2-7-7　站间闭塞发车指示灯绿（红）灯显示　　图 2-7-8　停车表示器

3. 信号机

正线除在道岔处设防护信号机，线路尽头设阻挡信号机外，其余地点不设信号机，列车以车载信号为行车凭证；车辆段、停车场设出入段、场信号机，段、场内设调车信号机，列车以地面信号为行车凭证。

正线信号机显示红灯表示禁止通行，列车在信号机前停车；绿灯表示按规定速度运行，进路中的所有道岔开通直向；黄灯表示限速或注意运行。

第八节　自动售检票系统（AFC）

早期的地铁均采用人工售检票模式，在车站站厅设置售票窗口，在站台入口设检票员检票。近期投入运行的轨道交通系统均采用了自动售检票系统，如已投入运行上海、广州、天津地铁 1 号线、津滨轻轨等系统。北京地铁 1、2 号线采用人工售检票模式，地铁 13 号线则采用了自动售检票系统。自动化的售检票设备非常简单方便，在线路换乘时免除了再次购、检票之烦，如果购置了储值票还可以多次乘车，有关城市还在逐步实行“一卡通、一票通”的措施，同一张票卡既可乘坐地铁也可乘公共汽车、出租车、轮渡等城市交通工具，为乘客节约大量的出行时间和减少了烦人的购票之苦。可见，为日以百万计的乘客提供的上述服务，不仅大大地改善了城市交通环境，提高了城市的交通效率，更重要的是加速了城市现代化，提升了城市的总体形象，如图 2-8-1 所示。

自动售检票系统（Automatic Fare Collection System，简称 AFC 系统）是中央集中分级管理的系统，车票目前采用磁卡和 IC 卡（智能卡）并用方式，且正在逐步向 IC 卡单用方式过渡。它在为乘客提供快捷、简易的购票服务同时，还可以完成地铁票务运营的车票制作、售票、检票、财务、统计分析、审核等全过程、自动化管理工作。由于采用了上述系统进行票务管理，乘客每一次购票、进出站检票闸机的记录均由计算机管理，因而使得分段计程票制得以实施。

对于客运管理部门来讲，自动售检票系统可对客票跟踪记录，一些客运管理数据如：站间 OD 报告；年、月、日客流量；换乘客流量；平均乘距；列车满载率；站、线、网客流量及客运收入、平均票价等等，均可及时进行统计分析并打印。这些数据在人工售检

图 2-8-1　乘客在自动售票机前排队购票

票情况下即使动用大量的人力物力也是无法如此精确地得到的。而这些数据正是运营管理部门进行科学的客运管理和行车调度所必须的，可以在数据分析的基础上根据不同的客流曲线进行客运能力（增减投运列车）、客运设施的调整，以达到在更好地为乘客服务的同时，尽可能地降低运营成本。自动售检票系统还使得票务上的一些优惠政策得以实现，如学生票、老人票等特殊票种的使用。因此，它又在促进企业的科学管理的同时，体现了社会的进步。

一、自动售检票系统运营特点

（1）采用全封闭计时、计程收费的运营方式；

（2）进、出车站均须通过闸机检票合格后方能通行；

（3）储值票采取交纳押金的方式发行；

（4）储值票具有多个票种，并实行不同类型储值票不同收费价格的计费方式；

（5）单程票不记名、不挂失，一次性购买，一次性使用。

二、自动售检票系统组成

AFC 系统从空间上可以分为彼此相对独立又紧密联系的四个体系，中心 AFC 系统、车站 AFC 系统、售检票终端设备和车票。实现中心级、车站级、就地级三级控制，中心级、车站级两级管理。

中心 AFC 系统是 AFC 系统的心脏，它可以实现对车票进行初始化管理，实现对系统数据的集中采集、统计及管理功能，并且能实现与其他 AFC 系统的数据交换及清算功能。车站 AFC 系统是 AFC 系统的具体执行者，是 AFC 交易数据产生地，车站 AFC 系统的主体是售检票终端设备，见图 2-8-2。中心 AFC 系统和车站 AFC 系统内部局域网为 10/100M 以太网。

AFC 系统设计最大日处理数据能力为 200 万人次客流量，每台车站计算机系统最多能配置 128 台 AFC 设备，数据库容量为 400 万张储值卡。

1．中心计算机系统（CCS）

中心计算机系统是 AFC 系统的核心，由中央计算机、工作站、初始化编码机、打印机、

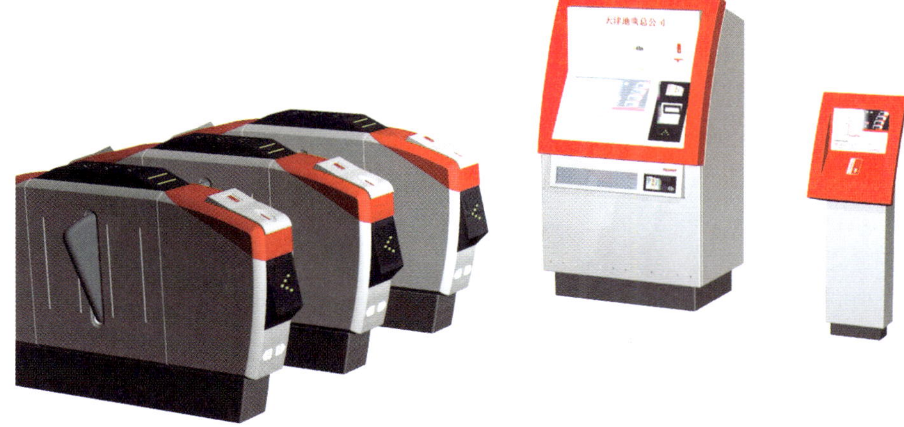

图 2-8-2　自动售检票系统构成

网络设备及不间断电源 UPS 等组成。

为确保数据存储和系统运行的安全，中央计算机采用双机热备，数据存储采用磁盘阵列的方式。系统已预留与城市“一卡通”的接口条件。

中心计算机系统能自动从每个车站收集数据，为整个 AFC 系统提供审计、收入和乘客状态等数据。所有信息都以安全、可靠的方式传输并存储在易于查询和处理的数据库中。其主要内容包括：

（1）由高可靠性、高效率的计算机组成，具有内置出错检测和再次传送的通信能力，确保数据传送的精确和数据传送的独立性。

（2）接收和存储从所有车站监控计算机上传的票务收入、客流量和维修数据，建立 AFC 数据库，并且可以在外部存储设备如磁带上做数据备份形成档案。

（3）实时监控来自车站中有关指定 AFC 终端设备如检票机、售票机的状态信息。

（4）能设定和保存黑名单文件，将非正常车票序号组成数据库文件，并下载到每台检票机和票务处理机，比较每张使用中的车票，作出相应处理。

（5）同步所有车站监控计算机和前端设备的时钟。

（6）将系统参数和控制参数如车票费率表、高峰/非高峰时间设定、运营模式等参数下载到所有的车站监控计算机和终端设备。

（7）接收和迅速处理外界侵犯和紧急报警信息。

（8）分析和归纳 AFC 数据信息，生成各类运营报表。

（9）采用标准的通讯接口，与其他系统如城市交通票务清算系统连接，实现数据交换，数据共享。

2. 车站计算机系统（SCS）

车站计算机系统包括车站计算机、打印机和 UPS，其主要内容包括：

（1）对所在车站的 AFC 终端设备状态进行实时监控，并能直观地在监视器上显示出来。

（2）接收中央计算机系统传来的有关日期、时间、车价表、黑名单等重要参数，并下传至 AFC 终端设备。

（3）定时采集 AFC 设备的状态信息和交易数据，经处理后送往中央计算机系统。

（4）进行每日客流、票务和财务收入统计，并打印相关运营报表。

（5）当与中央计算机系统通信中断时，车站计算机能独立工作，并能贮存一定的数据量，采用磁盘或光盘等外界媒体，将数据用人工方式与中央计算机交换信息。

（6）能实时操作 AFC 终端设备进入特殊运行模式如列车发生故障时的运营模式。

（7）紧急情况下，通过操作紧急装置或车站计算机发出指令，使检票机工作于自由通行状态，便于乘客疏散。

3. AFC 系统终端设备

（1）自动售票机（ATVM）。自动售票机用于出售非接触式 IC 卡的单程车票和为储值票充值。该设备安装在车站的非付费区，作为用户自助服务设备工作，见图 2-8-3～图 2-8-5。

图 2-8-3　天津地铁自动售票机 ATVM

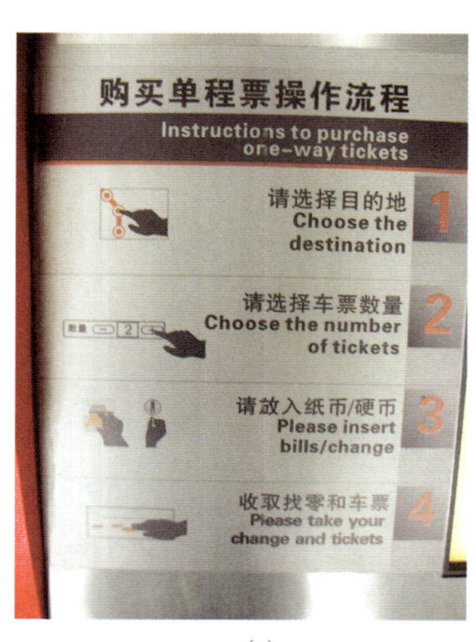

（a）

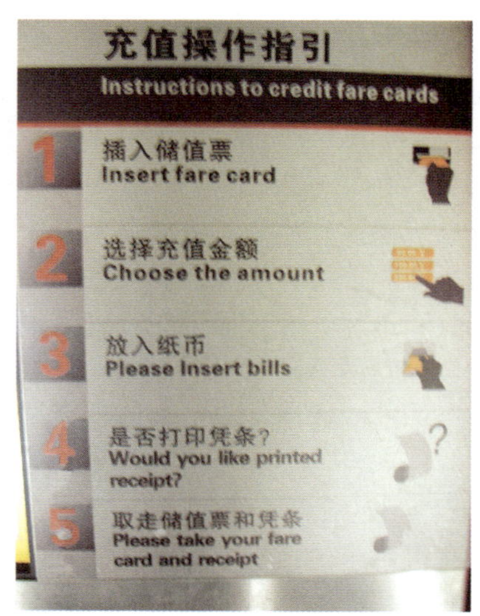

（b）

图 2-8-4　自动售票机上的乘客指引

其主要功能为：为地铁系统发售单程车票，车票类型由中心系统所建立的参数确定；识别币种及找零；发出语音信息向乘客提示；提供集成储值票充值及余额查询功能；通过不同应用等级的登录密钥，以确保系统操作的安全性，预留信用支付方式加装卡读写器；具有声音报警功能。

自动售票机主要由机箱、控制电路、Token 出票模块、非接触 IC 卡处理模块、硬币处理模式、收据打印机、纸币找零模块、纸币处理模块、用户界面、紧急报警、电源系统等设备组成。

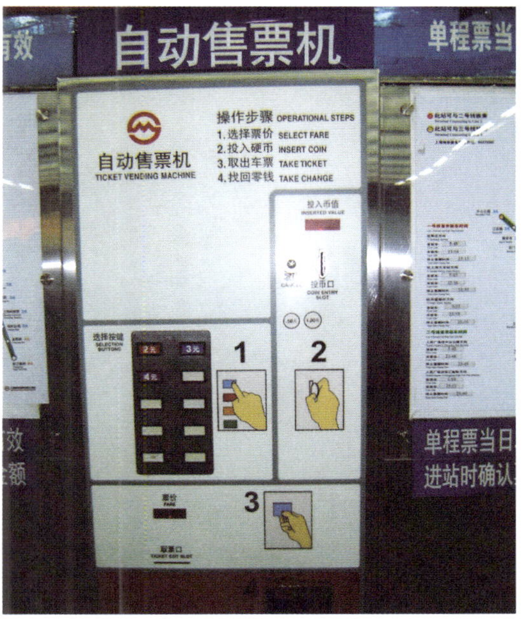

图 2-8-5　上海地铁自动售票机

（2）半自动售（补）票机（SATVM）。半自动售票机或半自动补票机安装在付费区和非付费区之间的分界区域内，或安装在非付费区内。半自动售票机能够出售 AFC 系统所有类型车票，在半自动售票机和半自动补票机上，车站操作员可以进行验票、售票、车票更新、充值、车票替换、退款和补票等操作。在乘客和工作人员之间有争议时，提供必要的帮助。此外，设备对上述所有功能信息进行记录并上传中心。

半自动售票机设备由安装有专门开发软件的 PC 机、两个客户显示器、一个操作界面（显示器、键盘及鼠标）、一个手动 IC 卡读卡器、一个票据打印机、一个钱箱组成，见图 2-8-6、图 2-8-7。

图 2-8-6　半自动售票机

（3）闸机（AGM）。天津地铁 1 号线的闸机全部采用双向闸机，见图 2-8-8。闸机将车站的站厅分成付费区和非付费区，同时也将轨道交通系统围成一个封闭的区域。乘客在进入和离开付费区时，闸机对车票的有效性进行检查，给持有效车票的乘客放行，阻挡并指示持无效车票的乘客到客服中心。出闸时，回收单程车票，见图 2-8-9；对于储值票，退还给乘客以便以后使用。

图 2-8-7　工作人员在客服中心为乘客提供服务

图 2-8-8　闸机

双向闸机可以利用一个通道完成进闸机和出闸机的功能，根据控制模式可以设置进站模式、出站模式、进出站模式。

1）性能参数。

车票交易速度：≤0.3s。

车票回收速度：≤0.5s。

乘客通行速度：40 人/min，出站（需要回收）时；60 人/min，进站（不需回收）时。

2）闸机的组成。闸机外壳；主控单元；闸门控制单元；读写器；车票回收模板；乘客显示器；方向指示器；报警器；警示灯与通过指示灯；通道传感器；扇门；维修面板；电源；加热器；主从闸机连接板，如图 2-8-10、图 2-8-11 所示。

a. 闸机外壳：尺寸为 2000mm（长）×280mm（宽）×1100mm（高），通道宽度为 520±5mm。主体采用不褪色的 STS304 不锈钢，标称厚度为 2mm；两端面板为 PC-ABS 塑料，填充防静电材料。

b. 主控单元：主控单元运行闸机的控制软件，完成车票的处理、数据通信、下载处理、状态监控等功能，采用模块化设计；协调控制设备各外围模块实现读卡、检票、车票回收、保存车票交易记录和审计数据等功能，采用以太网接口与车站计算机 SC 进行通信，可以执行 SC 下发的命令，保存 SC 下发的设备参数和运行参数，向 SC 上传各种交易、审计数据、故障日志及其他信息。

c. 闸门控制单元：设计为一独立的单元，用来控制各种类型的闸机，利用此独立的控制单元可以使闸机主控单元不需要负责管理操作闸机和感应乘客是否通过等功能，从而使得闸机能够以最快的速度处理车票。

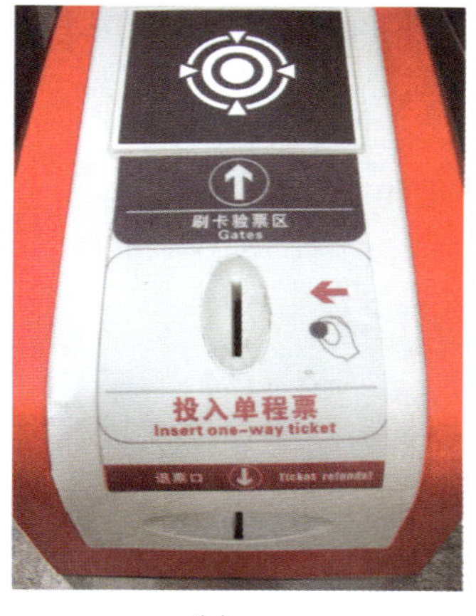

(a)

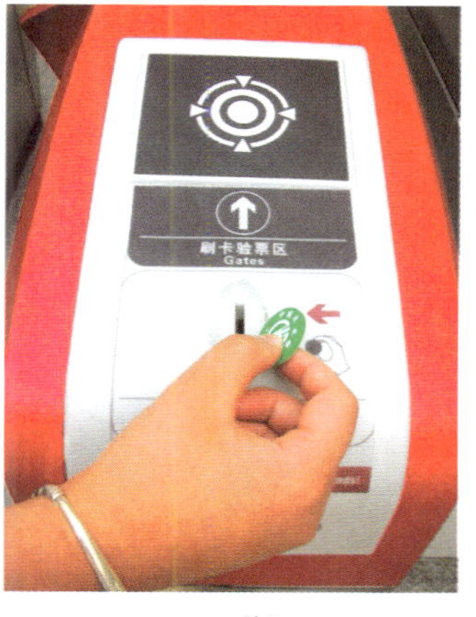

(b)

图 2-8-9　闸机的使用

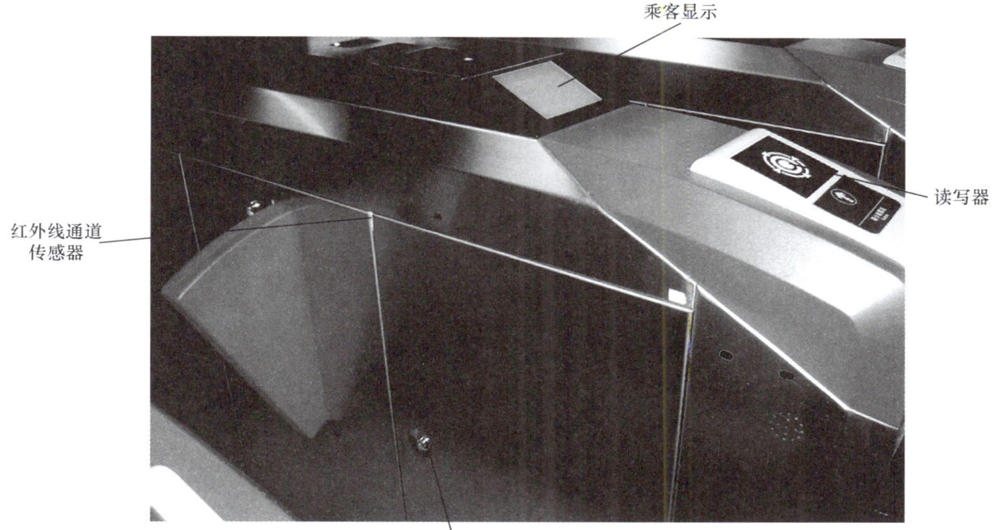

图 2-8-10　闸机的组成

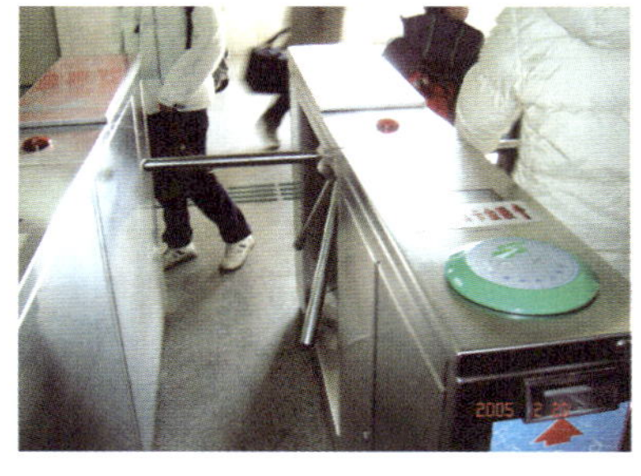

(a)

(b)

图 2-8-11　不同形式的闸机

d. 乘客显示器：置于闸机的上端表面，通过图形及文字显示的引导信息，向乘客及票务员提供运行状态和车票处理结果。乘客显示器同时显示中/英文字体，显示的所有图形及文字信息，可以在SC下载和更新。

e. 报警器：具有多种不同的警示声音模式，如短促单声、短促两声、长声、短促多声等。每个通道有两个蜂鸣器，一个是用于进站方向，一个用于出站方向；闸机在非法操作时（如使用无效车票、非法打开维修门等），报警器发出警报引起乘客和工作人员的注意。

f. 通道传感器：对乘客通过闸机全过程进行监控。乘客通过闸机有以下几种情况：有效乘客的单独通过；多个有效乘客间隔连续通过；乘客携带物品；乘客无票或持无效票闯入通道；乘客闯入通道后退回；有人反向闯入通道；有人反向闯入通道后退回；扇门附近有人逗留。根据不同情况闸机将作出不同的反应，如乘客无票或持无效票闯入，闸机关闭并通过警报灯、蜂鸣器发出警报；持有效车票的乘客允许通过闸机，但乘客如果在规定的时间内未通过，就不允许该乘客通过。

3）闸机模式设置。对于双向闸机能通过参数设置各时间段的使用模式，包括进站闸机模式、出站闸机模式及双向模式。在进或出模式下，闸机只允许单向乘客通过。在双向模式下，当一端有乘客使用时，在乘客未通过前，另一端拒收车票并显示相应禁用信息，直至乘客通过。在特殊情况下还可设置其他模式：

a. 降级运营模式：当地铁在运营过程中出现列车故障、火灾、电力供应中断等意外故障时，可将某个车站或者全部车站设置到降级运营模式。降级运营模式包括了时间免检、日期免检、进出站码免检、车费不足免检和列车故障模式，从而确保系统的适应性与稳定性。

b. 列车故障模式：当地铁列车出现运营故障，部分车站暂时中止运营服务时，暂停服务的车站需要将GATE设置到“列车故障模式”。在列车故障模式情况下，已经购买单程票的乘客，可以在一段时间（时间段通过中央计算机设置）内继续使用该车票，根据参数对已经进站的乘客进行相应的处理。

c. 进出站次序免检模式：为了便于乘客离开地铁车站，AFC设备设置为“进出站次序免检模式”，允许乘客使用一张未编上进站信息的车票，在乘客拥挤的情况下，不通过入闸机进入地铁出闸，免检的时间段和车站可设定。

d. 乘车时间免检模式：如果由于地铁的原因，引起列车延误或者乘客进站后在系统停留的时间超过系统设置的乘车时间，为了使这部分乘客能正常离开车站，而不受影响，系统将设置“乘车时间免检模式”。

e. 车票日期免检模式：若由于地铁的原因，导致车票过期。系统设置为日期免检模式，在此模式下允许特定过期的车票继续在闸机使用。

f. 车费免检模式：如果由于某个地铁车站因为事故或者故障而关闭，导致列车越过该站后才停车，在这种情况下，系统将设置“车费免检模式”。

g. 紧急放行模式：为了适应特殊情况的需要，地铁AFC系统可以设置为紧急放行模式时，在紧急放行模式下，地铁车站中的AFC系统将按照预定计划执行特殊的处理，可通过中央计算机将向其他的车站广播这一信息，并对此种情况下的车票进行相应的特殊处理。

(4) 验票机。

1) 固定验票机。固定验票机(TCM)安装在非付费区，方便乘客自己读取票的相关信息。所有由自动售检票系统售出的票都可以由TCM检查。所有涉及到城市“一卡通”车票的查询将与城市“一卡通”系统的要求相符。TCM可以独立操作。该检查操作可以显示最近10条交易信息。显示为中英文双语。

固定验票机由非接触卡读票器和用户显示器组成，见图2-8-12。

2) 便携式验票机。便携式验票机(PTCM)是站务员或稽查人员对乘客使用的车票进行检查的设备，可对地铁车票(非接触式IC卡车票)及“一卡通”车票的有效性进行检验并显示检验结果。对于无效车票可记录及写入相关信息，见图2-8-13。

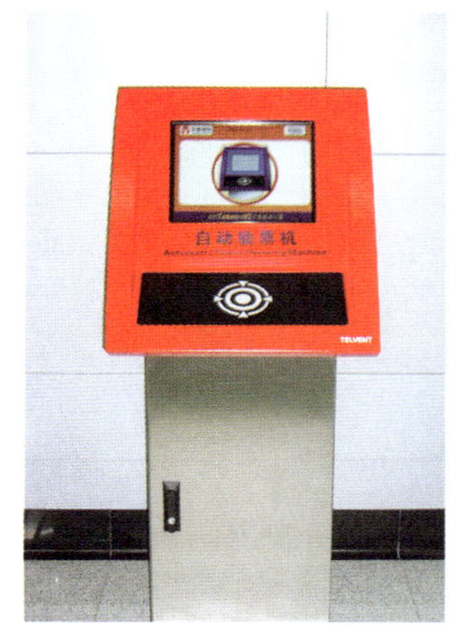

图2-8-12 固定验票机

图2-8-13 便携式验票机

便携式验票机可读取车票的使用记录并显示。便携式验票机可通过外接数据接口上传和下载数据。便携式验票机具备充电功能。

(5) 编码/分拣机(ES)

编码/分拣机属于中央计算机系统，由城市轨道交通运营单位的票务管理部门使用，其主要功能是完成对车票的编码、赋值、分拣、注销等：

1) 编码/分拣机的编码、分拣作业订单通过中央计算机的车票管理子系统(TMS)下达，TMS可以监视订单的执行。

2) 编码/分拣机可以对回收的车票进行分拣、重新编码(新投入使用的车票必须先在编码/分拣机进行初始化编码)，然后再送到车站发售。在发售时由半自动售票机在车票中写上发售的有关数据(包括日期、时间、地点、票值等)。

3) 编码/分拣机能将车票按类型分拣到不同的票箱中，通过车票处理单元对车票进行验证和编码，验证编码后的车票被送入已分拣票箱，废票则送入废票箱中。

4) 编码/分拣机的操作员通过键盘输入密码和员工号进行注册登录。登录数据会通过网络传送到中央计算机进行确认，如果有效则操作员可以根据菜单的提示输入运行数据(如票种、批号、编码日期、编码数量等)。编码/分拣机带有一个打印机，可打印编码/分拣机运作的记录、车票序列号、输入的车票总数、编码的车票总数和种类、废票数及编出有效票的数量等，同时将上述数据备份在本机的硬盘中。

5）编码/分拣机的编码、分拣情况也可以通过中央计算机报表来显示、打印，以提供相应的数据给业务监督部门进行审核、监督。

6）编码/分拣机具有 UPS 支持，以便在断电的情况下能够正常完成正在执行的作业任务，并有序地关闭编码/分拣机。

（6）票种。

1）票种的选定应遵循以下原则：方便乘客，简单实用；满足各类乘客的乘车需求；考虑票务管理及客运组织的可行性；满足设备维修、测试等功能需求；考虑社会效益、企业经济效益的充分发挥。

2）车票种类。以天津地铁为例，详细说明轨道交通的车票种类。天津地铁 AFC 系统具有以下几种车票类型：单程票、出站票、往返票、免费单程票、纪念票、测试票、应急票、团体票、普通储值票、学生优惠票、老人优惠票、乘次票、员工票、个性化储值票。下面分别介绍这些票种。

a. 单程票：单程票只能在车票发售当天有效，一次性使用。单程票可通过自动售票机和半自动售票机出售。在乘客出站时单程票被出站闸机回收。适用于外地短期来津乘客及该市对乘坐轨道交通依赖性不强的乘客。

b. 储值票：储值票是供乘客在地铁运营区段内多次使用的车票，出站时不回收，可反复充值使用。适用于经常乘坐轨道交通出行的乘客。

c. 出站票：当乘客的车票被损坏或丢失时，乘客将无法通过出站闸机，在此情况下乘客必须到客服中心领取（车票被损坏）或购买（车票丢失）一张出站票出站。出站票内含有车站信息，只能在本站使用。

d. 往返票：发行该票种的目的是减少事先已知道目的地乘客购票的操作步骤。往返票只在出售当日有效。第一乘次出闸时不回收。

e. 纪念票：纪念票在外观上有别于普通车票。出闸机不回收该种车票。

f. 测试票：测试票的目的在于测试交易的完整性与准确性。测试票用来测试闸机与系统。测试票只能在维修模式下使用。

g. 应急票：应急票主要为了应对车站大客流情况。该种车票由编码分拣机初始化、预赋值。车站根据客流情况向票务中心提出申请，票务中心分发应急票给该车站。编码分拣机设置车票的有效期。车票将在设置的日期段内有效，而不是初始化的当天。一定时间段内，车站将保留没有售出的应急票。只要在设置的有效期之内，如果车票出售给乘客，该车票就将在出售当日有效。车站将负责应急票的管理和收益管理。

h. 团体票：可分为成人团体票和学生团体票。根据团体人数的不同级别，可以享受不同的优惠政策。

i. 普通储值票：普通储值票为不记名储值票，即普通储值票上没有持票人的个人信息。乘客在使用储值票时，每车程的车费在通过出站闸机时从车票的余值中扣除。系统支持卡内余额不足时可尾程优惠/透支一次。储值票设置有效期，过期后，乘客可在车站的售票处办理延期手续。储值票可以通过自动售票机以及半自动售票机进行充值。使用后如无污损可以将车票退还给地铁公司重新发行使用。

j. 学生优惠票：本市属全日制中小学校、中专学校、技工学校、职业学校学生及身高 1.1 米以上学龄前儿童，凭学生证及学校开具的证明信可购买享受一定优惠政策的学生票。

k. 老人优惠票：凭民政部门发放的老人证可购买老人优惠票。

l. 乘次票：车费扣除以乘次为单位而不是以里程为单位。

m. 员工票：员工票使用时，闸机应该相应有声光提示。一卡一人，不许带人。员工票应与胸卡统一使用。员工票表面应该印刷员工相片。员工票不能购买单程票。

n. 个性化储值票：记名卡、可以挂失。记名储值票的卡面和卡中均保存有持卡人的个人信息，如持卡人的姓名、性别、身份证号、照片等。除了押金外，乘客需要交纳制作费。如果车票挂失，该车票将作为黑名单管理。

在地铁运营初期，乘客对新的收费系统需要一个熟悉和适应的过程并且技术条件尚不成熟，票种的设置应尽量简单。所以在天津地铁 1 号线运营初期只开通单程票、出站票、普通储值票、员工票等票种，待系统稳定后，再根据运营需求灵活地进行票种调整。

三、AFC 系统的服务性

AFC 系统采用全封闭的运行模式，计程的收费方式。以非接触式 IC 卡为车票介质，通过高度安全、可靠、保密性能良好的自动售检票计算机网络系统，完成地铁运营中的售票、检票、计费、收费、统计等票务运营的全过程、多任务自动化管理。从系统的终端设备和票务政策中可以直观的感受到 AFC 系统服务的优越性。

1. 系统终端设备的服务性

乘客可以直接接触到的终端设备是自动售票机、半自动售票机、自动验票机、闸机、手持验票机等。这些设备相对于人工售票的方式，可以更好地为乘客服务。

(1) 自动售票机安装在地铁车站的非付费区，乘客可以用地铁规定面额的纸币、硬币或地铁的储值票在自动售票机中购买不同金额的车票，如图 2-8-14 所示。自动售票机的售票速度是相当快的，当乘客在自动售票机中投入足够的纸币后，自动售票机可以在小于 6s 的时间内为乘客提供所购买的车票；如果投入的是足够金额的硬币，机器可以在小于 3s 的时间内为乘客提供车票。这种服务速度是人工售票所不能达到的。自动售票机可以无故障连续工作 1200h 或无故障工作 95000 次，这两个数字是人工售票所不可能实现的。乘客还可以在自动售票机上完成储值票充值的操作。

(2) 半自动售票机安装在售票厅内，里面有专业人员为乘客提供服务。半自动售票机通过人工收费的方式发售车票，并提供验票、退票、补票和更换车票等服务，见图 2-8-15。在销售纸票的时期，退票和更换车票是一件相当麻烦的事情，因为纸质车票是很容易损坏的，只要车票稍有残损就不可能退、换了。在 AFC 系统中，地铁采用塑料质地筹码式车票，这种车票是不会轻易损坏的，即使票面稍有损坏，只要在半自动售票机上可以检测出余额，并判断该损坏是非人为损坏，就可以为乘客退、换票。这样就可以最大程度地保护乘客的利益。

(3) 当乘客购买车票后，就可以进入付费区了。地铁车站内是用闸机来分隔付费区和非付费区的，见图 2-8-16。乘客要右手持票通过闸机，因为面对乘客的闸门控制器在右侧闸机。当乘客把车票放在读卡器上后，如果车票通过检验，闸门会在 500ms 内打开。这个速度是相当快的，大概就是人们眨两下眼睛的速度。闸机正常工作时可以允许 1min 通过 40 人，这个速度虽然慢于自由出入的速度，但是可以更好地组织乘客进出站的秩序，避免不必要的拥挤。

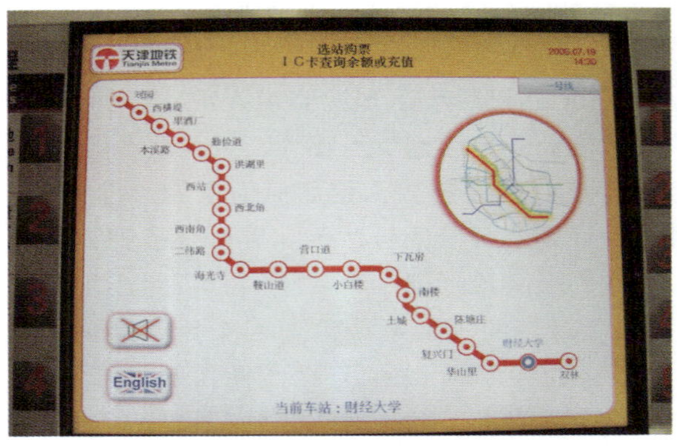

(a)

(b)

图 2-8-14　自动售票机屏幕显示

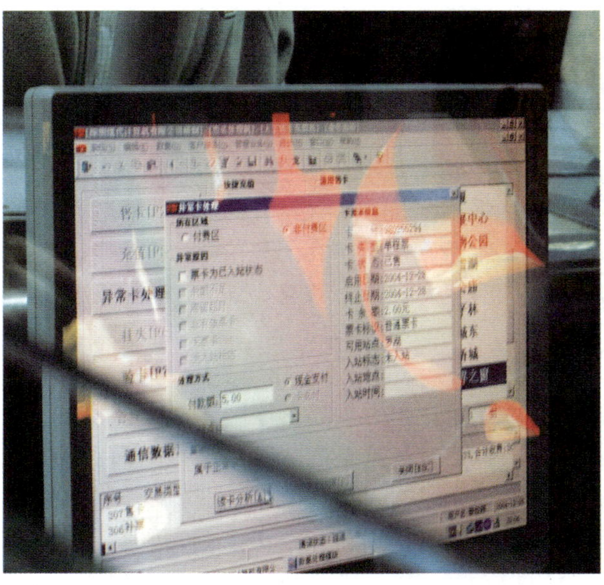

图 2-8-15　半自动售票机操作系统

图 2-8-16　车票有问题时闸机的显示

当出现紧急情况的时候，闸机可以全部打开，加快疏散乘客，保证乘客的安全。如果乘客持有储值票乘车的话，在乘客出站的时候，闸机的显示屏上会显示本次乘车的费用，储值票内的余额，储值票的有效期等信息，这样可以方便乘客检查系统的扣费是否准确和安排下次充值的时间。

(4) 手持验票机是工作人员用来稽查逃票人员的，见图 2-8-17。工作在站台的人员会在不同时段选取部分乘客的车票检查，把持有问题车票的人员请到车站管理室，做出相应的处理，保护大多数乘客的利益不受损害。

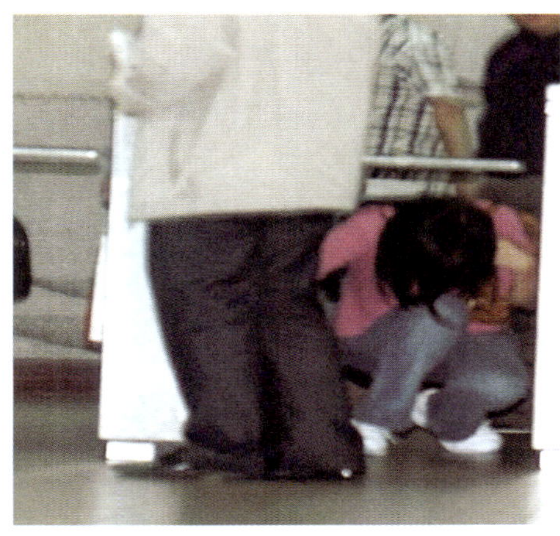

图 2-8-17　逃票

2. 车票政策

采用 AFC 系统后，可以采用分程计费、不同时段采用不同费率制度、发行多种优惠票等一系列让利于乘客的票务政策。

在天津地铁 1 号线中采用 AFC 系统后，已经具备自动收费系统的条件，所以考虑计程收费票制。天津地铁全线 26.188km，全线平均站距 1.225km，但最大站距 1.624km，最小站距 0.784km，采用分段收费对于乘客来说是公平、合理的，也更符合天津地铁的实际情况。天津地铁 1 号线票价方案的基本票制为区段计程票制，在运营过程中辅以计时票制、计次票制和高低峰票制。

(1) 在系统中规定乘客要在进入付费区后两个小时内结束自己的行程，这样可以防止一部分人在地铁车厢和付费区内逗留。如果上述地点有很多人逗留的话会妨碍大多数乘客正常的候车、上下车、换乘，同时当大量的人群拥堵通道的话还可能出现意外。

(2) 系统除了可以在正常条件下工作，还可以在许多紧急情况下工作。比如系统还设置了时间免检模式、车费免检模式等特殊情况下的系统运营模式。在遇到不可预见的情况时，比如列车故障等情况，乘客的乘车时间和乘车费用都可能受到影响，这时系统可以采用时间和车费免检模式，乘客可以正常出站，并可以在 7 日内持免检模式下的车票再次乘车一次。这种处理方法在出售纸票的时候是不可能做到的，AFC 系统在这一点上做到了最大程度的保护乘客的利益。

（3）在系统中可以设立不同的费率，也就是说在不同的情况下可以收取不同的车费。比如在“十·一”黄金周、春节黄金周等节日可以改变车费，方便广大群众出行；还可以在不同时段设立不同的费率，在高峰期时改变车费，优化广大群众的出行条件。这在出售纸票的系统中是不能想象的事情。

（4）在系统中还可以识别老年储值票和学生储值票等特殊车票。老年储值票和学生储值票可以在乘客乘车时给以一定程度的优惠，这一点体现了地铁对相关人群的关心和照顾。而这一点在出售纸票的时候是没有的。

（5）系统可以定义黑名单，也就是说当某些有问题的车票在地铁中使用时，AFC 系统可以把这张问题车票记录下来，此后这张卡就不能在地铁系统中使用了。这样可以保证乘客丢失的储值票尽可能不被别人使用，最大程度地保护乘客的财产不受侵害。

四、AFC 系统的安全性

AFC 系统的设计以及数据传输的方式可以最大限度弥补人工管理的漏洞，更好地保证数据的准确性和完整性。

1. 数据上传

中心计算机系统能够在线采集车站设备上传的数据。系统能够根据数据的类型及用途进行实时或批量地处理，在数据的传输过程中，系统能够对异常、遗漏、重复、延期、伪造的数据进行处理，以确保数据的完整和安全。

2. 设备数据审核

每种车票的交易数据一方面通过设备寄存器进行数据累计，另一方面以交易数据的形式进行存在。两种数据均上传到中心计算机系统，由中心计算机系统对两种数据进行交叉检验，并生成相应的统计报表。

3. 用户权限管理

中心计算机系统提供了多级安全保护措施，阻止一定的人员使用系统设备。对应用系统及操作系统的操作员以及他们的使用权限由 AFC 票务中心统一管理。对于重要的系统密钥（码），采用多人共同负责制度，密钥（码）设计时分成多段，由两个或两个以上的人共同合成。

4. 用户登陆管理

所有车站设备的打开，除了票务钥匙以外，必须插入员工卡，输入用户名和登陆密码后方可操作。并且系统对于所有的设备访问具有审计跟踪功能，并产生相应的审计报表。

5. 车票管理

中心计算机系统能够监控编码/分拣机对车票的初始化，并且在车票初始化时，给车票分配唯一的代码，同时生成相应的车票安全数据。车票的初始化、赋值、进站、出站等数据都将上传到中心计算机系统。

6. 密钥管理

系统能提供完善的密钥系统用于网络安全、数据传输、设备验证。密钥管理系统包括系统主密钥和各级子密钥生成、分发、移植、修改、销毁等功能。密钥主要使用于通信安全（通信密钥），保证通信数据完整性及验证通讯双方设备合法性。交易验证，系统在读写操作

卡片前，首先把卡内部记录的全球唯一的卡序号，时间日期、金额等参数传送到验证设备的SAM卡中，由SAM卡依据收到数据判断卡片是否合法。

第九节　屏蔽门系统

屏蔽门是在近期以节能为目标发展起来的新设备系统，同时也只有在轨道交通运营设备技术发展到信息化时代，如信号和车辆均由ATC系统自动控制时，才能为屏蔽门系统的实现提供技术基础，见图2-9-1～图2-9-3。第一条设有屏蔽门系统的地铁是在新加坡开通运营的。由于其地处热带，常年气温很高，车站均有空调设施，常年运转能耗很高，为不使冷空气随列车进出车站的气流通过隧道流失，在站台两侧安装了透明的隔板，其在列车停车后的车门相应位置装有和车门的宽度和高度相当的屏蔽门，无列车停站时，该门关闭，将站台和列车停车、运行的空间隔断，使站台、站厅形成一个相对封闭的空间，从而防止了冷气的流失，达到节能的目的。当列车停车时屏蔽门打开以供乘客乘降，乘降完毕该门关闭。屏蔽门的控制系统接入ATC系统，当列车停稳后，ATC系统给出信号，屏蔽门和列车车门几乎同时打开，关闭也由ATC系统自动控制。

图2-9-1　全封闭式屏蔽门

该系统开通之后，实践证明节能效果是相当明显的。同时发现一个当初意想不到而十分重要的功能，即保护乘客的生命安全。自城市轨道交通运行以来，中外城市时有乘客在列车进站时落下站台发生人身伤亡的消息。如2004年3月23日，一名男子突然从上海地铁一号线黄陂南路站的站台上跌落轨道，当场被一辆正好进站的地铁列车碾轧致死。据了解，北京、上海都曾经发生过乘客掉下地铁站台被列车碾轧致死的惨剧。有了屏蔽门，在列车进站停稳之前和启动之后，乘客有了屏蔽保护不会落下站台，从而杜绝了事故的发生。从某种意义上讲，这个意想不到的功能其作用远比节能重要得多，因此设置屏蔽门的作用逐步被认识并成为城市轨道交通的重要设备之一。它的安装使用也成为城市轨道交通“以人为本”的重要标志。

图 2-9-2　半封闭式屏蔽门

图 2-9-3　屏蔽门上的标识

一、屏蔽门的组成

屏蔽门是由门体结构、门机结构、控制系统、电源组成的。

门体结构包括固定门、滑动门、应急门和端门。固定门设置在两扇双扇滑动门之间，结合规定条件进行设置。滑动门分为标准双扇滑动门和非标准双扇滑动门，非标准双扇滑动门一般设置在靠近列车驾驶室相应位置的屏蔽门。应急门不带动力，在紧急情况下由乘客在轨行区侧手动打开逃生。端门设置在站台两端，列车司机或站务员手动打开，紧急情况下可用作乘客疏散通道。

门机结构包括门控单元、传动装置、驱动装置、锁紧装置。门控单元是门机系统的核心，具有自诊断功能，并且对滑动门的整个运行过程进行制动和加速控制。传动装置是传动同步（齿形）带。驱动装置中的传动带驱动门挂板实现滑动门的开和关。锁紧装置的闸锁上装有 4 个开关，两个锁闭监控安全开关，两个应急安全开关。

控制系统包括屏蔽门主控制器、站台操作盘、监控器、控制回路。屏蔽门主控制器实现系统内部信息的收发、采集、汇总和分析，实现与系统内外信息的交换。站台操作盘用于实

现站台级控制。监控器与主控制器连接，用于监视屏蔽门状态、诊断屏蔽门故障、运行记录下载、软件重载等。

电源包括驱动电源、控制电源、系统配电柜等。驱动电源为门机提供门头电源，当供电中断能为屏蔽门提供一定开关门次数的控制驱动能量，为车站工作人员提供应急处理时间。控制电源为系统控制线路提供电源，当供电中断，能够为屏蔽门控制回路提供不少于30min的电能。屏蔽门与轨地上下安装支架设有绝缘套，使屏蔽门金属构件（包括门槛、立柱、门机铝箱、盖板、门楣、滑轨、门扇框架等）与车站地绝缘。屏蔽门金属门体构件通过地线与轨道连接，使屏蔽门金属构件与列车车体等电位。沿屏蔽门在站台侧及屏蔽门端门轨侧设置一定宽度的绝缘地板。

二、屏蔽门系统的运行模式

屏蔽门系统的运行模式包括正常运行模式、非正常运行模式和紧急运行模式。

在正常运行模式下，列车停车，司机发出开门指令给信号系统，信号系统经过对比发出命令给屏蔽门的门控单元，进行解锁开门。当列车准备发车时，司机发出关门指令给信号系统，信号系统将命令传给屏蔽门主控机，通过门控单元进行关门锁闭操作，然后将信号返回给司机，司机可以发车。

非正常运营模式下，可以通过站台端头控制盒进行开关门操作。

紧急运营模式下，可由站台工作人员用钥匙打开滑动门，或由乘客使用手动解锁把手自行开启屏蔽门。

第十节　导向和预报系统

在城市轨道交通系统为乘客提供服务的过程中，乘客导向和行车预报系统起到非常大的作用。特别是在地下车站，不中断的导向标志能够指引乘客顺利进站、购票、检票、上车；当发生事故，各种导向标志又能够指导乘客采取紧急救助措施，顺利出站。下面按照乘客进出站的流程介绍各种导向标志及行车预报系统。

首先是进站。一般每个城市轨道交通车站出入口的数量不少于两个，在各出入口附近各个方向街道上均应设有进站导向标志，使乘客能够顺利地到达出入口进站。当然出入口进口处也必须有明显的标志，见图2-10-1、图2-10-2。

	天津地铁 Tianjin Metro			地鐵公司 MTR Corporation
北京	上海	天津	重庆	香港
广州地铁 Guangzhou Metro		武汉轨道 WUHAN RAIL	SZMC	
广州	南京	武汉	深圳	成都

图2-10-1　我国部分城市地铁标志

(a)

(b)

图 2 - 10 - 2 地铁进站标志及地铁站出入口

进站后“售票”、“进口”（付费区）、“列车运行方向”等一系列导向标志顺利地引导乘客购票乘车。到达目的地下车后，导向标志应该引导乘客检票出付费区，选择去向最近的出入口出站，完成一次旅行。因此在站厅内还必须设置各出入口的分布及有关的街道路名以及相近的地面公交线路，以引导乘客顺利地换乘，如图 2 - 10 - 3、图 2 - 10 - 4 所示。在轨道交通换乘站，付费区内应设换乘线路的导向标志，引导乘客换乘其选择的轨道交通线路。在售票处、列车车厢内等明显处所应设有轨道交通网络图，以利乘客正确地根据其到达目的地站选择换乘站及换乘线路。

(a)

(b)

(c)

(d)

图 2 - 10 - 3 北京地铁站内售票、乘车、换乘等方向引导

(a) 乘车、购票指引；(b) 乘车方向指引；(c) 出站、换乘指引；(d) 车站引导

(a)

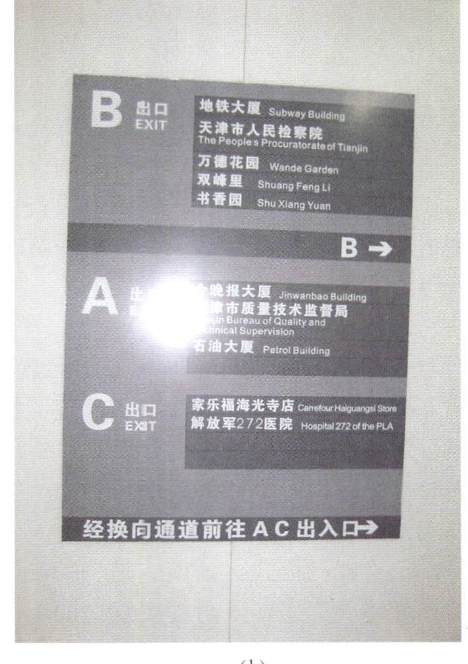

(b)

图 2-10-4 地铁出站引导

上下班使用轨道交通的乘客对乘车线路及出入路径当然是熟悉的，但这一路径的轨道交通线路及出入换乘站毕竟有限，工作之余购物、访友、旅游等生活出行肯定会超过其熟悉的范围，另外如郊区、外地以及市区生活出行客流等，不经常使用轨道交通的乘客，更加需要导向。可见，导向标志已经成城市轨道交通为广大乘客服务所必须的“以人为本”的又一重要标志。实际上，从乘客的心理上分析，一次乘坐轨道交通的“愉快的旅行”必然会给人留下深刻的印象，从而起到广泛吸引乘客、促进客流增长的重要作用。因此，包括行车预报系统在内的导向标志和一系列乘客服务设施，其重要性决不容许有丝毫的忽视。

行车预报系统在国外轨道交通中早已被普遍使用，近来已经投运的地铁线路也正在筹划推行。它包括站台列车信息预报，车厢列车信息预报，还可以综合时钟及其他有关信息。显示屏一般采用发光二极管组合或液晶显示屏（国外早期多用翻板），而信息来源取自ATC系统，十分准确。这种视觉信号比广播对于乘客而言可接受性更强，首先是其存在时间比较长，乘客随时抬头可见，其次避免了广播噪声使得车厢车站显得十分安静，从而改善了环境质量。

图 2-10-5 为站台上的乘客向导系统，能够显示当前时间、下列车即将到达的时刻、列车的运行方向等信息，为乘客及司机服务。

图 2-10-5 乘客向导系统

第十一节 车站机电设备

城市轨道交通的车站是乘客的集散点，为了保证乘客进站乘车、下车及换乘、出站的顺畅和舒适及车站的正常运作，各车站均设有各种必需的客运服务及有关设施，这些设施大部分都为机电产品，所以统称车站机电设备。

地下车站的环境需要以及其客流滞留时间相对较长，因而所需的机电设备也最多，因此这里就以地下车站为典型作一介绍。

一、环境控制系统

对空气环境控制的系统叫做环控系统（Building Automation System，简称 BAS）。为了保证地下车站的空气及温度适宜，设置了集中空调及通风系统，为了防止地铁（包括运行中的车列）发生灾害时对乘客的伤害，设置了排烟装置。一旦火灾发生，设在有关车站的排烟风机同时启动，向一个方向排烟，利于乘客反向避让。

1. 环控系统的运行模式

（1）正常运行模式。该模式是一种占主导地位的运行模式，即正常情况下为乘客提供舒适的乘车环境、为工作人员提供舒适的工作环境、为设备系统提供良好的运行环境。

（2）列车阻塞模式。该模式指在阻塞期间通风维持列车空调装置连续运转的模式，并能为疏散乘客提供足够的新风及引导乘客安全疏散。

（3）紧急情况运行模式。该模式是指在发生火灾时，开启通风设施，迅速排出烟气，引导乘客安全撤离火灾区。

2. 环控系统的分类

（1）按控制区域可分为隧道通风系统（含防排烟系统）和车站通风空调系统（含防排烟系统）两大部分，其中隧道通风系统又分为区间隧道通风系统和车站隧道通风系统，车站通风空调系统又分为车站公共区通风空调系统（含防排烟系统，简称车站大系统）、车站设备管理用房通风空调系统（含防排烟系统，简称车站小系统）和空调水系统。

车站隧道通风系统由耐 280℃高温连续有效工作 0.5h 的排风兼排烟风机、站台下及轨顶风量调节阀、防火阀及排风道组成。排风机房布置在车站两端的设备房区，且并联设置两台排风机，负责半个车站隧道的通风。气流组织方式采用轨顶和站台下排风，补风来自车站两端的活塞风井、相邻区间隧道和屏蔽门开启时的漏风，排风口的位置根据列车发热设备的位置确定。

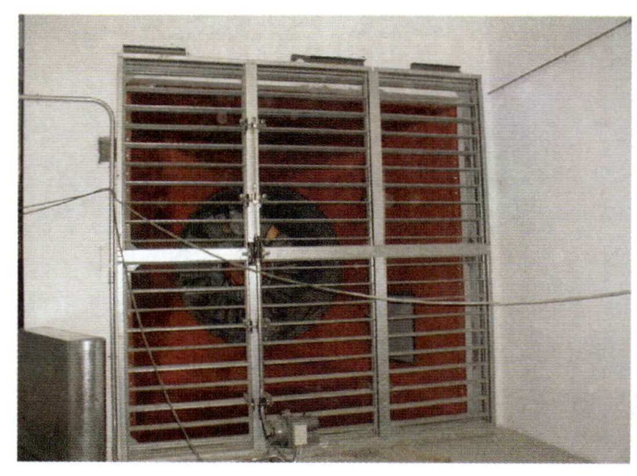

图 2-11-1 风阀、风机

区间隧道通风系统主要由可逆反式隧道通风机、推力风机装置、射流风机装置、风阀、消声器、风室和风道组成。隧道风机布置在区间隧道的两端，在长度大于 2.4km 的特长区间中部应设置独立的活塞风道至地面。每端设两台隧道风机，风机前后设消声器及控制转换风阀，以实现设备互相备用。推力风机装置主要由区间推力风机、消声

器、喷嘴等组成，根据气流组织方向的不同，又分为双向推力风机装置和单向推力风机装置，一般布置在有联络线、渡线、折返线及部分单洞双线区间。射流风机装置主要由带消声器的射流风机组成，一般布置在线路的端头、联络线内。风机装置能有效地组织气流，控制隧道内温度和火灾时组织排烟。在正常运营时，系统通过列车运动的活塞效应实现隧道内的通风；当列车阻塞于区间时，按与行车一致的方向组织气流，对阻塞区间进行机械通风，保证列车空调冷凝器正常运行；列车发生火灾而停在区间时，按预定的运行模式并与乘客撤离相反方向送风和排除烟气。

大系统主要设备一般集中对称地分布于车站站厅层两端的环控通风机房，机房内一般分别设置 1 台或 2 台组合式空调机组，每台机组对应一台回/排风机。车站每端还设置一台空调小新风机，为车站公共区（站厅、站台）提供新风。正常情况下，空调季节为站厅、站台提供冷量和新风，通风季节为站厅、站台通风换气；火灾情况下可排除烟气，防止烟气蔓延。

小系统一般位于车站站厅层两端的环控机房和小系统通风机房内，主要由空调柜、回/排风机、通风管道、电动风阀、消声器、防火阀、新风井道、排风井道等组成。正常情况下，空调季节为站厅、站台设备及管理用房提供冷量和新风，通风季节为站厅、站台设备及管理用房通风换气；火灾情况下可配合气体灭火系统完成灭火，排除设备及管理用房的烟气和惰性气体，防止烟气蔓延。

水系统是指车站制冷空调循环水系统，为车站公共区及车站设备管理用房空调器提供冷源。

（2）按是否与外界进行空气交换，可分为开式环控系统、闭式环控系统、屏蔽门式系统。

开式环控系统是指利用机械通风或活塞效应使隧道内部与外界交换空气，利用外界空气冷却车站和隧道；闭式环控系统则不引入外界空气，站内采用空调系统，区间隧道借助于“活塞效应”；屏蔽门式系统是指安装屏蔽门将站台与隧道隔开，站内安装空调系统，隧道利用通风系统（机械通风和活塞通风）。

图 2-11-2　冷却塔、风管

二、消防给排水

1. 给水系统

车站内设置的给水系统水资源来自城市自来水，用途为生活、工作（如清洁等）用水、消防用水。

车站的生产、生活给水系统包括水源、水池、水泵、水塔（水箱）、气压罐、管道和阀门。消防给水系统包括水源、消防地拴、水泵结合器、消防水泵、管道、阀门、消火栓和水流指示器。消防地拴为消防车提供水源，分为地上式、地下式、墙壁式。水泵结合器一端连室内消火栓，另一端供消防车或移动水泵站加压向室内管网供水，断电或消防水泵故障时保障车站消防给水。

给水系统可分为生产、生活和消防共用的给水系统和生产、生活和消防分开的给水系统。

2. 排水系统

排水主要分为生活污水、隧道结构渗水、生产及消防废水、露天出口和洞口的雨水。对污水、废水和雨水应分类集中就近排至城市污水、雨水排水系统。地下车站设污水泵房，地下线路最低点设有主排水泵站（见图 2-11-3），地下区间洞口、车站敞开出入口、风亭等设雨水泵站。

图 2-11-3　地下车站施工时的排水设置

环控及消防报警设备均由自动监控（BAS/FAS）系统进行分级（就地、车站、中心三级）监控，并构成分级综合监控系统。一旦火灾发生，由控制中心统一指挥并综合行车、供电等情况及时采取救护控制措施，及时疏散乘客，排除事故，尽快恢复列车运行。

3. 自动扶梯及电梯、残疾人电梯等

自动扶梯及电梯、残疾人电梯等也是车站的机电设备，为乘客提供进出车站的方便而舒适的代步手段，见图 2-11-4、图 2-11-5。

图 2-11-4　楼梯和自动扶梯

图 2-11-5　残疾人电梯

思　考　题

1. 简述轨道交通系统的设施构成。
2. 什么是正线？城市轨道交通正线设置有何特点？
3. 辅助线的作用是什么？
4. 城市轨道交通车辆可如何分类？
5. 城市轨道交通车辆由哪几部分组成？
6. 车辆的制动方式有哪些？
7. 车辆段的作用是什么？
8. 什么是限界？限界可分为哪几种？
9. 简述城市轨道交通供电系统的组成及作用。
10. 接触网有哪些形式，各有何特点？
11. 轨道交通通信系统由哪些子系统构成？
12. 轨道交通信号系统有何作用？传统信号系统与现代信号系统有何区别？
13. 发车表示器由哪几部分组成？各有何作用？
14. 简述自动售检票系统的构成及各部分功能。
15. 闸机可设置哪些使用模式？
16. 屏蔽门的作用是什么？
17. 根据乘客进出站流程，说明城市轨道交通车站需要设置的导向标志。
18. 城市轨道交通车站应设置哪些机电设备？

第三章 运输计划

运输计划是轨道交通系统运营组织的基础工作之一。从社会服务效益看，轨道交通系统应充分发挥运量大和服务有规律的特点，安全、迅速、正点和舒适地运送乘客，见图3-0-1。从企业经济效益看，轨道交通系统的运营应实现高效率和低成本。为了达到这个目标，轨道交通系统的运输组织必须以运输计划作为基础，即根据客流的特点，合理编制运输计划，合理调度指挥列车运行，实现计划运输。

图3-0-1 车站客流情况

第一节 客流计划

客流计划是全日行车计划、车辆配备计划和列车交路计划编制的基础。在新线投入运营的情况下，客流计划根据客流预测资料进行编制；在既有运营线路的情况下，客流计划根据客流统计资料和客流调查资料进行编制。客流计划的主要内容包括站间到发客流量，各站方向分别上下车人数，全日、高峰小时和低谷小时的断面客流量，全日分时最大断面客流量等。站间客流资料可以用一个二维矩阵来表示，也可称为站间交换量OD矩阵。

客流计划以站间到发客流量资料作为编制基础，分步计算出各站上下车人数和断面客流量数据。表3-1-1是一条有5座车站线路的站间OD矩阵，5座车站分别用字母A、B、C、D、E表示，其中从A到E的方向为下行方向。

表 3-1-1 站间到发客流量 OD 表 人

发/到	A	B	C	D	E	合计
A	—	3260	22000	1980	1950	29190
B	2100	—	21900	2330	6530	32860
C	5800	4900	—	3220	4600	18520
D	5420	4100	3200	—	4390	17110
E	1200	4320	7860	3420	—	16800
合计	14520	16580	54960	10950	17470	114480

根据站间到发客流量资料可以计算出各站上下车人数，见表 3-1-2。根据各站上下车人数，按式（3-1）又可计算出断面客流量数据，见表 3-1-3。根据表 3-1-3 资料可绘制断面客流图。

表 3-1-2 各站上下车人数 人

下行上客数	下行下客数	车　站	上行上客数	上行下客数
29190	0	A	0	14520
30760	3260	B	2100	13320
7820	43900	C	10700	11060
4390	7530	D	12720	3420
0	17470	E	16800	0

表 3-1-3 各区间断面客流量 人

下　行	区　间	上　行	下　行	区　间	上　行
29190	A—B	14520	20610	C—D	26100
56690	B—C	25740	17470	D—E	16800

断面客流量 P 的计算见式（3-1-1）

$$P_{i+1} = P_i - P_x + P_s \qquad (3-1-1)$$

式中　P_{i+1}——第 $i+1$ 个断面客流量，人；

P_i——第 i 个断面客流量，人；

P_x——在车站下车人数，人；

P_s——在车站上车人数，人。

在客流计划编制过程中，高峰小时的断面客流量可以通过高峰小时站间到发客流量资料来计算，也可以通过全日站间到发客流量资料来估算。在用全日站间到发客流量资料时，在求出全日断面客流量数据后，高峰小时的断面客流量按占全日断面客流量的一定比例来估算，比例系数的取值可通过客流调查来确定。全日分时最大断面客流量，可在求出高峰小时断面客流量的基础上，根据全日客流分布模拟图来确定。

第二节　全日行车计划

全日行车计划是营业时间内各个小时开行的列车对数计划，它规定了轨道交通线路的日常作业任务，是科学地组织运送乘客的办法。它又是编制列车运行图，计算运营工作量和确定车辆配备数的基础资料。全日行车计划是根据营业时间内各个小时的最大断面客流量，列车定员人数和车辆满载率，以及希望达到的服务水平综合考虑编制的。

一、编制资料

（1）营业时间。轨道交通系统营业时间的安排主要考虑了两个因素：一是方便乘客，满足城市生活的需要，即考虑城市居民出行活动特点；二是满足轨道交通系统各项设备检修养护的需要。根据资料，世界各国的城市轨道交通系统营业时间如表 3-2-1 所示。

表 3-2-1　世界主要城市轨道交通系统每日营运时间

城　市	类　型	始运年份	营业时间（h）	城　市	类　型	始运年份	营业时间（h）
伦敦	地铁	1863	20	东京	地铁	1927	19.5
纽约	地铁	1868	24	莫斯科	地铁	1935	19
芝加哥	地铁	1892	24	北京	地铁	1969	18
布达佩斯	地铁	1896	19	华盛顿	地铁	1976	18
巴黎	地铁	1900	20	香港	地铁	1979	19
柏林	地铁	1902	21	上海	地铁	1993	18

（2）全日分时最大断面客流量。

（3）列车定员数。列车定员数是列车编组辆数和车辆定员数的乘积。列车编组辆数是以高峰小时最大断面的客流量作为基本依据。在一定的流量情况下，采用缩短行车间隔时间，而不增加列车编组辆数的方法也能达到一定的运能，但在行车密度已经很大的情况下，为满足增长的客流需求，增加列车编组辆数往往成为采用的措施。这时能否增加列车编组辆数，和轨道交通系统保有的运用车辆数量有关。当然增加列车编组辆数也不是无限度的，它会受到车站站台长度、车辆段停车线长度和数量等因素的限制。

车辆定员的多少取决于车辆的尺寸、车厢内座位布置方式和车门设置数。一般的说，在车辆限界范围内，车辆长宽尺寸越大载客越多，车厢内座位纵向布置较横向布置载客要多，车厢内车门区较座位区载客要多。

（4）设计实际满载率。满载率指实际载客量与设计载客容量之比，是衡量乘客舒适程度的一个指标反映着系统的服务水平。

二、编制程序

1. 计算营业时间内各小时应开行列车数

分时行车计划中的列车开行对数可按式（3-2-1）计算

$$n_i = P_{\max,i}/(C_p\beta) \tag{3-2-1}$$

式中　n_i——某小时内应开行的列车数；

$P_{\max,i}$——该小时最大客流断面乘客数量；

C_p——一列车的设计载客能力；

β——满载率。

2. 确定全日开行列车对数

其计算公式如下

$$N=\sum n_i \tag{3-2-2}$$

3. 计算发车间隔时间

在实际交通系统中，通常用发车间隔时间作为评价行车计划的一个指标，计算如下

$$I_i=\frac{60}{n_i}(\mathrm{min}) \tag{3-2-3}$$

或

$$I_i=\frac{3600}{n_i}(\mathrm{s}) \tag{3-2-4}$$

下面举一个实例对整个全日行车计划的编制过程和方法加以说明。

（1）编制资料。

1）地铁某号线预测 2000 年早高峰小时（6：30～7：30）客量为 39000 人；

2）全日分时最大断面客流分布模拟图，见图 3-2-1；

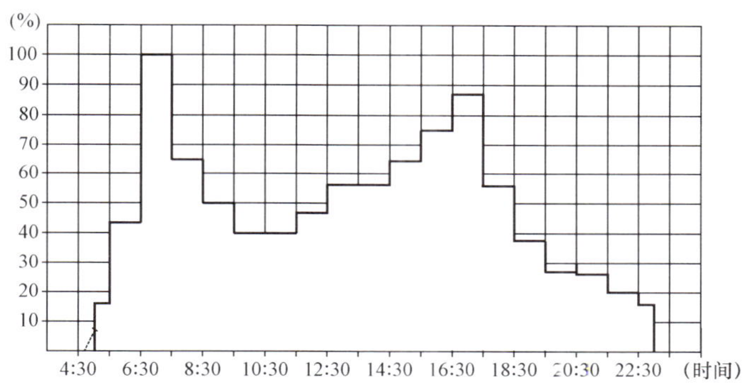

图 3-2-1　全日客流分布模拟图

3）列车编组为 6 辆，车辆定员为 310 人；

4）线路断面满载率在高峰小时为 120%，在其他运营时间为 90%。

（2）编制步骤。根据全日客流分布模拟图计算全日分时最大断面客流数据，计算结果见表 3-2-2。

表 3-2-2　全日分时最大断面客流量

时　间	单向最大断面客流量	时　间	单向最大断面客流量
5：00～5：30	3120	14：30～15：30	24960
5：30～6：30	16770	15：30～16：30	26520
6：30～7：30	39000	16：30～17：30	33930
7：30～8：30	25350	17：30～18：30	21840
8：30～9：30	19500	18：30～19：30	14820
9：30～10：30	15210	19：30～20：30	10530
10：30～11：30	15600	20：30～21：30	10140
11：30～12：30	18330	21：30～22：30	7800
12：30～13：30	21840	22：30～23：00	3120
13：30～14：30	21840		

计算营业时间内各小时应开行的列车数，计算结果见表3-2-3。

表3-2-3　全日分时开行列车数

时　间	分时开行列车数	时　间	分时开行列车数
5：00～5：30	2	14：30～15：30	15
5：30～6：30	10	15：30～16：30	16
6：30～7：30	18	16：30～17：30	16
7：30～8：30	16	17：30～18：30	14
8：30～9：30	12	18：30～19：30	9
9：30～10：30	10	19：30～20：30	7
10：30～11：30	10	20：30～21：30	7
11：30～12：30	11	21：30～22：30	5
12：30～13：30	14	22：30～23：00	2
13：30～14：30	14		

并计算各时间段发车间隔时间。

（3）最终确定全日行车计划。计算所得的某段时间内的行车间隔时间可能会较长，行车间隔时间太长，将会增加乘客候车的时间，不利于吸引客流，因此，在编制轨道交通系统全日行车计划时应把方便乘客、提高服务质量作为一项重要因素给予考虑。在9：00～21：00的非高峰小时运营时间内为保持一定的服务水平，不能一味追求车辆满载而按计算的行车间隔时间作为开行列车数标准，最终确定的行车间隔时间标准一般不宜大于6min。在其他时间，行车间隔时间标准也不宜大于10min。另外，对全日行车计划中的高峰小时行车间隔时间应验证是否符合列车在折返站的出发间隔时间。根据以上原则，最终确定全日行车计划见表3-2-4。

表3-2-4　全日行车计划

营业时间	列车对数	行车间隔（min：s）	营业时间	列车对数	行车间隔（min：s）
5：00～5：30	3	10：00	14：30～15：30	15	4：00
5：30～6：30	10	6：00	15：30～17：30	16	3：45
6：30～7：30	18	3：20	17：30～18：30	14	4：20
7：30～8：30	16	3：45	18：30～21：30	10	6：00
8：30～9：30	12	5：00	21：30～22：30	6	10：00
9：30～11：30	10	6：00	22：30～23：00	3	10：00
11：30～12：30	11	5：25	合　计	218	
12：30～14：30	14	4：20			

编制完毕的地铁某号线2000年全日行车计划全天开行列车218对，其中早高峰小时开行列车18对，行车间隔时间为3min20s，晚高峰小时开行列车16对，行车间隔时间为3min45s，早高峰小时单向最大运输能力为40170人。全日客运量按早高峰小时全线各站乘车人数总和占全日客运量的一定比例估算，比例系数的取值可通过客流调查来确定。

表 3-2-5　早高峰小时运输能力

时　间	2000 年	时　间	2000 年
单向最大断面客流量	39000 人	行车间隔时间	3min20s
列车编组辆数	6 辆	开行列车对数	18 对
列车定员数	1860 人	单向最大运输能力	40170 人

第三节　车辆配备计划

车辆配备计划是为完成全日行车计划而制定的车辆保有数安排计划。

车辆配备计划推算运用车辆数、在修车辆数和备用车辆数，确定在一定类型的设备和行车组织方法条件下，为完成一定的运输任务而必须保有的车辆，见图 3-3-1。

图 3-3-1　上海地铁八号线车辆基地

一、运用车辆数

运用车辆数是为完成日常运输任务而必须配备的技术状态良好的车辆数，运用车辆的需要量与高峰小时开行的列车对数、列车的旅行速度及在折返站的停留时间各项因素有关，可按式（3-3-1）计算

$$N=\frac{n_{高峰}\theta_{列}\ m}{60} \tag{3-3-1}$$

式中　N——运用车辆数，辆；

$n_{高峰}$——高峰小时开行列车数，对；

$\theta_{列}$——列车周转时间，min；

m——列车编组辆数，辆。

列车周转时间是指列车在线路上往返一次所消耗的全部时间。它包括了列车在区间运行、列车在中间站停车供乘客乘降以及列车在折返站作业的全过程。

$$\theta_{列}=\sum t_{运}+\sum t_{站}+\sum t_{折停} \tag{3-3-2}$$

式中　$\sum t_{运}$——列车在线路上往返一次各区间运行时间的和，min；

$\sum t_{站}$——列车在线路上往返一次各中间站停站时间的和，min；

$\sum t_{折停}$ ——列车在折返站停留时间的和，min。

当列车在折返站的出发间隔时间大于高峰小时的行车间隔时间时，须在折返线上预置一个列车进行周转，此时运用车辆数需相应增加。

二、在修车辆数

在修车辆是指处于定期检修状态的那部分车辆，见图 3-3-2。车辆的定期检修是一项有计划的预防性维修制度。车辆检修概念包括车辆检修级别和车辆检修周期。车辆的检修级别和周期是根据车辆设计的技术性能、各部件在正常情况下的使用寿命以及车辆运用的环境等因素进行确定的。通过对车辆的不同部件制定不同的技术标准、检修级别和检修周期，到期进行车辆的检修，使车辆在经过定期检修后，能在整个检修周期内保持良好的技术状态。

图 3-3-2 车辆检修

车辆的检修周期是关系在修车辆数计算和配属车辆数计算以及车辆段建设规模和车辆段作业组织的重要技术指标。表 3-3-1 是某地铁线路的车辆检修周期。

表 3-3-1 某地铁线路车辆检修周期及检修停时

检修级别	时间间隔	走行距离（km）	检修停时
日检	1 日	—	—
双周检	2 周	4000	4 小时
双月检	2 月	20000	2 日
定修	1 年	100000	10 日
架修	5 年	500000	25 日
大修	10 年	1000000	40 日

注 确定检修周期时，时间间隔和走行距离取小者。

在以时间间隔作为确定检修周期的情况下，根据每种检修级别的年检修工作量和每种检修级别的检修停时，就可以推算在修车辆数。

三、备用车辆数

轨道交通系统为了适应客流变化，确保完成临时紧急的运输任务，以及预防运用车辆发生故障，必须把若干技术状态良好的车辆储备起来，这部分车辆称为备用车辆。备用车辆的数量可控制在运用车辆数的10%左右。不过，对于投产不久的新线来说，由于车辆状态较好，客流量不大时，备用车辆数量可适当减少，以节约投资。

第四节　列车交路计划

一、列车交路计划

在轨道交通线路的各个区段客流量不均衡的情况下，采用合理的列车交路安排是运输计划的一个重要组成部分。列车交路计划规定了列车的运行区段、折返车站和按不同列车交路运行的列车对数。

合理的列车交路既能提高列车和车辆的运用效率，避免运能虚靡，降低运营成本；又能给予乘客较大的方便。因此，采用不同列车交路相结合的列车运行方式，能使行车组织做到经济合理。

列车交路可分成长交路、短交路和长短交路三种。长交路是指列车在线路上全线运行；短交路是指列车在线路的某一区段内运行，在指定的车站上折返；长短交路是指线路上两种交路并存的列车运行，见图3-4-1。

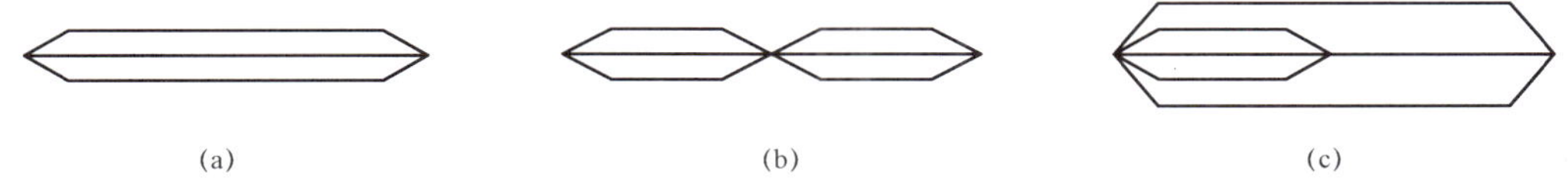

图3-4-1　列车交路

(a) 长交路列车交路；(b) 短交路列车交路；(c) 长短交路列车交路

从行车组织的角度看，长交路要较短交路列车运行组织简单，对中间站折返设备要求也不高，但在各区段客流量不均衡情况下，会产生部分区段运能的浪费。将长交路改为短交路，能适应不同客流区段的运输需求，运营也比较经济，但要求中间折返站具有两个方向的折返能力以及具有方便的换乘条件，从乘客的角度看，服务水平有所降低。长短交路混跑的组织方案，既能满足运输需求，又能提高运营效益。因此，在线路各区段客流量不均衡情况下，可以采用以大交路为主，小交路为辅的列车交路计划，组织列车在线路上按不同的密度行车。同样，当高峰期间客流在空间分布上比较均匀，而低谷期间客流在空间上分布相差悬殊时，也可以在低谷时间采用长短交路列车运行方案，组织开行部分在中间站折返的短交路列车。

二、列车折返方式

列车运行到终点站或在短交路和长短交路情况下运行到中间折返站需要进行折返作业。

(1) 折返线形式很多，常用的如图3-4-2所示。

1) 双向折返线。图3-4-2 (a) 是双向折返线，可设于列车的中间折返站上或端部折返站上，折返能力可大于30对/h，当折返列车对数少时，可以留出一条线作为停车线。在端部正线继续延伸后，仍可作为折返线或停车线，没有废弃工程，特别适用于明挖法施工的

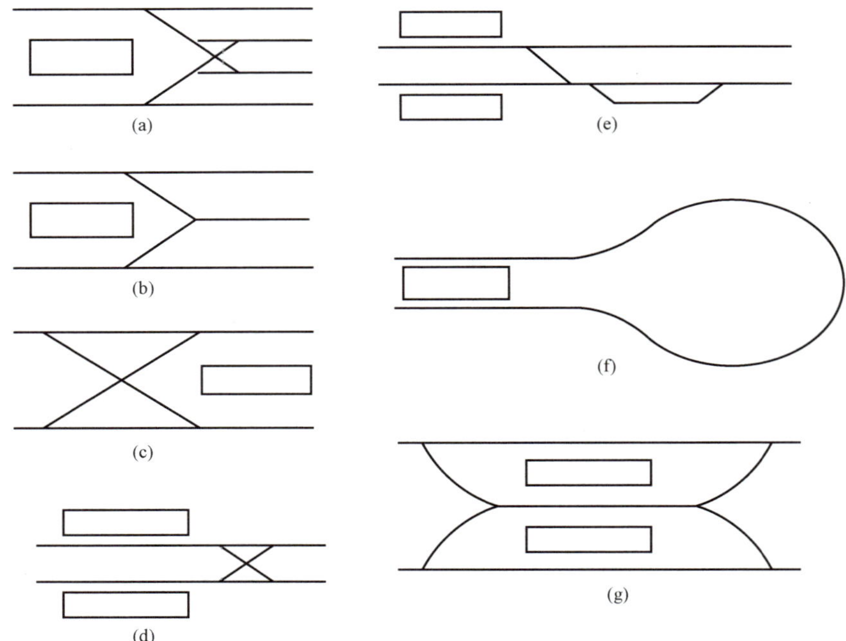

图 3-4-2　折返线形式

（a）双向折返线；（b）单向折返线；（c）、（d）渡线折返线；
（e）侧线折返线；（f）环形折返线；（g）综合折返线

岛式车站。北京、上海、广州等城市地铁线都大量使用这种形式，是最常用的一种折返线形式。在站前或折返线尾部加设渡线，可以增加另一方向的列车折返灵活性，在端点站可增加列车的存放位置。

2）单向折返线。如图 3-4-2（b）所示，折返能力和灵活性稍差，折返与停车不能兼顾，一般多单独用作停车线。

3）渡线折返线。如图 3-4-2（c）、（d）所示。作为正常列车运行的折返线，适用于端点站，采用渡线作折返线，节省建设资金，但是当正线延伸后，其正常运行列车难于折返，需另设折返线车站。

4）侧线折返线。如图 3-4-2（e）所示，主要用于高架线上。需要折返的列车运用正线折返，后续前进的列车在高峰时间内，可以通过侧线越行，在非高峰时间段，后续列车仍可沿正线运行。

5）环形折返线。如图 3-4-2（f）所示。用于用地条件不受限制的端点站折返。

6）综合折返线。综合折返线是集折返、乘客上下车、列车越行、列车出入场以及列车转线联络等功能中的两项或多项的折返线形式，如图 3-4-2（g）所示的形式，集列车折返（双向）、乘客上下车和列车越行三项功能于一体，使用灵活、功能多，但车站规模大、效率较低。

（2）列车折返方式根据折返线的布置可分为站前折返和站后折返两种方式。

1）站前折返方式。站前折返方式是列车经由站前折返线或渡线折返，见图 3-4-3。在采用站前折返方式时，列车空车走行少，折返时间较短；上下车乘客能同时上下车，可以缩短停站时间；此外，站线和折返线相结合，能节省投资费用。站前折返的缺点是出发列车和到达列车存在着进路交叉，影响行车安全；上下车乘客同时上下车，在客流量大的情况下，站台秩序会受到影响。列车到发作业产生交叉干扰的条件是进路有交叉，并且占用进路的时间相同，两个条件必须同时具备才构成真正的进路交叉。在行车密度很大的情况下，采用站前折返方式，要完全消除到发列车的交叉干扰难度较大。

2）站后折返方式。站后折返方式是列车到站后清客，空车经由站后折返线或渡线折返（见图 3-4-4）。采用站后折返方式能避免采用站前折返时存在的缺点，出发列车与到达列车不存在进路交叉，行车安全；而且列车进出站速度高，有利于提高旅行速度，因此，站后折返方式被广泛采用。站后折返方式的主要缺点是列车折返时间较长。

图 3-4-3　利用单渡线折返　　　　图 3-4-4　利用交叉渡线折返

环形线折返设备能保证最大的通过能力，节约设备费用与运营成本。但它也存在一些缺点，如由于列车在小半径曲线上运行造成单侧钢轨磨耗、折返线不能停放检修列车和难以进一步延长以及若用明挖法施工增大了开挖范围等。所以在线路的终点站常采用尽端线折返设备。采用尽端线折返设备，列车既可以折返，也可以临时停留检修，见图3-4-5。

图 3-4-5　端点站站后折返

列车折返模式可分为列车自动折返、ATP 防护的人工驾驶、人工折返三种。

（1）列车自动折返（AR）模式折返。列车自动折返模式仅在某些特定区段使用。对于站前折返，列车进入到达线站台即完成了折返作业，最后由此发车；对于站后折返，列车以允许的速度从到达停车线自动驾驶进入和驶出折返线，最后进入发车股道。当列车进入折返线停车时，列车自动转换前后驾驶室的控制权，原列车的后驾驶室控制列车前进。

（2）ATP 防护的人工驾驶（ATO 或 SM）模式折返。ATP 防护的人工驾驶模式折返时，对于站前折返，列车进入到达线即完成折返作业，最后由此发车；对于站后折返，列车在驾驶员驾驶下从到达股道进入和折出折返线，最后进入发车股道。当列车进入折返线停车时，列车自动转换前后驾驶室的控制权，原列车的后驾驶室控制列车前进。

（3）人工折返。在某些站的存车线及其他临时列车运行交路需要的折返线路，可按非自动转换模式折返。根据行车组织的要求，可在车上配备1～2名驾驶员。

列车交路计划的确定应建立在对线路各区段客流量进行统计分析的基础上，充分考虑行车组织与客运组织的条件，进行可行性研究后加以确定。首先，区段客流分析是列车交路计划确定的主要因素之一，也就是根据客流在时间上、空间上所表现出的不均衡性加以研究分析，作为列车交路计划确定的依据；其次，行车条件决定了交路计划实现的可能性，城市轨道交通的线路设置由于其运营特点，不可能采取每个车站具备列车进行调车作业功能线路设置方式，交路计划的实现只能在两个设有调车或折返线路的车站之间进行，同时还必须注意列车交路是否会影响到行车组织的其他环节，例如，是否会影响行车间隔、车站后续列车的接车等等；第三，客运组织是列车交路计划确定的必要客观条件，由于列车交路计划的实现可能导致列车终到站的变化，相关车站的乘客乘降作业、列车清客、客运服务工作都会随之不断调整，对客运组织水平的要求比较高，由于客运组织的不力可能会直接影响到列车运行图的执行情况，因此，确定交路计划应对客运组织的条件一并加以考虑。

三、实例

A站列车折返方式。

A站为某线路一中间站，属岛式站台车站，设两条折返线。列车从左向右运行方向为上行方向，正常情况下列车占用上行站台车站，采用站后折返方式折返。

1. 正常情况下的列车折返作业（图3-4-6）

（1）当采用自动站间闭塞时，列车占用A站上行站台，由车站行车值班员办理折返线进路X15-X5；列车在A站上行站台客运作业完成后，司机准备进行折返作业；进折返线进路X15-X5排列完毕，站台上自动站间闭塞指示灯亮稳定绿色灯光，X15道岔防护信号即显示稳定绿色灯光，司机以限制人工驾驶模式（不超过25km/h的速度）通过道岔区段，开车进入折返线ZF1G；列车占用折返线ZF1G时，A站行车值班员办理出折返线进路X5-X13；列车在折返线ZF1G停车标处停稳后，司机立即进行倒台作业；出折返线进路X5-X13排列完毕，司机凭X5道岔防护信号机显示稳定绿色灯光，以限制人工驾驶模式通过道岔区段，将列车开行至A站下行站台停车标处停车。

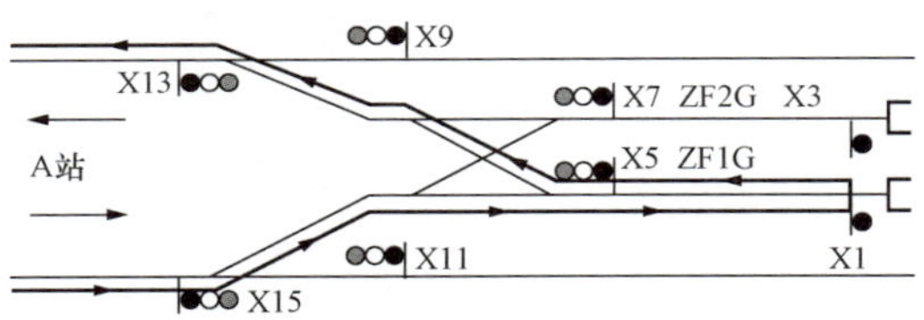

图3-4-6 A站正常折返示意图
X—信号机；G—轨道电路；ZFG—折返轨

（2）当有ATP防护采用中央控制时，列车的折返作业由控制中心行车调度员办理。列车占用A站上行站台时，控制中心行车调度员办理进折返线进路X15-X5；列车在A站上行站台客运作业完成后，司机准备进行折返作业；进折返线进路X15-X5排列完毕，站台上发车表示器亮稳定白色灯光，列车收到速度码，X15道岔防护信号机显示稳定绿色灯光，司机以限制人工驾驶模式通过道岔区段，开车进入折返线ZF1G；列车占用折返线ZF1G时，控制中心行车调度员办理出折返线进路X5-X13；列车在折返线ZF1G停车标处停稳后，司机立即进行倒台作业；出折返线进路X5-X13排列完毕，司机凭X5道岔防护信号机显示稳定绿色灯光及列车收到的速度码，以限制人工驾驶模式通过道岔区段，将列车开行至A站下行站台停车标处停车。

当有ATP防护由车站控制时，由A站行车值班员负责办理折返进路，作业过程同中央控制时列车折返作业。

2. 特殊情况下列车折返作业（图3-4-7）

当列车进行下行线转线上行线折返作业时，属于非正常下的转线作业，控制中心行车调度员须发布调度命令。列车折返以ZF1G为折返线。

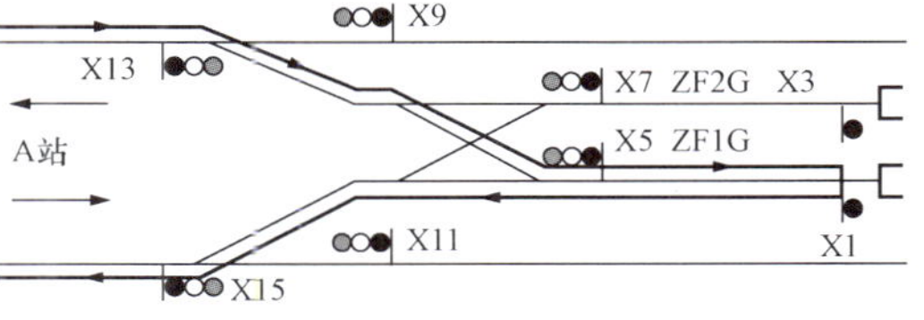

图3-4-7　A站特殊情况下折返示意图

（1）当采用自动站间闭塞时列车折返作业。列车占用A站下行站台（进路X13-X9出清）时，车站行车值班员办理折返线进路X13-X5；列车在A站下行站台停车标处停稳后，进行客运作业，客运作业完成后，司机立即进行倒台作业；A站行车值班员把该站反方向转线作业调令交给司机，司机准备进行折返作业；进路X13-X5排列完毕后，列车司机凭A站行车值班员的引导手信号，X13道岔防护信号机显示稳定绿色灯光，以限制人工驾驶模式通过道岔区段，开车进入折返线ZF1G；列车出清进折返线进路X13-X5，占用折返线ZF1G时，A站行车值班员办理出折返线进路X5-X15；列车在折返线ZF1G停车标处停稳后司机立即进行倒台作业；出折返线进路X5-X15排列完毕，司机凭X5道岔防护信号机显示稳定绿色灯光，以限制人工驾驶模式通过道岔区段，将列车开行至A站上行站台；A站行车值班员使用引导手信号接车，列车按引导速度进站并在站台停车标处停车。

（2）有ATP防护时列车折返作业。中央控制情况下，列车占用A站下行站台（进路X13-X9出清）时，控制中心行车调度员办理进折返线进路X13-X5；列车在A站下行站台停车标处停稳后，进行客运作业，客运作业完成后，司机立即进行倒台作业；A站行车值班员把该站反方向转线作业调度命令交给司机，司机准备进行折返作业；进路X13-X5排列完毕后，列车司机凭A站行车值班员的手信号和列车收到的速度码，X13道岔防护信号机显示稳定绿色灯光，以限制人工驾驶模式通过道岔区段，开车进入折返线ZF1G停车标处停稳；列车出清进折返线进路X13-X5，占用折返线ZF1G时，A站行车值班员办理出折返线进路X5-X15；列车在折返线ZF1G停车标处停稳后，司机立即进行倒台作业；出折返线进路X5-X15排列完毕，司机凭X5道岔防护信号机显示稳定绿色灯光及列车收到的速度码，以限制人工驾驶模式通过道岔区段，将列车开行至A站上行站台；A站行车值班员使用引导手信号接车，列车按引导速度进站并在站台停车标处停车。

车站站控时，由A站行车值班员负责办理折返进路，作业过程同中央控制时列车折返作业。

1. 什么是客流计划？客流计划的主要内容是什么？
2. 什么是断面客流量？断面客流量应如何计算？
3. 什么是全日行车计划？全日行车计划是根据什么确定的？
4. 什么是运用车辆数？运用车辆数取决于哪些因素？

5. 轨道交通车辆的检修级别通常有哪几种？
6. 分别说明长交路、短交路和长短交路的特点。
7. 列车的折返方式有哪些？各有什么特点？
8. 简要说明图 3-1 所示列车折返的过程。

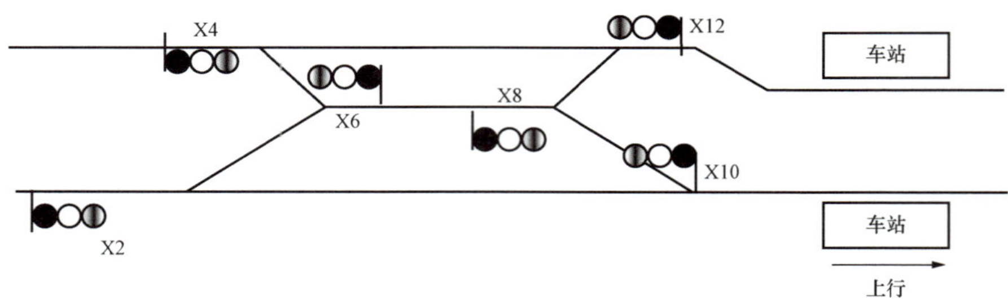

图 3-1　思考题 8 附图

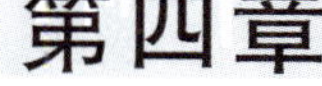

第四章 城市轨道交通行车组织

第一节 列车运行图

一、列车运行图的作用

在企业内部，列车运行图不但规定线路、车辆、车站等技术设备的运用，同时也规定了与列车运行有关各业务部门的工作要求。

供社会用户使用的列车运行图以列车时刻表的形式对外公布，见图 4-1-1，它规定了向社会用户提供的运输服务规格与质量，是联系企业和社会用户的纽带，也是乘客安排个人出行计划的依据。因此，列车运行图具有十分重要的意义。

天津地铁 1 号线首末班车发车时间

车站	首班车发车时间		末班车发车时间	
	上行（双林方向）	下行（刘园方向）	上行（双林方向）	下行（刘园方向）
双林		6：30：00		21：30：00
财经大学	7：18：00	6：33：00	22：18：00	21：33：00
华山里	7：15：00	6：36：00	22：15：00	21：36：00
复兴门	7：13：00	6：38：00	22：13：00	21：38：00
陈塘庄	7：10：00	6：41：00	22：10：00	21：41：00
土城	7：07：00	6：43：00	22：07：00	21：43：00
南楼	7：05：00	6：46：00	22：05：00	21：46：00
下瓦房	7：03：00	6：48：00	22：03：00	21：48：00
小白楼	7：00：00	6：51：00	22：00：00	21：51：00
营口道	6：57：00	6：54：00	21：57：00	21：54：00
鞍山道	6：55：00	6：56：00	21：55：00	21：56：00
海光寺	6：53：00	6：58：00	21：53：00	21：58：00
二纬路	6：51：00	7：00：00	21：51：00	22：00：00
西南角	6：49：00	7：02：00	21：49：00	22：02：00
西北角	6：46：00	7：04：00	21：46：00	22：04：00
西站	6：44：00	7：06：00	21：44：00	22：06：00
洪湖里	6：41：00	7：10：00	21：41：00	22：10：00
勤俭道	6：39：00	7：12：00	21：39：00	22：12：00
本溪路	6：36：00	7：15：00	21：36：00	22：15：00
果酒厂	6：34：00	7：17：00	21：34：00	22：17：00
西横堤	6：32：00	7：19：00	21：32：00	22：19：00
刘园	6：30：00		21：30：00	

图 4-1-1 列车时刻表

编制列车运行图是行车组织的主要内容，在组织旅客运输生产的过程中，列车运行是一个复杂环节，它要利用多种技术设备，并要求许多部门和工种的协调配合。与列车运行有关的部门，应安排好本单位的行车工作、调车工作和运输工作计划；车辆部门确定派出的列车组数、派出时刻以及安排列车的整备和乘务员的作息计划；其他如工务、电务部门则安排施工计划和维修计划等等。通过列车运行图，把整个轨道交通网的活动连成统一的整体，把与列车有关的单位组织起来，要从全局出发，统筹兼顾，正确处理列车运行与车站作业的关系、指标先进与行车安全的关系、行车工作与站段工作的关系等。要使编制的列车运行图既是先进的，又是可行的。

轨道交通每经过一定时期，就有必要重新编制一次列车运行图，重新编图的主要原因是客运量和技术设备发生了较大的变化或运输组织方法进行了调整。

二、列车运行图的格式

列车运行图是列车在各区间运行和在各车站到达、出发（或通过）时刻的图解形式，见图 4-1-2。

图 4-1-2　列车运行图

在列车运行图上，将横轴按一定比例用竖线划成等分，竖线代表时间；将纵轴按一定比例用横线加以划分，横线代表车站的中心线，这样便构成了列车运行图的基本格式。

列车运行图也有用横线代表距离，用纵线代表时间的。为了适应使用上的不同需要，列车运行图在时间划分上主要有以下四种基本格式，其中后三种运用于市郊铁路。

（1）一分格运行图。它的横轴以 1min 为单位用细竖线加以划分，10min 格和小时格用较粗的竖线表示。这种一分格图主要在编制新运行图和调度指挥时使用。

（2）二分格运行图。它的横轴以 2min 为单位用细竖线加以划分，常用于市郊铁路运行图的编制。

（3）十分格运行图（图 4-1-3）。它的横轴以 10min 为单位用细竖线加以划分，半小时格用虚线表示，小时格用较粗的竖线表示。这种十分格图主要供调度员在日常指挥工作中绘制实绩运行图时使用。

（4）小时格运行图（图 4-1-4）。它的横轴以小时为单位用竖线加以划分。这种小时格图主要在编制旅客列车方案图和机车周转图时使用。

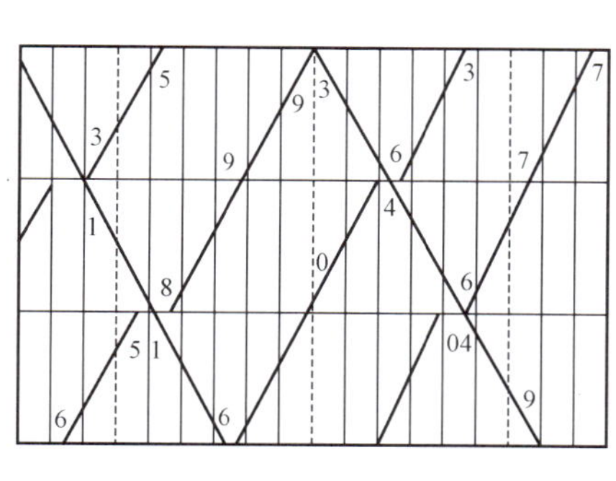

图 4-1-3　十分格运行图

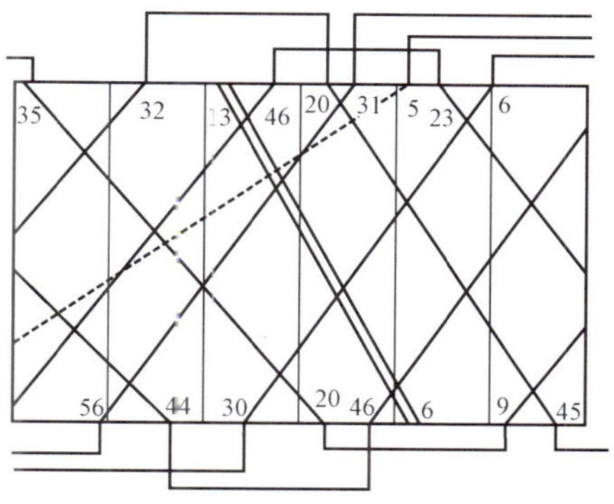

图 4-1-4　小时格运行图

在列车运行图上，以横线表示车站中心线的位置，一般以细线表示中间站，以较粗的线表示换乘站或有折返作业的车站。车站中心线有下列两种确定方法：

1）按区间实际里程比率确定。即按整个区段内各车站间实际里程的比例来画横线。采用这种方法时，列车运行图上的站间距离完全反映实际情况，能明显地表示出站间距离的大小。但由于各区间的线路平面和纵断面互不相同，使列车运行速度有所不同，这样列车在整个区段的运行线往往是一条斜折线，既不整齐，也不易发现列车区间运行时分上的差错，所以一般不采用这种方法。

2）按区间运行时分比率确定。即按整个区段内各车站间列车运行时分的比例来画横线。采用这种方法时，可以使列车在整个区段的运行线基本上是一条斜直线，既整齐美观，也易于发现列车区间运行时分上的差错，故多被采用。如甲站、乙站分别为一条线路的两个端点站，甲乙之间依次设置 A、B、C、D、E、F、G 七个中间站，列车从甲站开往乙站总运行时间为 180min，其中，甲—A、A—B、B—C、C—D、D—E、E—F、F—G、G—乙相邻两站之间列车运行时间分别为 22、20、40、20、18、20、20min 和 20min。根据资料，按照列车在区间运行时间比率确定各车站中心线位置如图 4-1-5 所示。

列车运行图上的列车运行线（斜线）与车站中心线（横线）的交点，即为列车到、发或通过车站的时刻。根据列车运行图的格式有不同的表示方法。所有这些表示时刻的数字或符号，都填写在列车运行线与横线相交的钝角处。

列车运行图上铺画有许多不同种类列车的运行线。为了便于识别起见，对各种列车采用不同的表示方法，并对每一列车冠以规定的车次，标在区段两端区间的相应列车运行线上方或下方。

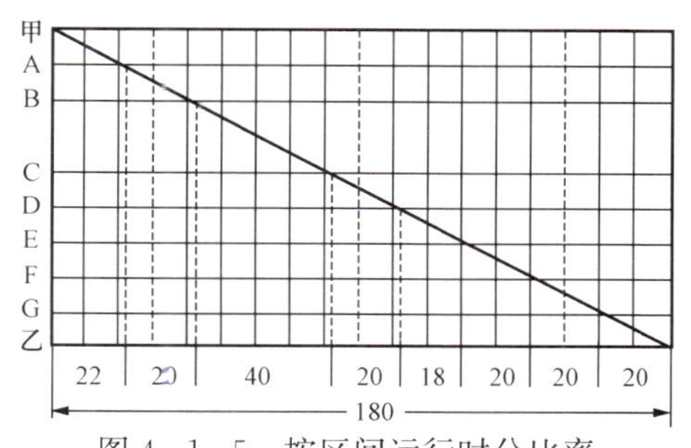

图 4-1-5　按区间运行时分比率确定列车运行图

上行列车的车次为双数，下行列车的车次为单数。

如天津轻轨公司列车种类及车次的规定如下：

专运列车：车次号为 001～099

客运列车：车次号为 301～599

回空列车：车次号为 601～699

工程列车：车次号为 701～799

试验列车：车次号为 801～899

救援列车：车次号为 901～999

三、列车运行图的基本类型

根据铁路线路的技术设备（如单线、双线）和列车运行速度、上下行方向的列车数量、列车的运行方式等条件，列车运行图可分为各种类型。

（1）按照区间正线数目的不同分类。

1）单线运行图。在单线区段，上下行方向的列车都在同一正线运行，因此，两个方向的列车必须在车站上进行交会，单线运行图多半在运量不大的市郊铁路使用，如图 4-1-6 所示。

2）双线运行图。在双线区段，上下行列车在各自的正线上运行，因此，上下行列车中运行互不干扰，可以在区间内或车站上交会。但列车的越行通常在车站上进行，如图 4-1-7 所示。

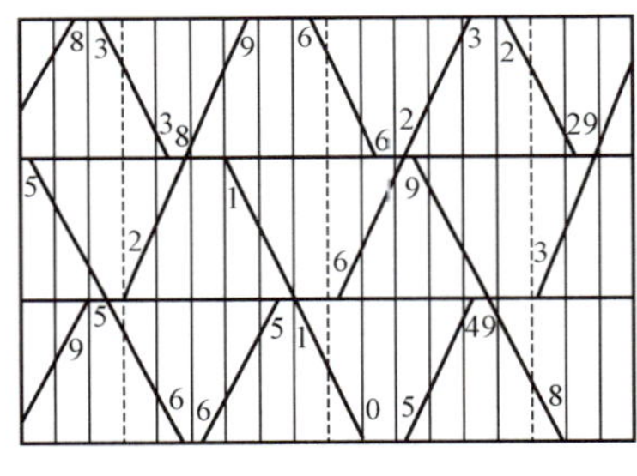

图 4-1-6　单线运行图

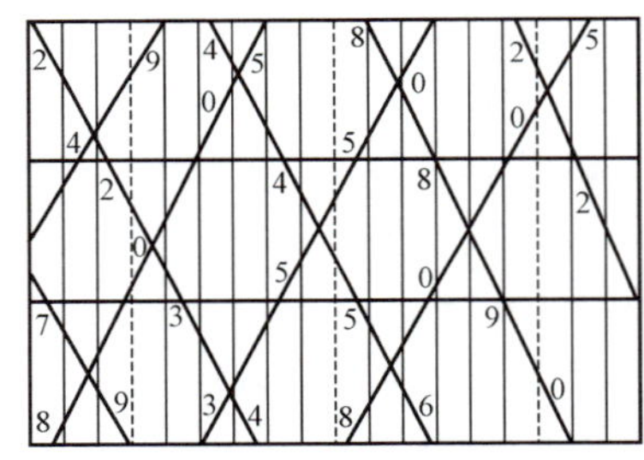

图 4-1-7　双线运行图

3）单双线运行图。在有部分双线的区段，单线区间和双线区间各按单线运行图和双线运行图的特点铺画运行线，如图 4-1-8 所示。

（2）按照列车运行速度的不同分类。

1）平行运行图。在同一区间内，同一方向列车的运行速度相同，因而运行线相互平行，并在区段内没有列车越行，如图 4-1-6 和图 4-1-7 所示。

2）非平行运行图。在列车运行图上铺有各种不同速度和不同种类的列车，如图 4-1-8 所示。在轨道交通系统中，除市郊铁路外，通常不采用非平行运行图。

（3）按照上下行方向列车数目的不同分类。

1）成对运行图。在这种这行图中，上下行方向的列车数目是相等的，如图 4-1-6 和图 4-1-7 所示。

2）不成对运行图。在这种运行图中，上下行方向的列车数目是不相等的，如图 4-1-9 所示。

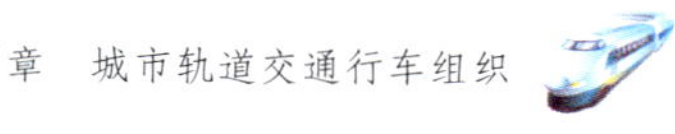

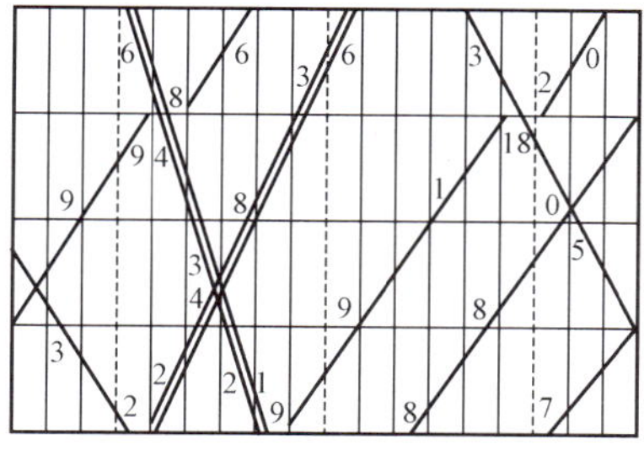

图 4-1-8 单双线运行图

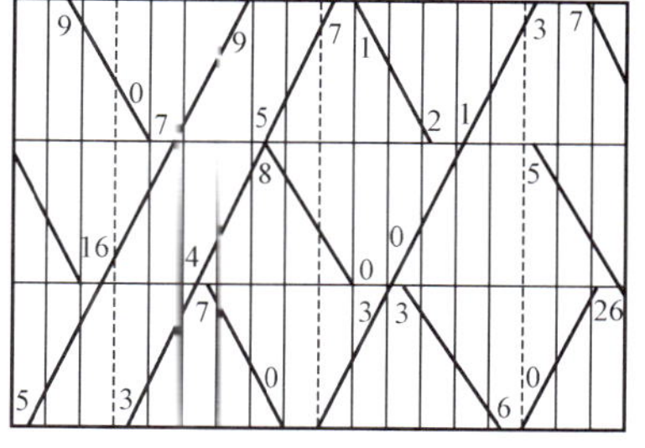

图 4-1-9 不成对运行图

（4）按照同方向列车运行方式的不同分类。

1）连发运行图。在这种运行图上，同方向列车的运行以站间区间为间隔。在单线区段采用这种运行图时，在连发的一组列车之间不能铺画对向列车，如图4-1-9所示。

2）追踪运行图。在这种运行图上，同方向列车的运行以闭塞分区为间隔，一个站间区间内允许几列同向列车同时运行。

上述分类都是针对列车运行图的某一特点而加以区别的。实际上，每张运行图都具有几个方面的特点，例如某一区段的运行图，它既是双线的、非平行的，又是追踪的，如图 4-1-10 所示。

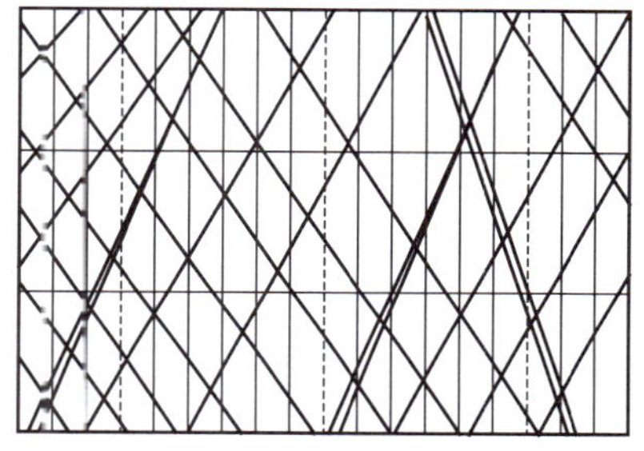

图 4-1-10 双线追踪非平行运行图

四、列车运行图的要素

列车运行图是由一些基本的要素组成的。为了编制列车运行图，必须首先确定这些要素。

列车运行图的要素有以下几方面。

（1）列车区间运行时分。列车区间运行时分是指列车在两个相邻车站之间的运行时间标准。它由机务部门采用牵引计算和实际试验相结合的方法进行查定。

列车区间运行时分按车站中心线或通过信号机之间的距离计算。

由于列车的运行速度不同，上下行方向的线路平面、纵断面条件和列车重量也不相同，所以区间运行时分应按各种列车和上下行方向分别查定。

此外，区间运行时分还应根据列车在每一区间的两个车站上不停车通过和停车两种情况分别查定。列车不停车通过两个相邻车站所需的区间运行时分称为纯运行时分。因列车到站停车和停车后出发而使区间运行时分延长的时分称为停车附加时分和起动附加时分。起停车附加时分应根据机车类型、列车重量以及进出站线路平面、纵断面条件，由机务部门按四种情况（即通通、通停、起通、起停）的运行时分，计算查定。

（2）列车在中间站的停站时间。列车在中间站的停站时间是由下列原因产生的：

1）进行必要的技术作业，如列车的技术检查、乘务组的换班等；

2）客运作业，如乘客乘降等；

3）列车在中间站的会车和越行。

列车停站时间的长短取决于乘客乘降的需求，它与车站客流量的大小、客车车门数的多少、车站的疏导和管理有关。为保证乘客的安全，车辆只有在停妥的情况下才能开、关车门，车门开关的时间与车辆的类型有关，一般开门大约在5s左右，关门在3～5s左右，如果站台上设置屏蔽门，还要考虑屏蔽门与车门之间的时间差。乘客上下车的时间与乘客数量的多少（主要考虑高峰期人数）、车辆车门数和宽度、站台的疏导管理有密切的关系。根据统计资料，每位乘客上下车约0.6s，而且运营时间内乘客的乘降量是波动变化的，在各车辆内的分布也是不均衡的，因此停站时间还要考虑一定的富余量。在停站时间的实际确定过程中，除个别客流量较大的车站外，一般车站的停站时间应控制在20～30s，停站时间过长不仅会降低列车的旅行速度，在高密度行车情况下，还会影响到后续列车的运行。

（3）列车在车辆段等的技术作业过程及其主要作业时间标准。为了保证车站与区段工作的协调和均衡，必须编制与车站技术作业过程相配合的列车运行图。因此，在编制列车运行图时，需要具备有关站段技术作业过程及其主要作业时间标准。

（4）追踪列车间隔时间。在自动闭塞区段，凡一个站间区间内同方向有两列或两列以上列车以闭塞分区为间隔运行，称为追踪运行。追踪运行列车之间的最小间隔时间称为追踪列车间隔时间。

追踪列车的最小间隔时间，决定于同方向列车间隔的距离、列车的运行速度及信号、联锁、闭塞设备的类型。

1）在使用三显示自动闭塞的区段，追踪列车之间的间隔，通常情况下需相隔3个闭塞分区，这样，可以保证列车经常能看到绿灯显示，从而可以使后行列车在绿灯下，向绿灯保持不减速运行。如图4-1-11所示。

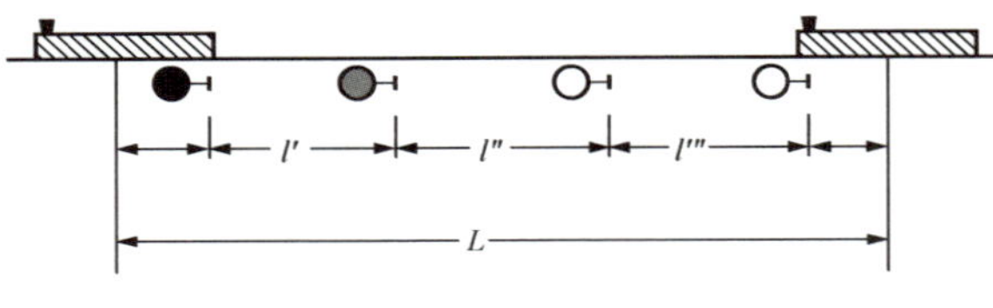

图4-1-11　追踪列车间隔时间

2）准移动闭塞追踪列车间隔时间。准移动闭塞方式的列控系统采用目标距离控制模式，即根据目标距离、目标速度及列车本身的性能确定列车制动曲线，不设定每个闭塞分区速度等级，采用一次制动方式。准移动闭塞的追踪目标点是前行列车所占用闭塞分区的始端，并留有一定的安全距离，后行列车从最高速开始制动的计算点是根据目标距离、目标速度及列车本身的性能计算决定的。目标点相对固定，在同一闭塞分区内不依前行列车的走行而变化，而制动的起始点是随线路参数和列车本身性能不同而变化的，所以称为准移动闭塞。准移动闭塞追踪列车间隔时间依据预先设定的列车安全追踪间隔距离和运行速度确定。

3）移动闭塞追踪列车间隔时间。移动闭塞是全球铁路及轨道交通信号界公认的最先进的信号系统，我国广州地铁3号线等线路上已采用了这种控制系统。该技术对于保证行车安全、缩短列车运行间隔、提高线路通过能力均可起到重要作用。移动闭塞取消了以通过信号机分隔的固定闭塞分区，列车间的最小运行间隔距离由列车在线路上的实际运行位置和运行状态确定，闭塞分区随着列车的行驶，不断地向前移动和调整，前后列车之间的空间间隔距离是不固定的，所以称为移动闭塞，这是目前我国城市轨道交通的信号系统普遍采用的模式，大部分是引进的国外技术和系统。

移动闭塞采用车地双向通信，并将前方列车的移动信息经由车地通信安全地传给后续列车。移动闭塞的追踪目标点是前行列车的车尾加上一定的安全距离，后行列车从最高速开始制动的计算点是根据目标距离、目标速度及列车本身的性能计算决定的，追踪目标点与前行

列车的走行和速度有关，是随时变化的，制动的起始点是随着线路参数和列车本身性能不同而变化的，其追踪运行间隔时间要比准移动闭塞更小一些。对于即将进站的列车，则根据调度命令由车站发出允许该列车进站及进入股道等信号。移动闭塞一般采用无线通信和无线定位技术实现。

综上所述，追踪列车间隔时间的大小，与信号类型、车辆性能、折返能力、接近车站的线路平纵断面情况、列车停站时间和行车组织方法等因素有关。在城市轨道交通系统的运营高峰时间，线路上客流量大，乘客上下车时间较长，在设备和运营模式固定的情况下，应尽可能压缩停站时间，提高输送能力，同时，最小追踪间隔时间应留有一定的余量，当列车运行偏离运行图时，便于行车调度员采取必要的调整措施，使整个系统的列车运行秩序尽快恢复正常。

市郊铁路的列车运行图要素还有以下几方面：

（5）机车在基本段和折返段所在站的停留时间标准。列车运行图与机车周转图应同时编制，即铺画列车运行线时应同时考虑机车的运用，故必须确定机车在基本段和折返段所在站的停留时间标准。机车在基本段和折返段所在站的停留时间标准，主要取决于机车的运用方式。城市轨道交通的机车运用方式主要采用环形运转交路。此种交路的机车在一个区段内担当两个及两个以上往返的列车牵引任务之后，才入段进行整备作业，机车不需要转向。这种交路适用于担当市郊列车的牵引任务。机车在基本段和折返段所在站办理必要的作业所需要的最小时间，称为机车在基本段和折返段所在站的停留时间标准。机车在折返段所在站应办理的作业有：

1）在到发线上的到达作业 $t_{到达}$；

2）机车入段走行 $t_{入段}$；

3）机车在段内作业，主要是机车乘务组换班、供应燃料、补充润滑油、日常检查等技术作业 $t_{整备}$；

4）机车出段走行 $t_{出段}$；

5）在到发线上的出发作业 $t_{出发}$。

综合以上各项作业所需要的时间，便得出机车在折返段所在站的停留时间标准。

$$T_{折} = t_{到达} + t_{入段} + t_{整备} + t_{出段} + t_{出发}(\text{min}) \qquad (4-1-1)$$

上列各项作业时间，可根据计算和查标（表）相结合的方法确定。

在编制运行图前，机务部门必须对每一牵引区段的机车分别查定出各项作业的时间标准，并查定机车在基本段和折返段所在站的总停留时间标准。

（6）车站间隔时间。车站间隔时间是指在车站上办理两列车的到达、出发或通过作业所需要的最小间隔时间。在查定车站间隔时间时，应遵守有关规定及车站技术作业时间标准，以保证行车安全和最好地利用区间通过能力。

车站间隔时间的大小，与车站邻接区间的行车闭塞方法、信号和道岔的操纵方法、车站类型、接近车站的线路平纵断面情况、机车类型、列车重量和长度等因素有关。

每个车站都要根据具体条件，查定各种间隔时间。

1）不同时到达间隔时间（$\tau_{不}$）。在单线区段，来自相对方向的两个列车在车站交会时，从某一方向的列车到达车站时起，至相对方向列车到达或通过该站时止的最小间隔时间，称为不同时到达间隔时间（图 4-1-12）。

不同时到达间隔时间的大小，根据以下条件确定：

①进行有关作业的时间；

②对向列车通过进站距离的时间。

2）会车间隔时间（$\tau_{会}$）。在单线区段，自列车到达或通过车站时起，至由该站向这个区间发出另一对向列车时止的最小间隔时间，称为会车间隔时间（图 4-1-13）。

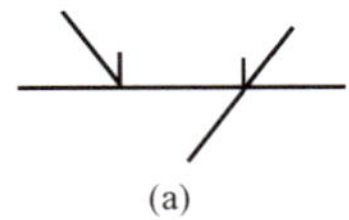

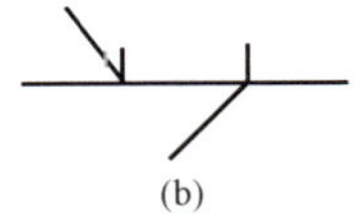

图 4-1-12　不同时到达间隔时间

（a）一列停车、一列通过；（b）两列都停车

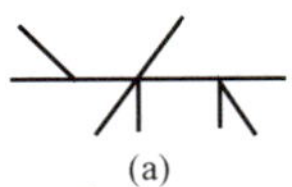

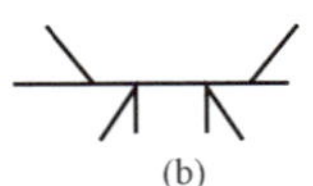

图 4-1-13　会车时间间隔

（a）列车通过车站；（b）列车到达车站

3）同方向连发间隔时间（$\tau_{连}$）。在单线或双线区段，从列车到达或通过前方车站时起，至由车站向该区间再发出另一同方向列车时止的最小间隔时间，称为同方向列车连发间隔时间（图 4-1-14）。

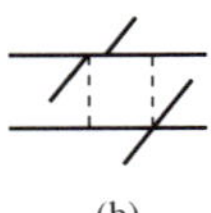

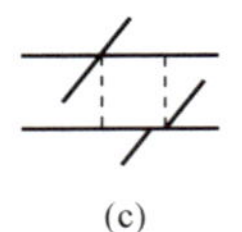

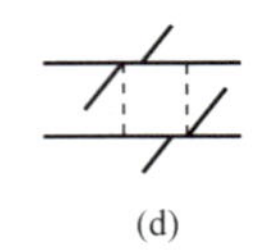

(d)

图 4-1-14　连发间隔时间

五、列车运行图的有关符号

列车运行实绩图是记录列车运行实际情况的图表，它采用不同的线条和符号表示列车运行的有关信息，国内部分城市轨道交通系统表示方法如下：

1. 列车运行线（见表 4-1-1）

表 4-1-1　**列车运行图上列车运行线符号**

列车种类	符　号	说　明
客运列车		红色实线
临时加开列车		红色虚线
专运列车		红色实线加箭头
排空列车		红色实线加圆圈
救援列车		红色实线加叉
调试列车		蓝色实线
施工列车		黑色实线

2. 有关表示符号（见表 4-1-2）

表 4-1-2　**列车运行图上的有关表示符号**

序　号	列车运行图上的表示符号	表　示　意　义
1		列车始发
2		列车终到

续表

序　号	列车运行图上的表示符号	表　示　意　义
3		列车由邻线转来
4		列车开往邻线
5		列车合并运行时，在红色实线下方加红色虚线
6	反	列车反方向运行时，在反方向运行区间的运行线上填写车次及“反”字
7		列车折返
8		列车不停站通过，在列车运行线上方加带箭头的红色短实线
9	原因	列车停站起时，图解实际站停时间，并注明原因
10	原因	列车在区间停车，图解停车时间，并注明原因

注　列车早点红笔画圈，圈内注明早点时分。列车晚点蓝笔画圈，圈内注明晚点时分，晚点原因应简略注明。且有关施工、封锁线路、设备故障、控制权下放等要在运行图中注明事项和原因。

六、列车运行图的编制

1. 编图资料

在编制列车运行图前，必须收集下列编图资料：

（1）线路通过能力和车站折返能力；

（2）车站的换乘能力；

（3）追踪列车间隔时间（市郊铁路还有车站间隔时间）；

（4）列车区间运行时分；

（5）列车停站时间标准；

（6）列车在折返站停留时间标准；

（7）列车出入车辆段作业时间标准；

(8) 能够提供的运用车组数；

(9) 列车编组辆数；

(10) 轨道交通营业开始和结束时间；

(11) 全日分时行车量；

(12) 列车交路计划；

(13) 车辆连续运用圈数和乘务工作制度；

(14) 供电部门停送电时间；

(15) 现行列车运行图完成情况的分析。

2. 编图步骤

列车运行图的编制，应由轨道交通运营部门负责做好具体工作。轨道交通列车运行图编制的步骤如下：

(1) 按上级要求和编图目标确定编图注意事项；

(2) 收集编图资料，对有关问题组织调查研究和试验；

(3) 总结分析现行列车运行图的完成情况和存在问题，提出改进意见；

(4) 确定全日行车计划；

(5) 计算所需运用车辆数；

(6) 编制列车运行方案；

(7) 征求调度部门、车站行车和客运部门、车辆部门的意见，对列车运行方案进行调整；

(8) 根据列车运行方案铺画详细的列车运行图；

(9) 对列车运行图的编制质量进行全面的检查，并计算列车运行图的指标；

(10) 将编制完毕的列车运行图、列车运行图分析资料和编图工作总结等一并报上级部门审核批准。

为了适应客运量波动的需要，轨道交通通常应编制分号运行图。所谓分号运行图是在基本运行图以外另行编制的运行图。这些分号运行图包括双休日分号运行图、节假日分号运行图等。如双休日分号运行图和基本运行图在客流量、高峰小时出现的时间上都有所不同。

3. 对编图人员的要求

为了不断提高轨道交通列车运行图的编制质量，编图人员应努力钻研技术业务，加强调查研究，做到熟悉情况、了解业务、掌握基本理论。编图人员应该学习和掌握下列各项基本知识：

(1) 列车运行图的理论；

(2) 列车运行图的编制方法；

(3) 线路通过能力的计算方法；

(4) 列车运行图各项要素的确定方法；

(5) 全日行车计划；

(6) 车辆运用和检修工作组织；

(7) 调度工作组织；

(8) 客运工作组织；

(9) 规章、规程、作业办法等；

（10）其他内容。

4. 列车运行图的编制方法

（1）编制列车运行方案是列车运行图编制工作中十分重要的工作，它主要应解决以下一些问题：

1）方便乘客。方便乘客作为一项基本要求是衡量服务水平的重要标志之一，具体表现为乘客时间的节约。它包括乘客候车、乘车和换乘等几个环节时间。因此，在考虑列车运行方案时，要认真排定头班的发、到时刻。在清晨和夜间的列车间隔不宜太长，减少乘客在车站的候车时间。合理规定列车的停站站名和停站时间，以提高运行速度和减少乘客在车厢内乘车时间。对连接几个线路方向的换乘站，列车的到发时刻应良好地衔接配合，以减少乘客在车站的换乘时间。

轨道交通列车的到发时刻与其他交通工具，如地面公共交通、铁路、航空、企事业交通车等的衔接配合，对需要换乘的乘客会带来较大的方便。

必须安排好运送轨道交通通勤职工上下班的列车运行线。在可能的情况下，为节省车辆的运用，可以合并使用列车运行线。

2）经济合理地使用车辆。当车辆不足或客流量增长较快的情况下，充分挖掘潜力，加速车辆周转，对轨道交通运输具有较大的现实意义。减少运用车组的需要数可以采用适当压缩列车在折返站的停留时间、合理安排列车回段检修等方法。

（2）运用车组需要数的计算方法有图解法和分析计算法两种：

1）图解法。根据列车运行方案图直接可以查出所需要的运用车组数。在图上垂直于横轴的截取线与列车运行线和列车折返停留线的交点数，即为运用车组需要数。

2）分析计算法。运用车组需要数可按下式计算

$$N_{组} = \frac{\theta_{列}}{t_{间}} \tag{4-1-2}$$

式中 $N_{组}$——运用车组数，组；

$\theta_{列}$——列车往返运行所需全部时间，min；

$t_{间}$——列车发车间隔时间，min。

（3）列车运行与车站客运作业过程的协调。在采用岛式站台的车站上，在运营高峰时间或行车密度较大时，如两个及其以上方向的列车同时到达，由于客流集中，会造成站内拥挤。因此，宜安排不同方向的列车在车站交错到达，以避免车站客运组织工作出现困难。

（4）列车运行与车辆段有关作业的协调。必须考虑车辆列检作业的需要，并保证足够的作业时间。在考虑到列检能力的同时，要尽可能使各个车组在列车运行图上连续走行圈数大体均衡。

在车辆段没有试车线时，应铺画调试列车运行线，调试列车一般在运营低谷时间开行。对司乘人员的换班、吃饭应按规定在列车运行图上合理安排时间。

七、铺画列车运行详图

在一分格列车运行图上精确地铺画每一条列车运行线，即根据列车运行方案图和有关资料，详细规定列车在每个车站的到、发和通过时刻，在各个区间的运行时分和在折返站的停留时间。

铺画顺序按照列车等级依次为：专用列车、旅客列车、调试列车和回空列车。自列车出库起，从始发站一直铺画到折返站，经过一定作业后，由折返站返回。

在详细铺画列车运行图的过程中，可按需要对方案图所拟定的列车运行线作适当的调整。

在铺画详图时，要注意确保行车安全和乘客的乘降安全。为此，必须做到以下几点：

(1) 列车追踪间隔时间等符合所规定的标准；

(2) 列车区间运行时分和列车停站时间符合所规定的标准；

(3) 列车在折返站的停留时间符合所规定的标准；

(4) 列车出入车辆段作业时间符合所规定的标准；

(5) 遵守规定的列车乘务员工作和休息的时间标准；

(6) 列车在车站折返时，同时停在折返线上的列车数应和该车站折返线数相适应。

八、列车运行图的指标计算

列车运行图编完后，必须对运行图的编制质量进行全面的检查。检查的主要内容有以下几项：

(1) 运行图上铺画的列车数和折返列车数是否符合要求；

(2) 列车运行线的铺画是否符合规定的各项时间标准；

(3) 列车在车站折返时，同时停在折返线上的列车数是否超过该车站现有的折返线数；

(4) 换乘站的列车到发密度是否均衡；

(5) 列车乘务员的工作和休息时间是否符合规定的时间标准。

在检查并确认运行图完全满足规定的要求后，接着就可计算运行图的各项指标。

(1) 列车列数和折返列车数。

(2) 旅客输送能力。计算公式为

$$旅客输送能力 = 旅客列车数 \times 列车定员 \tag{4-1-3}$$

(3) 高峰小时运用列车数。按早高峰和晚高峰分别计算。

(4) 全日车辆总走行千米。全日车辆总走行千米是轨道交通车辆为运送乘客在运营线路上所走行的里程，它包括图定的车辆空驶里程和由于某种原因列车在中途清人或列车在少数车站通过后仍继续载客的车辆空驶里程。计算公式为

$$全日车辆总走行千米 = \sum(旅客列车数 \times 列车编组辆数 \times 列车运行距离) \tag{4-1-4}$$

(5) 车辆日均走行千米（又称日车千米）。即每一运用车辆每日平均走行千米数。计算公式为

$$车辆日均走行千米 = \frac{全日车辆总走行千米}{全日车辆运用数} \tag{4-1-5}$$

其中全日运用车辆数可近似地取早高峰小时的运用车辆数。

(6) 车辆全周转时间指车辆完成一次周转消耗的时间，计算公式为

$$车辆全周转时间 = \frac{全日营业时间 \times 运用车组数}{全日开行列车对数} \tag{4-1-6}$$

(7) 车辆周转时间。车辆周转时间与车辆全周转时间指标的区别在于：车辆在运营线路上完成一次周转所消耗的时间中不包括回库检修等时间。

（8）技术速度。

技术速度是指列车在线路上运行速度，运行距离为列车单程运行所走行的路程，时间为列车在区间的运行时分，包括区间的纯运行时分、起停车附加时分、慢行时分，但不包括列车在车站的停站时间及在线路两端的折返时间，计算公式为

$$v_{技} = \frac{L}{t_{运} - t_{站}} \tag{4-1-7}$$

式中　$v_{技}$——列车运行技术速度，km/h；

L——运营线路长度，km；

$t_{运}$——列车单程运行时间，h；

$t_{站}$——列车停站时间，h。

（9）旅行速度（又称运送速度）。

旅行速度是列车在运营时间内走行的公里数与所消耗的时间之比，所消耗时间包括运行时间、起停车附加时分和停站时间，计算公式为

$$v_{旅} = \frac{\sum nL}{\sum nt} \tag{4-1-8}$$

式中　$v_{旅}$——列车旅行速度，km/h；

$\sum nL$——营业时间内完成的公里数，km；

$\sum nt$——完成走行公里所消耗的时间，h。

（10）满载率。

满载率表示车辆客位被利用的程度，计算公式为

$$满载率 = \frac{客运周转量}{客位里程} \times 100\% \tag{4-1-9}$$

为了进一步评价新运行图的质量，除计算新运行图的各项指标外，还应与现行运行图进行比较，分析各项指标提高或降低的主要原因。列车运行图经最后批准后，为了保证新图能够正确和顺利地实行，必须在实行新图之前做好下列准备工作：

（1）发布实行新图的命令；

（2）印刷并分发列车时刻表；

（3）拟订保证实现新图的技术组织措施；

（4）组织学习，使职工了解、熟悉新图规定的要求；

（5）根据新图的规定，组织各站段修订《行车工作细则》；

（6）做好车辆和司乘人员的调配工作。

第二节　行车调度工作

城市轨道交通行车调度工作由调度控制中心实施，实行高度集中统一指挥，以使各个环节紧密配合，协调工作，保证列车安全、正点地运行，见图4-2-1。行车调度工作是城市轨道交通系统的核心，它的好坏直接影响乘客运输任务的完成情况。

一、行车调度工作的基本任务

（1）组织指挥各部门、各工种严格按照列车运行图工作。

（2）监控列车到达、出发及途中运行情况，确保列车运行正常秩序。

图 4-2-1　控制中心

（3）当列车运行秩序不正常时，及时采取措施，尽快恢复正常运行秩序。

（4）及时、准确地处理行车异常情况，防止行车事故的发生。

（5）随时掌握客流情况，及时调整列车运行方案。

（6）检查监督各行车部门执行运行图情况，发布调度命令。

（7）当发生行车事故时，按规定程序及时向上级监督部门汇报，并采取措施防止事故扩大，积极参与组织救援工作。

二、调度机构及其组成

城市轨道交通系统是一个复杂的、技术密集型的城市公共交通系统。为统一指挥、有序组织运输生产活动，轨道交通系统设立调度控制中心。调度控制中心实行分工管理原则，按业务性质划分若干部分，设置不同的调度工种，如在控制中心通常设有行车调度、电力调度和环控调度等调度工种，见图 4-2-2。

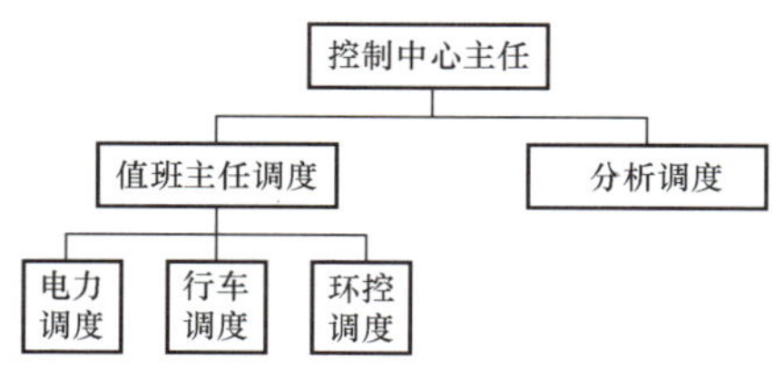

图 4-2-2　运营调度生产组织系统

值班调度主任是调度班组工作的组织者和领导者，其主要职责是传达、贯彻和执行上级有关文件、命令及指示，负责完成本班组各项运输指标，主持接班会，布置有关注意事项，检查安全生产情况，掌握列车运行图执行情况，负责检修、施工和救援工作的把关，主持事故分析会等。

行车调度是调度机构的核心工种。行车调度员担负着指挥列车运行、贯彻安全生产、实现列车运行图、完成运输计划的重要任务。行车调度员是列车运行的组织指挥者，负责监控或操作列车运行控制设备，掌握列车运行、到发情况，发布调度命令，检查各站、段执行和完成行车计划的情况，在列车晚点或运行秩序紊乱时采取有效措施尽快恢复按图行车，发生行车事故时要迅速采取救援措施，并向上级和有关部门报告，以及填写各种报表等。

环控调度的职责是监控通风、空调、给排水等和环境相关的各种设备，及时调节所管辖区段内的温度、湿度、空气流动速度和含尘量等各种参数，以保证候乘环境的质量，满足乘客的出行需求。

电力调度的职责是监控变电所、接触网以及供电相关的各种设备，并及时采集各种数据，保证各个车站和列车供电的可靠性与安全性。

三、行车调度员应具备的素质

(1) 在具有中等运输专业以上学历，并有实践工作经验的人员中选拔，并经过调度专业知识学习，内容包括《技术管理规程》、《调度工作规则》、《行车工作细则》、《行车事故处理规则》等，必须熟悉相关的技术文件和有关规章制度。

(2) 熟悉人、车、天、地、图等各种和运营有关的情况。

(3) 必须熟悉司机、车站值班员等与列车运行有关的作业人员情况，了解他们的工作经历、业务水平、个性和家庭状况，充分调动有关人员的工作积极性。

(4) 必须熟悉车辆的技术状态、使用性能和特点等情况。

(5) 必须掌握气候变化对客流增减及对列车运行影响的一般规律。

(6) 必须熟悉与行车有关的各种技术设备，如线路平纵断面、信号、联锁、闭塞设备、车站折返设备、调度集中设备和通讯广播设备等，见图 4-2-3。

图 4-2-3　车站值班员在综控室组织行车和客运工作

四、行车调度工作的主要设备及功能

随着科学技术的发展，城市轨道交通系统运行控制设备正逐步向自动化、远程化、计算机化的方向发展，行车调度工作也从人工电话调度指挥方式向电子调度集中和计算机调度集中控制设备发展。

（一）人工调度指挥系统（电话闭塞法）

(1) 控制调度中心设备：调度电话、无线调度电话、传输线路。

(2) 车站设备：调度电话分机、传输线路。

(3) 列车上设备：无线调度电话。

该系统主要由行车调度员通过电话向车站值班员直接发布指令，由车站值班员安排列车进路。通过值班员报点，调度员掌握列车到达、出发信息，下达列车运行调整调度命令，并通过无线调度电话呼叫列车司机，发布调度指令。在该阶段由调度员人工绘制列车运行图。

（二）电子调度集中系统（自动闭塞法）

(1) 调度控制中心设备：调度集中总机、运行显示屏、运行图绘图仪、传输线路等。

(2) 车站设备：调度集中分机、传输线路等。

(3) 列车上设备：无线调度电话。

电子调度集中设备实现了运行调度指挥的遥信和遥控两大远程控制功能。它的特点是区间采用自动闭塞、车站采用电气集中联锁，并用电缆引接到控制中心。控制中心行车调度员可以直接排列进路，直接指挥列车的运行调整，并通过列车显示屏监控列车运行情况。在必要时，可将列车运行进路排列权限下放给车站，由车站值班员操作。

在电子调度集中情况下，列车进入区间的行车凭证为出站信号机的绿灯显示。如出站信号故障，凭行车调度员的命令发车，追踪运行列车间的安全间隔由自动闭塞设备实现。

（三）计算机控制的自动调度设备（ATC 系统与 CATS 系统）

目前，ATC 系统已被越来越多的城市轨道交通系统采用。通常，ATC 系统由列车自动保护系统（ATP）、列车自动驾驶系统（ATO）、列车自动监控系统（ATS）组成。

1. ATP 子系统

ATP 子系统是确保列车安全的关键设备，通过车载设备接受地面 ATP 设备传送的列车运行于该区段的目标速度，保证前行与后续列车之间的安全行车间隔。

2. ATO 子系统

ATO 子系统具有人工监护的自动驾驶及无人驾驶功能，能够自动完成出站的出发控制、站间运行控制及车站定点停车控制任务。

3. ATS 子系统

ATS 子系统能监控列车运行状态，实时控制列车运行时刻。

CATS 是 ATC 系统中央控制中的调度指挥系统，它是一个实时控制系统，由调度控制和数据传输电子计算机、工作站、显示盘和绘图仪等构成，见图 4-2-4。

图 4-2-4 控制中心人员及设备

CATS 具有以下功能：

（1）具有运行显示以及人工控制功能；

（2）能发出控制需求信息，并从轨道线路上及信号设备上接受信息；

（3）可由行车调度员人工或自动地将调度指挥信息传递至各集中站 ATC 设备，如停站时间、运行等级等，见图 4-2-5；

（4）实现了列车的动态显示，如列车位置、到站出发时分、车次号等；

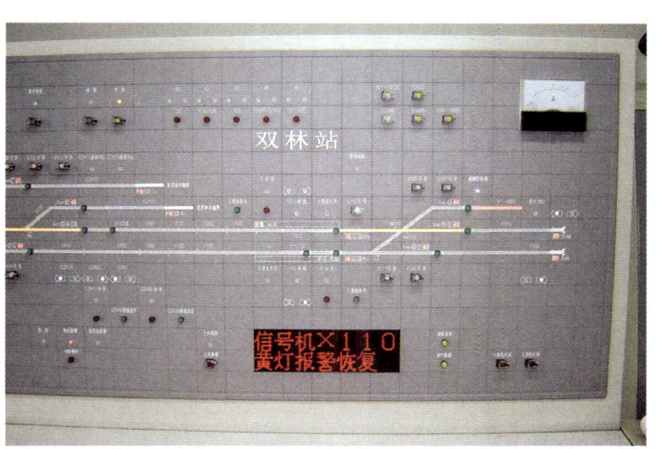

图 4-2-5　单元控制台

(5) 存储多套列车运行图，如工作日运行图、双休日运行图、客流组织运行图等；

(6) 按当前正在使用的列车运行图调整列车运行；

(7) 监控列车运行，调整列车发车时刻，控制列车停站时分和终点站列车折返模式；

(8) 非正常情况的报警；

(9) 生成、终止运行报告；

(10) 记录运行数据信息，提供实时记录的重放。

五、行车调度的调度命令

在组织指挥列车运行过程中，行车调度员按规定在进行某些行车作业时需发布调度命令，见表 4-2-1。行车调度员在发布调度命令前，应详细了解现场情况，并听取有关人员的意见，调度命令发布后，有关行车人员必须严格执行。

表 4-2-1　　需要发布调度命令的作业

序　号	命令内容	序　号	命令内容
1	封锁、开通区间	6	按自动闭塞方式行车时，出站信号机故障
2	向封锁区间开行救援列车、施工列车	7	使规定在车站停车的列车变为通过时
3	临时变更或恢复原行车闭塞法	8	向有停留车的线路上接车时
4	临时加开或停运列车	9	发生行车设备故障或灾害，需使列车减速运行、一停再开或特别注意运行
5	反方向行车	10	行车调度员认为有必要记录的上述以外的命令

(一) 行车调度命令的分类

1. 口头命令

一般为对单个受令对象（一般为司机）直接发布的短期性指令。在无线录音设备正常状态时，行车调度员发布的行车调度命令均以口头命令下达。口头命令内容为命令号、受令人处所、受令人、命令内容、发令日期、发令时间、发令人姓名及复诵人姓名。

2. 书面命令

一般至少有两个受令对象，有时还需送达司机，较长时间影响行车的命令一般为书面命令。在录音设备故障停用时，遇列车救援、反方向运行及 ATP 切除运行均需发布书面命令。命令内容同上。

3. 口头通知

在日常运行调整时，行车调度员以口头通知下达，口头通知无须命令号，只下达通知内容及受通知人。

（二）书面调度命令的填记标准

1. 填记项目

调度命令应填记命令号、受令处所、受令人、命令内容，另外还包括发令日期、发令时间、发令人及复诵人。

2. 命令内容

运营指挥过程中如遇限速、区间下人、救援、区间封锁等情况时，根据命令标准格式内容分类填写。如遇其他特殊情况时（即命令超出现有标准格式），应由行车调度员将命令内容手写在“其他命令”表式中。

3. 下达行车调度命令的作业要求

（1）调度命令须行车调度员发布。

（2）下达命令时，命令号每天由 1 至 100 顺序循环使用，每一个循环期间不得漏号、跳号及重号使用。

（3）命令处所为沿线各站及运转部门，填记时采用标准缩写站名。

（4）受令人、发令人、复诵人均须填记全名。

（5）发令日期、发令时间应填记正确无误。

（6）命令内容中空缺的内容应正确填写，做到不随意涂改。如命令内容与格式中虚线字内容吻合时，应及时描写。未描实的虚体字一概作为无效内容并用横线进行删除。

（7）发布调度命令后，应及时将命令表按命令号顺序装订在册，做到不遗漏、不颠倒顺序。

（8）在日常运行过程中如无法及时将书面命令传递给司机时，应适时完成命令的补交手续。

4. 书面命令的标准格式

（1）区间下人命令：（受令者：××站并交××司机）

“自________时起，准________（单位）人员________，凭令登乘__________次列车，在________站至________站________行区间抢修施工。”

（2）限速命令：（受令者：××站至××站，×站交运转）

“自________时起，至________时止，________站至________站________行线，列车限速________千米/小时运行。”

（3）救援命令：（受令者：××站至××站，×站交×司机、×司机）

“自__________时起，准__________站__________行故障列车清客，同时__________次，在________站清客后开救________次至________站（站外）与故障车连挂，（牵引/推进）运行至________站（回段/折返线）。”

（4）封闭区间命令：（受令者：××站并交运转）

“自________时起，至________时止，段（站）发________次至________站（站外/折返线），________站（站外/折返线）至________站（站外/折返线）封闭，准________次凭令进入封闭区间。________次至________站（站外/折返线）后，封闭区间自行解除。”

（5）取消限速命令：（受令者：××站至××站，×站交运转）

“自________时起，取消________站至________站________行线列车限速________公里/小时，恢复正常速度运行。”

（6）采用站间电话联系法行车命令：（受令者：××站至××站，×站交×司机）

“因________站联锁设备故障，自发令时起，________站至________站间________行正线间采用站间电话联系法组织行车。”

（7）救援列车加开命令：（受令者：××站至××站（车辆段），×站（车辆段）交×司机）

“①因________次在________站________线（________站至________站________线________km＋________km）故障请求救援，准________站（车辆段）至________站________行线加开________次到________站________行线（________站至________站________行线________km＋________km）担任救援工作，连挂________次后，推送到________线（车辆段）［或返程________站至________站________行线开________次到________线（车辆段）］。②________次由________次担任，在________站清客后担任救援。③________次到________站________行站台待令。”

（8）加开工程车命令：（受令者：车场信号楼、派班室、××站至××站、派班室（×站）交×司机）

“因________单位施工需要，准（车场）________站至________站________行正线加开________次，返程________站至________站（车场）开________次；________次由车辆段（________站）________时________分开；________次凭地面信号显示行车；________次到________站________行站台待令。”

六、车站的行车工作

车站日常运输工作的目标是确保运输安全，合理运用技术设备，按列车运行图接发列车，质量良好地完成客运任务。车站行车组织工作在实现上述目标的过程中起着核心作用。对车站行车工作的基本要求是：

1. 执行命令听从指挥

严格执行单一指挥制，车站行车工作由车站行车值班员统一指挥。列车在车站时，所有乘务人员应在车站行车值班员指挥下进行工作。车站行车值班员应认真执行行车调度员的命令和上级领导的指示。

2. 遵章守纪按图行车

认真执行行车规章制度，遵守各项劳动纪律。办理作业正确及时、严防错办和忘办、严禁违章作业，当班必须精神集中，服装整洁、佩戴标志，保证车站安全、不间断地按列车运行图接发列车，见图 4-2-6。

3. 作业联系及时准确

联系各种行车事宜时，必须用语规范、内容完整、简明清楚，严防误听、误解和臆测行事。

4. 接发列车目迎目送

接发列车严肃认真，姿势端正。列车进站前，出室接车；列车出站后，送车完毕回行车值班室。认真做好“看”、“听”、“闻”，确保列车安全运行，见图 4-2-7。

图 4-2-6　车站行车值班员手信号接发列车

(a)

(b)

图 4-2-7　接车

5. 行车表报填写齐全

行车表报包括各种行车凭证、行车日志和各种登记簿。行车凭证有路票、绿色许可证、红色许可证、调度命令等。登记簿有调度命令登记簿、施工登记簿、交接登记簿等。应按规定内容、格式认真填写各种行车表报，保持表报完整、整洁，见表 4-2-2、表 4-2-3。

表 4-2-2　　**调度命令登记簿**

月　日	命令发出或接受时刻	命令			复诵人姓名	接受命令人姓名	调度员姓名	阅读时刻（签名）
		命令号码	命令及抄知处所	命令内容				

表 4-2-3　　行车工作日志

行车工作日志（部分）											
上行行车情况记录											
到　达						出　发					
车　次	请求闭塞人	请求闭塞时分	电话记录号码	邻站出发时分	本站到达时分	同意闭塞人	同意闭塞时分	电话记录号码	本站出发时分	邻站到达时分	备　注

车站名称：　　　　　　　　年　　月　　日

七、车站管理机构及各岗位工作职责

车站的管理工作必须遵循统一指挥、逐级负责的原则。如在天津地铁 1 号线中共设置 22 座车站，将全线划分为 6 个站区，每个站区设置一名中心站长，由中心站长统一领导指挥全面工作，如图 4-2-8 所示。各车站设置值班站长，值班站长要按时向中心站长汇报工作。各车站实行层级负责制，一级对一级负责，车站各方面工作由值班站长统一领导指挥，分别设置值班员（可分设行车值班员、客运值班员）、票务员和站务员，由上至下进行管理。车站各岗位人员必须紧密配合、协调动作，共同完成车站安全、快捷地运送乘客工作。在非正常情况下，可以越级管理、越级汇报。

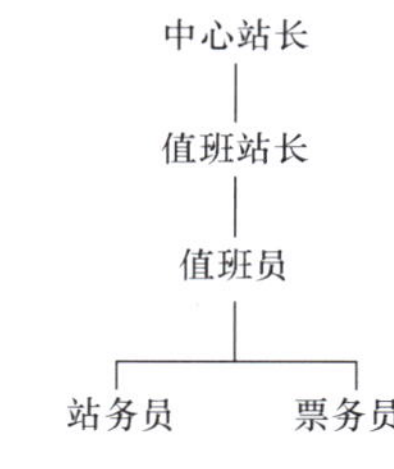

图 4-2-8　车站组织结构图

1. 中心站长岗位职责

中心站长负责所辖区段各车站的现场管理工作，监控各站行车、客运和票务工作，负责所辖区域车站的日常安全检查；处理乘客投诉、来信、来访、纠纷，汇总服务案例、服务技巧，提高员工的服务质量；协调配合落实日常生产维修计划及各项施工任务；负责所辖区域车站各类突发事件的现场处理，减少影响，尽快恢复行车，并对事故进行初步分析，向上级汇报，向安全部门提供相关的书面报告；按时完成上级领导安排的其他工作。

2. 值班站长岗位职责

值班站长根据上级要求，组织指挥车站现场日常管理工作；巡检车站综合控制室、站厅、站台、票务室的工作；服从行调指挥，执行行调命令，监督值班员接发列车，组织突发、紧急情况下的车站运作；按客运方案组织车站客运工作；处理违反规定的行为，必要时控制人潮；处理乘客投诉、来信、来访和纠纷等问题，对具有代表性的问题，汇总上报中心站长；按照票务工作制度和票务员结款，确保车站收益；监察车站 AFC 系统运行情况，负责自动售票机补零、补票、换钱箱等，遇机械故障时，通知维修部门及时维修；当遇有故障和事故情况，采取应变措施，使系统尽快恢复正常，上报行调；按规定召开交接班会，对当班人员进行培训、监督、考核，掌握当班员工的思想状况；实施车站培训工作并按时完成上级领导安排的其他工作。

3. 行车值班员工作职责

在运营时间通过电视监控系统监视站台上列车开关门及乘客候车、乘降情况，确保乘客安全，有意外情况立即报告值班站长；日常监控车站内的温度、照明等情况；接受环调的命令；发生报警立即布置现场确认，确认属实则采取措施处理；执行控制中心命令和指示，站控模式时组织做好车站的行车工作；监视车站 AFC 计算机，故障时联系维修部门，需要时打印报表；播放广播，按照要求播放日常广播、人工广播辅助，事故时切换到防灾广播模式、人工广播辅助，让有需要的乘客使用广播时做好记录。在非运营时间办理施工作业相关手续。同时应做好相关生产活动的记录，如《车站生产日志》、《车站环控记录》、《调度命令登记》、《占用线路施工作业特许证》、《车站生产日志》、《设备故障（施工）登记》等。

4. 客运值班员工作职责

接班前检查车票、现金、钥匙、票务设备备品情况，检查《客运值班员交接班簿》填写，检查票务、乘客服务的文件通知是否有要注意的重点工作，检查上一班的票务报表，并以此准备本班报表，建立前后账目及报表的相互联系。接班后按规定时间巡视车站，在站厅注意观察客流情况，如有需要及时采取措施疏导；巡视自动售检票设备前的乘客排队使用情况；检查并指导站厅各岗位服务人员的工作情况；对车站范围内异常情况及时处理。检查客服工作情况，进行必要的复核、查账，监督票务政策的执行；给站务员配发车票和备用金，做好票款的交接工作。

5. 客服中心岗站务员工作职责

接班前要确认当天注意事项、当天上级指示精神，了解票务通知等，并到票务室领票、备用金及票务备品，班前指定时间到客服岗做好开窗准备，做好岗内各项设备设施的检查，如有问题马上报值班站长或客运值班员。客服中心面向付费区提供补票、更新、充值、问询等服务，面向非付费区提供问询、车票更新、储值票的发售充值等服务，工作中应注意保持客服中心的票证、报表、钱袋、备品等整齐、齐全；售卖储值卡时，须将车票和押金发票同时交给乘客，并提醒乘客须凭押金发票才能办理退卡；售票员在将车票交给乘客前，必须先通过读卡器对车票进行分析，确保车票有效、卡内金额正确，要让乘客通过外接显示器确认票卡信息正确，在充值之前将票卡放在读卡器上，向乘客唱出车票情况，并请乘客通过外接显示器确认，充值完成后，同样要提醒乘客通过外接显示器确认充值成功。班次结束前整理票款和票卡，准备交班，结束后与客运值班员结账缴款。

6. 站台岗站务员工作职责

监控站台基本情况，掌握站台设备功能，监视站台客流，向站台乘客宣传安全知识，阻止不当行为，组织乘客候车及上下车，为乘客服务并处理纠纷。

八、列车运行调整

为实现按图行车，行车调度员要努力确保列车正点运行，而组织列车正点始发又是列车正点运行的基础。对始发列车，行车调度员应在列车出场、列车折返方式、客流组织等方面进行组织，确保列车正点始发。

在始发站正点始发的情况下，由于途中迟缓、作业延误或设备故障等原因，会造成列车

运行晚点。此时行车调度员应根据列车运行的实际情况，按照恢复正点和行车安全兼顾的原则，对列车的运行等级进行调整，尽快使晚点列车恢复正点运行。

列车运行调整的主要方法有以下几种：

(1) 始发站提前或推迟出发列车。

(2) 根据车辆的技术状态、线路允许速度，改变列车运行等级，组织列车提高速度，恢复正点。

(3) 组织车站快速作业，压缩停站时间。

(4) 组织列车跳站运行。行车调度员应严格掌握列车跳停原则：客流较大车站原则上不安排通过，首末班车不安排跳停，不允许办理连续两列车通过同一车站，列车以运行等级速度通过车站，通过车站作业原则上在始发站安排，中途进行跳站作业时应提前两站广播通知乘客。

(5) 变更列车运行交路，组织列车在具备条件的中间站折返。

(6) 组织列车反方向运行。在双线运行时，当一个方向列车密度较大，而另一方向列车密度较小，为恢复列车正点运行，可利用有岔站的渡线，将列车转到密度较小的线路上反方向运行；当一方向由于列车故障救援等原因可能造成大间隔时，可利用有岔车站的渡线，将列车转到另一条线路上反方向运行，以缩小列车间隔，均衡运行。

(7) 扣车。当一条线路的列车由于车辆或其他设备故障引起运行不正常，造成乘客拥挤时，调度员可采取扣车措施，将列车扣在附近车站，以缓和压力确保列车间隔。

(8) 停运列车。当线路某区段中断，已不能满足在线列车运行时，调度员可适当抽调部分列车下线，拉大列车时间间隔运行。

九、行车调度分析工作

行车调度分析工作是指对列车运行图进行综合分析，找出行车秩序不正常的原因，寻找规律性的因素以供修改列车运行图，完善各方面工作，并进行质量指标考核的工作。

(一) 行车调度工作考核指标

1. 列车运行图的兑现率

它是指实际开行列车数（不包括临时加开的列车数）与列车运行图计划开行列车数之比。

$$\text{列车运行图兑现率} = \frac{\text{实际开行列车数}}{\text{计划开行列车数}} \times 100\% \qquad (4-2-1)$$

2. 列车正点率

它是指按列车运行图车次、时间正点开行列车数与全部开行列车数之比。

$$\text{列车运行正点率} = \frac{\text{全部开行列车数} - \text{晚点列车数}}{\text{全部开行列车数}} \times 100\% \qquad (4-2-2)$$

列车正点率包括列车始发正点率和列车到达正点率。列车正点统计的标准有以下几点：

(1) 凡按列车运行图图定车次、时间准点始发、终到的列车全部统计为正点列车数。早点或晚点不超过两分钟的按正点统计；临时加开列车按正点统计。

(2) 由于客流变化而抽调部分列车或加开列车，调度员采取措施对部分列车调点时，该部分列车按正点统计。

（3）列车到、发、通过时刻的确认：

1）到达时刻：以列车在规定位置停稳为准。

2）出发时刻：以列车由车站（包括车场规定发车地点）前进启动时为准。

3）通过时刻：以列车最前部通过站线规定位置时为准。

3. 平均满载率

它是指单位时间内，车辆运能的平均利用率。

$$平均满载率=\frac{日客运量\times 平均运距}{线路长度\times 旅客运输能力}\times 100\% \quad (4-2-3)$$

（二）运行图分析

1. 日运行图分析

一般情况下，由当班调度员进行分析，对列车运行计划完成情况、车辆运用情况、检修施工情况、电力运行情况、环控运行情况进行统计，并对列车晚点原因分类说明。

2. 旬运行图分析

旬运行图分析是由控制中心分析调度员在日常日运行图分析的基础上，对列车运用、走行里程、正点率、计划兑现率及调度调整手段的分析。

3. 月运行图分析

月运行图分析是在控制中心主任的主持下，对列车运用、走行里程、正点率、计划兑现率、运营里程、空驶里程、技术速度、旅行速度、行车事故次数等指标的分析。

4. 特殊项目分析

如一段时间内，列车运行正点率持续较低，就应该对列车运行正点率作为特殊项目进行分析，找出列车晚点原因（如设备影响、客流大、天气不好、司机操作水平差等）。

第三节　列车运行组织

列车运行组织是城市轨道交通运营管理的中心工作，见图4-3-1。城市轨道交通系统是集行车、车辆、机电、通信、信号、工务等各工种、技术于一体的联动运行系统，系统中的任一环节出现问题，都可能对整个系统的正常运转带来严重的后果，而整个系统能否正常运转则体现在日常的列车的运行组织工作中，它是保证将乘客由出发站安全、准时、快捷地运送至目的地站的关键。

一、正常情况下的列车运行组织

城市轨道交通由于发车密度高、行车时间间隔小、对安全运营要求高的特点，根据信号设备所能提供的运行条件，一般分为调度集中控制、调度监督下的自动运行控制和半自动运行控制三种方式，按照运行图规定的行车计划开行列车，进行列车运行组织。

1. 调度集中控制时的列车运行组织

调度集中控制的行车组织方式，在控制中心行车调度员的统一指挥下，利用行车设备对列车的到、发、折返等作业进行人工控制及调整。调度集中控制下的行车组织的指挥人为行车调度员，车站不参与行车组织的工作。调度集中控制应实现的功能有：

（1）应具有电气集中联锁设备，实现远程控制功能，并从设备方面提供列车运行安全保障；

图 4-3-1　控制中心

（2）通过控制台或显示器可监护全线列车运行状态、信号显示、道岔位置及区间、线路占用的情况；

（3）利用电气集中联锁设备转换道岔、排列进路、开放信号，指挥和调整列车运行；

（4）自动或人工绘制列车实绩运行图。

2. 调度监督下的自动运行控制

自动运行控制是当今世界城市轨道交通列车运行组织的发展趋势及主流行车控制方式，许多早期建成轨道交通的城市，由于当时的各方面技术条件的限制，采用半自动和人工方式进行行车组织，近年来已经逐步采用自动运行控制替代。自动运行控制利用计算机技术对列车运行实行自动指挥和自动运行监护，并有列车运行保护系统提高行车安全系数。调度监督下的自动运行控制可实现的功能有：

（1）计算机系统可输入及储存多套列车运行图，可按设定的列车运行图自动实行行车指挥功能；

（2）对正线运行列车实行自动跟踪，显示进路、道岔位置、区间及线路占用情况；

（3）可自动或人工对列车运行进行调整，可使用人工对进路排列、信号开放、道岔转换进行控制；

（4）提供中央及车站两级运行控制模式，可根据需要进行控制权转换；

（5）列车运行自动保护系统对列车运行设定防护区段，控制前后列车运行的安全间距；

（6）列车可使用自动驾驶功能，也可采用人工驾驶，列车占用区间的凭证是列车收到的速度码；

（7）通过计算机系统自动绘制列车实际运行图，并进行有关运营数据统计。

3. 调度监督下的半自动控制

这种列车运行组织方式是在控制中心统一指挥和监督下，由车站行车值班员操作车站电气集中或临时信号设备控制列车运行。在一些早期建成的城市轨道交通系统中，至今仍采用这种列车运行组织方式，在一些新线上，由于信号系统尚未安装调试完毕，在过渡期运营时也会采取这种方式进行行车组织。调度监督下的半自动控制可实现的功能有：

（1）车站信号控制系统具有联锁功能，对进路排列、道岔转换、信号开放实行人工操作；

（2）控制中心可实时反映进路占用、信号及道岔等工作状态，对线路上的列车运行进行监护；

（3）控制中心可储存信号开放时刻、道岔动作、列车运行等各类运行资料，并根据需要可调用；

（4）车站根据控制中心指令对列车运行进行调整；

（5）计算机自动绘制或人工绘制列车实际运行图。

二、非正常情况下的列车运行组织

非正常情况下的列车运行组织是相对上述正常情况下的列车运行组织而言的，也就是在基本列车运行控制方式由于信号故障、道岔故障等原因而不能继续采用原行车控制方式的情况下的列车运行组织。

电话闭塞法是在非正常情况下列车运行组织所采取的基本方法。电话闭塞法是在车站之间利用电话办理区间闭塞，利用电话记录号码作为列车占用区间的凭证，组织列车按一定区间间隔的要求进行行车。

电话闭塞法行车由于依靠人工控制，安全保障程度较差，行车组织的效率低，所以只能作为一种临时代用闭塞法。在非正常情况下改用电话闭塞法行车，应由行车调度员发布调度命令，车站行车值班员严格按照规定的作业办法办理行车业务，行车调度员对列车运行状态进行监控。使用电话闭塞法行车，占用区间的凭证是路票，电话记录号码是承认闭塞的依据，列车的发车凭证是车站行车人员的手信号。路票标明了列车运行的方向、列车车次、路票的编号、日期及电话记录号码；电话记录号码各站均有一组，号码一经发出，无论生效与否，不得连续重复使用。电话闭塞法行车，为了确保列车运行的安全，规定了列车的运行间隔为双区间，也就是接车站承认闭塞的前提条件是前次列车已由前方站整列出发。当闭塞已经办好，但因故不能接发列车时，可采用闭塞取消，由提出一方发出电话记录号码作为闭塞取消的依据。下面将电话闭塞法的一次作业程序作个介绍。

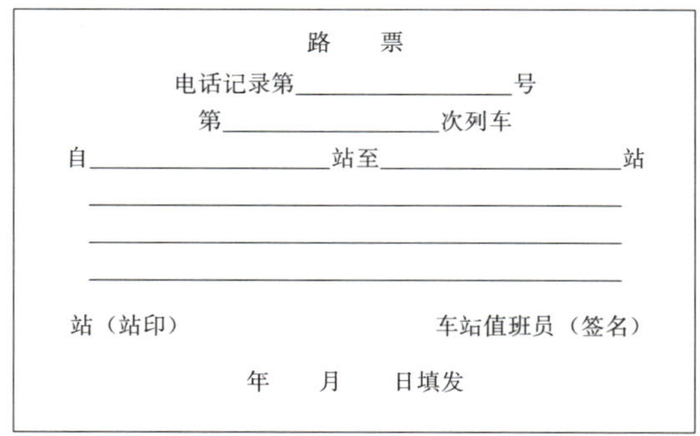
路　票

电话记录第________号

第________次列车

自________站至________站

____

____

____

站（站印）　　车站值班员（签名）

年　月　日填发

（注：白色纸复写一式两份，司机一份，存根一份）

图 4-3-2　路票

1. 办理闭塞

发车站在确认区间空闲、发车进路准备好以后，用电话向前方接车站请求闭塞，接车站接到后方站的闭塞请求后，确认接车区间空闲、道岔位置正确、进路准备妥当后，向后方站发出电话记录号码承认闭塞并填写《行车日志》。

2. 发车

发车站在得到前方站闭塞承认后，填写《行车日志》及路票，见图 4-3-2，将路票交列车司机并显示发车手信号发车，列车出

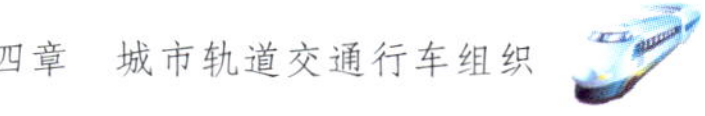

发后，发车站行车值班员填写《行车日志》向接车站及行调报点。

3. 接车

接车站接到后方站报的列车开点后，填写《行车日志》，向列车显示停车手信号，列车整列到达后，向司机收取路票并核对路票。

4. 闭塞解除

接车站在确认列车整列由本站出发或进入折返线后，填写《行车日志》并向后方站报点及发出电话记录号码，闭塞解除，同时向行调报点。

对于一些由于特殊情况造成的对原行车组织方式作出重大调整的，也属于非正常情况下的行车组织范畴。如列车救援、因故采用一线一车或分段运行等，都必须在行调的统一指挥下，在确保行车安全的前提下，组织列车运行。

三、车站行车组织工作

车站的行车组织工作在控制中心统一指挥下，合理运用车站的各项技术设备，负责车站行车控制指挥、施工及其他等作业。

（一）车站列车运行控制

车站的列车运行控制根据整个系统的列车运行控制方式的变化而变化。在调度集中控制方式下，车站的行车组织的主要工作是监护列车运营状态，行车值班员可兼做其他工作；在自动控制方式下，车站在除了对列车的运营状态进行监护外，如中央因故放权由车站进行控制，则在有集中控制设备的车站应负责对列车的折返、进路排列等人工作业；在半自动控制方式下，车站负责列车运行控制的工作，人工操作信号设备进行接发车、调车等行车作业，并根据行调指令对列车运行进行调整；在非正常情况下，车站根据控制中心的指令，按规定的作业办法要求负责列车在车站接、发、调车等作业。

（二）车站的施工组织

城市轨道交通应制定施工检修作业管理办法，并严格按规定办理施工检修作业。控制中心负责对申请的各施工检修作业统一编制定期施工计划，并可根据情况分期对施工计划进行调整，并将每周的施工作业计划下发车站。在车站管辖范围内的任何施工均应在车站行车控制室登记，在得到行车值班员的签字确认后方可进行；对影响运营的施工检修作业，例如信号设备检修、道岔检修等作业必须得到控制中心的同意后方可进行。车站施工作业的程序叙述如下：

1. 施工登记

施工负责人应在施工开始前规定时间到车站行车控制室登记，行车值班员核对施工作业计划，向控制中心申请，在得到控制中心同意后，由施工负责人填写《施工检修作业登记簿》，行车值班员在确认无误后，签字同意，施工作业开始。

2. 施工注销

施工负责人应在规定的施工作业时间内完成施工检修作业，并到车控室进行施工注销，行车值班员在对施工检修作业后的运营设备进行检测并确认工作状态正常，以及施工场地、人员、工具清点后，向控制中心报告，签字确认施工注销。

3. 施工延长

因故施工检修作业未能在规定的施工时间内完成，施工负责人应在规定施工结束时间前的规定时间至车控室申请施工延长，行车值班员应立即向控制中心汇报，控制中心同意后，应先对原施工进行注销，重新进行施工登记后方可开始进行。如施工延长未得到控制中心的同意则施工按原规定时间结束并注销。

4. 异地注销

施工作业登记开始与注销不在同一车站办理称为异地注销。异地注销施工在进行施工登记时应向车站说明情况并由车站向控制中心汇报，得到同意后，由登记站行车值班员电话通知注销站对施工同时进行登记：施工结束，施工负责人在注销站办理施工注销，车站行车值班员向控制中心汇报并通知登记站同时对施工进行注销。

车站为确保行车安全应建立健全各类行车作业、管理的规章制度，这些制度包括了车站行车控制室的管理、交接班制度、行车值班员岗位责任制、道岔保养制度等，对车站的行车组织工作进行规范管理，确保行车安全。

（三）接、发列车组织工作

前面已对各种控制方式下的车站行车指挥做了简要介绍，这里将对具体的接、发列车的作业步骤、程序作详细叙述。

1. 调度集中控制和行车自动化控制

在调度集中控制状态下，列车的接发车进路办理、信号开放等作业均由行车调度员控制，进行列车运行调整；行车自动化控制下，列车的运行完全由计算机根据事先的设定自动指挥列车运行。因此，在上述两种情况下，车站的接、发车的主要工作是通过车站行车控制台对列车的运行情况进行监护，并在控制中心不能实施行车组织的情况下，根据控制中心指令，利用车站的设备、线路实施车站的行车作业，见图 4-3-3。

图 4-3-3　车站行车值班员通过单元控制台（鼠标控制台）监护列车运行

2. 调度监督下的车站控制

这是指在行车指挥自动化的情况下，在行车调度员的授权下进行集中站的列车运行指挥。集中站的主要工作是设定列车自动进路、自动信号并根据运行图规定或行车调度员命令办理列车到开、列车折返、调车、扣车等运行控制和运行调整。

3. 调度监督下的半自动控制

半自动控制列车运行，每个车站设有行车控制设备，具有联锁功能，列车的运行由车站通过人工操作进行控制，控制中心只能监督现场设备和列车的运行状态。车站的接发列车的内容和程序如下：

（1）办理闭塞。发车站通过电话向前方站请求闭塞，接车站确认接车进路准备妥当后按压同意闭塞按钮，接车站、发车站的信号设备接、发口闭塞表示灯显示闭塞同意。

（2）发车。发车站确认发车进路无误，按压发车信号按钮，开放发车信号，同时接车站、发车站接、发口表示灯显示进路锁闭，发车站向接车站、行调报点，填写《行车日志》。

（3）列车到达。列车到达接车站，进路占用表示灯点亮，接车站和发车站接、发口锁闭解除，但仍属于占用状态，接车站向后方站及行调报点，填写《行车日志》。

（4）取消闭塞。因故不能接发列车时，办理闭塞取消手续，接车站按压故障按钮，使接车站、发车站接、发口表示灯恢复空闲显示。故障按钮属加封按钮，使用故障按钮须进行破封并在车站《破加封登记簿》上登记。

4．电话闭塞法行车

车站接发列车作业已在前面有详细叙述。

第四节　行　车　规　章

一、行车组织规则

（一）《行车组织规则》的包含内容

行车组织规则是根据某线信号及有关设备系统运营使用功能和行车设备的配置及实际运营要求而制订的。它是该线行车管理的基本法规。

（1）介绍行车设备：主要包括车站设置原则、线路铺设要求、轨道、道岔及信号机的设置、列车自动控制系统、通信设备、供电设备、机电设备、车场等。

（2）介绍行车闭塞法：主要包括自动闭塞法、电话闭塞法等。

（3）列车出入场的有关规定。

（4）列车到发作业的规定。

（5）列车运行的规定：主要包括列车运行方向的规定、列车运行方式。

（6）列车折返作业的规定：主要包括列车折返方法、折返线的使用、渡线折返方法。

（7）列车监控：主要包括车次号的设置及使用规定、列车运行等级的设置、集中站控制、行车调度命令的下达方法及内容。

（8）非常情况下的行车组织：包括列车反方向运行的规定、列车推进运行规定、列车牵引故障车的运行规定、隧道内线路积水时的行车规定、地面站雾天的行车规定。

（9）列车救援：列车救援准则、救援连挂车作业规定。

（10）车场内调车作业要求。

（11）运营准备及停营清场的规定：包括运营准备、停营清场要求。

（12）车站、车场行车工作细则及行车调度工作规则的编审。

（13）日常的养护维修、施工及工程车的开行。

（14）其他：包括隧道照明、标志、行车日期的划分、电动列车司机室添乘要求、事故救援队的组织。

（二）编制要求

城市轨道交通是技术密集的客运交通系统，它具有高度集中、统一指挥、紧密联系和协同动作的特点。为使各部门、各单位、各工种协调地进行运输生产，更好地为运营服务，必须有一个统一的、科学的《行车组织规则》。

(1)《行车组织规则》是城市轨道交通运营管理的基本法规。它规定了各部门、各单位在从事运营生产过程中，必须遵循的基本原则、工作方法、作业程序和相互关系，因此，编制时必须使规程具有普遍性、全面性、原则性。

(2)《行车组织规则》需明确城市轨道交通运营工作人员的主要职责和必须具备的基本条件，并对工作流程作原则性说明。

(3) 各部门、各单位制订的有关技术业务方面规程、规则、细则和办法等都须符合《行车组织规则》。

(4)《行车组织规则》将随着城市轨道交通的不断发展、线路的不断延伸、信号管理模式的改变，不断充实和完善。

(5)《行车组织规则》解释权属批准颁发单位。

二、车站管理工作细则

《车站管理工作细则》是根据《行车组织规则》制订的具体指导车站管理工作的工作细则，是关于车站编制和执行日常工作计划、行车组织、客运组织以及有关技术设备使用的基本法规。

（一）主要内容

(1) 车站概况：包括车站的位置、性质、等级和任务。

(2) 技术设备：包括股道、信号及闭塞、客运设备、自动售检票系统设备、通信、照明、供电等设备。

(3) 车站行车组织工作：正常运营期间车站行车工作、非正常情况下车站行车办法。

(4) 检修施工管理。

(5) 车站运输组织工作。

(6) 行车备品管理。

(7) 行车簿册填记要求。

(8) 设备故障时车站广播宣传的规定。

（二）《车站管理工作细则》的编制要求

(1) 编制时应以《行车组织规则》为依据，细则中的规定不能与行车组织规则的条款相违背，否则细则中的规定为无效。

(2)《车站管理工作细则》的编制应以车站实际情况出发，制订的条款需符合车站工作要求，并对车站工作具有指导作用。

(3)《车站管理工作细则》的编制内容应是《行车组织规则》规定在车站工作的具体细化，并对行车组织规则车站规定作补充。

三、行车调度工作规则

行车调度工作是轨道交通运输组织指挥系统的中枢，担负着日常行车指挥工作，组织各部门、各单位正确执行列车运行图，并编制安排轨道交通各施工检修作业，保证完成轨道交通各项运输生产任务。为此调度指挥工作必须有一个科学、统一、行之有效的行车调度工作规则。

(一) 行车调度工作规则主要内容

(1) 总则;

(2) 行车调度的组织机构、职责范围和工作制度;

(3) 行车调度设备;

(4) 日常调度工作;

(5) 调度命令;

(6) 中央ATS操作;

(7) 非正常情况下的列车调整;

(8) 运行记录、图表;

(9) 运营分析及信息传递;

(10) 调度员的培训工作。

(二) 行车调度工作规则的编制要求

(1) 编制时应以《行车组织规则》为依据,任何规定都不应与行车组织规则的条款相抵触。

(2) 在行车调度工作中,对调度工作具有指导作用并总结多年行车调度工作的经验编制而成。

(3) 行车调度员及有关行车人员必须认真学习执行。

四、其他有关制度

1. 交接班制度

为保持调度工作的连续性,应建立完善交接班制度。内容应包括列车运行、车辆设备等运输情况及有关文件、命令、指示等事项。接班人员要提前到岗了解情况,接班前10min由控制中心主任主持接班会议,布置有关行车事项,并提出本班工作重点,明确完成任务的措施。车站各岗位人员接班时,应提前到达工作岗位,参加班前准备会,填写《交接班登记簿》,了解岗位运作情况,对与工作有关的设备、备品、各种表报进行检查后,签认接班。在进行交接班时,各岗位人员应做到交接时间间隔短、速度快,保证各种使用设备、资料、备品备件的完好、整洁,避免出现空岗或迟到现象。

2. 施工及检修登记制度

各种施工及检修工作,行车值班员应根据施工及检修计划,向施工负责人交待有关注意事项后,方可登记。凡是影响行车的临时设备抢修,行车值班员要与控制中心行车调度员联系作业时间,获得同意之后,方可登记。施工及检修工作结束后,行车设备经试验确认技术状态良好方可签认注销。

3. 行车事故处理制度

发生行车事故时,应立即向控制中心行车调度员及有关部门报告,同时采取有效措施进行处理。认真记录事故发生的时间、地点、车次、车号、司机姓名及人员伤亡、设备的损坏情况。赶赴现场,查找人证、物证,并做成记录。清理现场,尽快开通线路。对责任行车事故,应认真找出原因,提出处理意见,制定防范措施。

4. 道岔擦拭制度

道岔必须定期擦拭,由专人负责。擦拭道岔,必须与控制中心行车调度员联系,办理调控权下放手续。道岔擦拭时，行车值班室要有人监控控制台，不准随意扳动道岔；擦拭人员一律穿绝缘鞋，携带防护用具，擦拭前施放木楔，无关人员不得擅自进入道岔区；如需转换道岔，室内监护人员与现场擦拭人员应进行联系，说明道岔号码及定、反位，现场擦拭人员要离开道岔。道岔擦拭完毕后，要认真清理现场，清查工具，撤除木楔，并检查有无妨碍列车运行及道岔转换的物品；试验道岔，确认良好后，与控制中心行车调度员办理调控权上交手续，有关按钮由信号人员加封并作记录；填写《道岔擦拭登记簿》。

5. 行车作业联系制度

联系各种行车事宜时，要及时准确，必须用语规范、内容完整、简明清楚，严防误听、误解和臆测行事。

6. 巡视检查制度

送电前，行车值班员应进行站线巡视，检查线路上有无影响列车运行的异物。对站内设备检修、施工后的现场巡视检查，复核检修、施工登记注销情况。检查行车控制台是否有异常情况。

思考题

1. 为什么要编制列车运行图？
2. 什么是列车运行图？列车运行图上各条线分别代表什么？
3. 车站中心线在列车运行图上是如何确定的？
4. 列车运行图是如何分类的？
5. 列车运行图由哪些基本要素组成？
6. 什么是车站间隔时间？影响车站间隔时间的主要因素有哪些？
7. 行车调度工作的基本任务是什么？
8. CATS 系统具有哪些功能？
9. 行车调度命令可分成哪几类？
10. 下达行车调度命令有哪些作业要求？
11. 对车站行车工作的基本要求是什么？
12. 列车运行调整的主要方法有哪些？
13. 行车调度工作考核指标有哪些？
14. 调度集中控制时应如何组织列车运行？
15. 非正常情况下，应如何组织列车运行？

第五章 城市轨道交通客运管理

轨道交通为城市提供了一种容量大、运送速度较快的交通工具，其根本任务是运送乘客，与其他公共交通相比较，具有客流量大、以车站为集散地、线路固定的特点。因此为完成轨道交通运送乘客的任务，客运工作是轨道交通运营管理工作的一项重要内容，为乘客提供安全、迅速、便捷、舒适的服务是各轨道交通管理企业的宗旨。本章将主要介绍轨道交通客运有关车站设备、设施、轨道交通客流的特点及客流组织等轨道交通客运服务工作的主要内容。

第一节 车站设备设施

一、车站的构造及类型

（一）车站的构造

车站是轨道交通客流的集散地，一般由出入口及通道、站厅层、站台层、设备用房、管理用房、生活用房等几部分构成。但也有些简易车站无站厅层。

1. 出入口及通道

出入口及通道是车站的门户，见图 5-1-1。其主要作用是吸引和疏解客流，供乘客换乘其他交通或有轨交通之间的换乘之用。也有些出入口及通道还兼有行人过街的作用。其规模必须满足高峰时段客流集散的需求，保证人流的有效流动。在设计上要尽量与地面交通车站、停车场靠近，形成较佳的换乘组合；尽量与地面建筑结合，可设在地面建筑物内，也可独立设置。

图 5-1-1 某地铁车站出入口

为方便乘客及疏散客流，一个车站都有多个出入口，一般不少于两个，见图 5-1-2。

出入口的数量应满足高峰时间段客流集疏的需求。

出入口按照平面布置形式可分为“一”型、“T”型、“L”型等形式，地下车站的出入口通道可以兼作人行过街设施。

为减轻乘客疲劳，增强车站的吸引力，在条件许可的情况下，在地面出入口与站厅、站厅与地下站台之间均应设置自动扶梯，并统筹考虑为残疾人服务的措施，见图5-1-3。自动扶梯与步行梯的设置，可参照《城市快速轨道交通工程项目建设标准》，见表5-1-1。

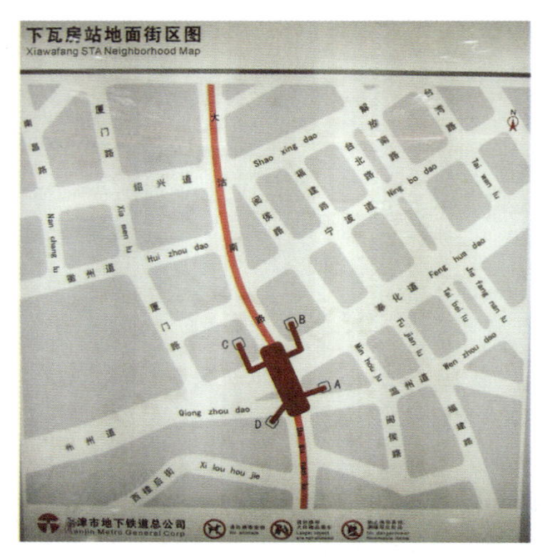

图5-1-2　某地铁车站地面街区图

图5-1-3　楼梯与自动扶梯

表5-1-1　**自动扶梯与步行梯设置**

提升高度 H(m)	上行	下行	备用	提升高度 H(m)	上行	下行	备用
$H \leqslant 6$	步行梯△	步行梯		$12 < H \leqslant 19$	自动扶梯	自动扶梯	步行梯△
$6 < H \leqslant 12$	自动扶梯	步行梯△		$H > 19$	自动扶梯	自动扶梯	自动扶梯

注　1. H 分别指站台至站厅，或站厅至地面高度。无站厅时，指站台至地面的高度。
2. “△”表示在重要车站或主要楼梯口，也可设自动扶梯。

2. 站厅层

站厅层是换乘列车的中转层，其主要作用是集疏客流，为乘客提供售、检票等服务，见图5-1-4。在站厅层的两端一般设有设备用房、管理用房及生活用房。站厅层一般分为收费区和非收费区。根据客流的大小，在不影响客流集散的同时可以设置商业用房。站厅的布局方式主要取决于车站的售、检票方式（人工、半自动和自动售、检票）。一般站厅有两种布置方式，一种为分别在站台两端上层设置站厅，另一种为在站台上层集中布置，应使站厅有付费区和非付费区的功能区别，同时售检票系统应设置在有利于乘客进、出站方便的地方，尽量压缩乘客在车站的停留时间。有些地铁的站厅还可以考虑与地下商业街连接在一起布置，见图5-1-5。

图 5-1-4　某地铁车站站厅

图 5-1-5　香港地铁站厅设置

3. 站台层

站台是最直接体现车站功能的层面，其主要作用是供列车停靠、乘客候车及上下列车之用，见图 5-1-6。站台的形式、设计长度、宽度、车站的规模取决于远期预测的高峰小时的客流量。在站台层也设有设备用房及管理用房。一般不设生活用房，因站台直接与股道相接，如无屏蔽门，则安全性较差。

4. 设备用房

其主要作用是安置各类设备、进行日常维修及保养设备之场所，见图 5-1-7。主要分为环境控制机房、事故风机房、通信机械室、信号机械室、通信测试室、环控电控室、消防泵房等。车站强弱电设备应分开控制，有噪声源的设备用房应远离乘客活动区。

5. 管理用房

管理用房是车站工作人员的办公用房。它包括车站控制室、站长室、票务室、办事员室、降压值班室及警务办公室等。车站控制室是车站运营与管理的中心，一般应设在便于对售票、检票、楼梯和自动扶梯口等部位进行监视的地方，见图 5-1-8。

图 5-1-6　北京地铁车站站台

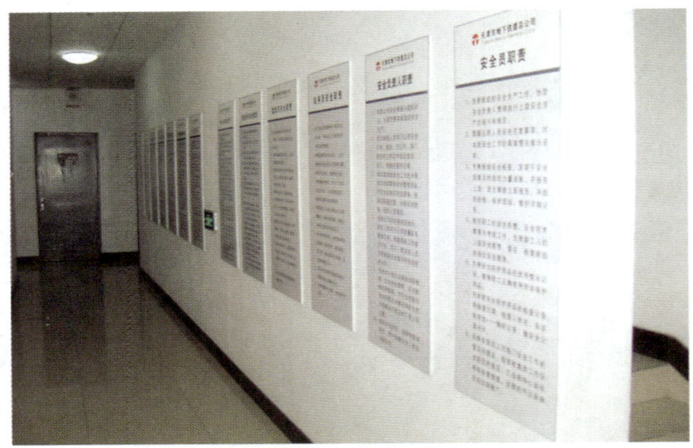

图 5-1-7　车站内设备用房

图 5-1-8　地铁车站控制室

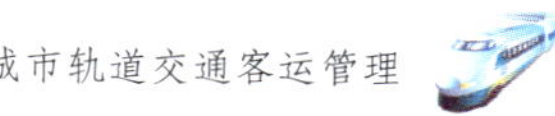

6. 生活用房

车站工作人员的日常生活用房。包括更衣室、休息室、茶水间、厕所等。一般设计时，只考虑给工作人员使用，容量较小，故不对外开放。

（二）车站的类型

1. 按车站客流量大小分类

（1）大车站：高峰每小时客流量达 3 万人次以上。

（2）中等车站：高峰每小时客流量在 2 万～3 万人次。

（3）小车站：高峰每小时客流量在 2 万人次以下。

2. 按车站的运营功能分类

（1）端点站（终点站和始发站）：设置在线路两端终点的车站。除具有换乘的基本功能之外，还可供列车折返、停留和临时检修之用，见图 5-1-9。

图 5-1-9　线路端点

（2）中间站：其主要作用就是供乘客换乘，见图 5-1-10。但有些中间站还设有折返线、渡线、存车线等，以便在列车故障时能快捷有效地进行列车调整，尽快恢复正常的列车运行秩序。

（3）换乘站：设置在两条及两条以上的有轨交通线路交叉点的车站，见图 5-1-11～图 5-1-13。其最大的特点是乘客可在计费区内从一条线路换乘到另一条线路。在最大程度上节省了乘客出站、进站及排队购票的时间，为乘客换乘提供方便。

3. 按车站设置的位置分类

（1）地下站。由于地面建筑已固定，或是要节省地面空间，埋藏于地下。车站通过出入口及通道吸引客流，见图 5-1-14。其中按埋藏深度又可分为浅埋式车站和深埋式车站两种。其造价比地面站高得多。

（2）地面站。设置在地面层。地面车站造价比较低，但占用地面空间，其缺点是造成轨道交通线路所经过的地面区域分割，所以，一般在城市郊区采用此类型的车站，见图 5-1-15。

（3）高架站。按照高架结构设置条件、投资和施工条件，高架结构车站可以设置成地面出入口、高架站厅、高架站台［图 5-1-16（a）］和地面出入口、地面站厅、高架站台［图

图 5-1-10　中间站（侧式站台换乘通道）

图 5-1-11　天津地铁 1 号线行车示意图

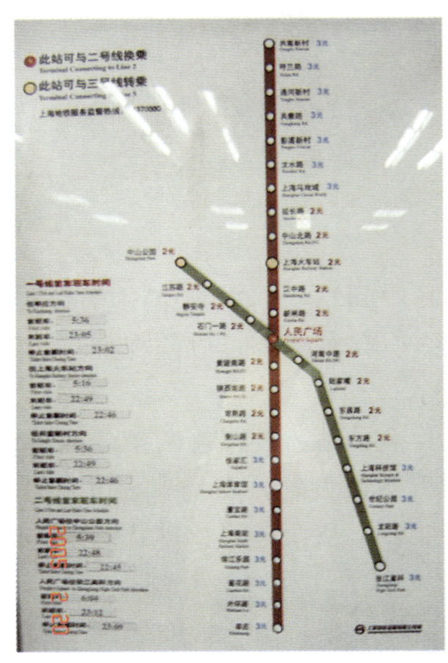

图 5-1-12　上海地铁 1 号线行车示意图

5-1-16 (b)] 两种形式。高架结构车站可以设置在道路两侧人行道上空或沿街建筑物内，但这种布局使得上下行线路分开，建设投资和占地面积均较大。高架结构也可以设在道路中部上空，上下行线路集中布置，设置侧式站台［图 5-1-16 (c)］。这种设置方法使设备集中，便于管理，但对城市街道景观影响较大，并会占用城市道路面积。

图 5-1-13　地铁换乘站效果图

(a)

人行通道

混凝土道床

(b)

图 5-1-14　地下站

(a)

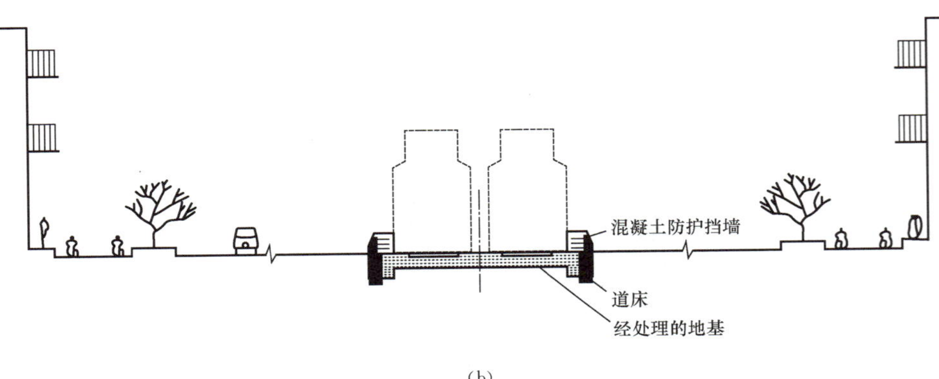

(b)

图 5-1-15 地面站

4. 按车站站台形式分类

(1) 岛式站台车站。站台位于上下行两条线路之间（图 5-1-17）。优点是站台面积可以得到充分利用，管理集中，车站结构紧凑，设备使用率高，乘客换乘方便等。但在站台上存在两个方向客流的交叉干扰，两个方向列车同时到站时，站台秩序较差，而且在车站两端容易出现喇叭口的线型，列车运行状态较差。

(2) 侧式站台车站。站台分别位于线路的两侧（图 5-1-18）。优点是列车进、出站无曲线，运行状态较好。站台的横向扩展余地大，双向乘客上下车无干扰，不易乘错方向。

(3) 混合式站台车站。岛式站台和侧式站台的组合。

二、车站服务设备、设施

轨道交通作为快速的大容量交通体系，在现代化的城市公共交通中起着相当重要的作用。轨道交通车站，作为供乘客乘降的场所，也是主要为乘客提供服务的场所，其服务于乘客的设备、设施主要有导向系统、广播系统、售检票系统、照明系统、火灾防护系统、车站站台屏蔽门系统、车站通风与噪声控制系统、车站空调系统。

(a)

(b)

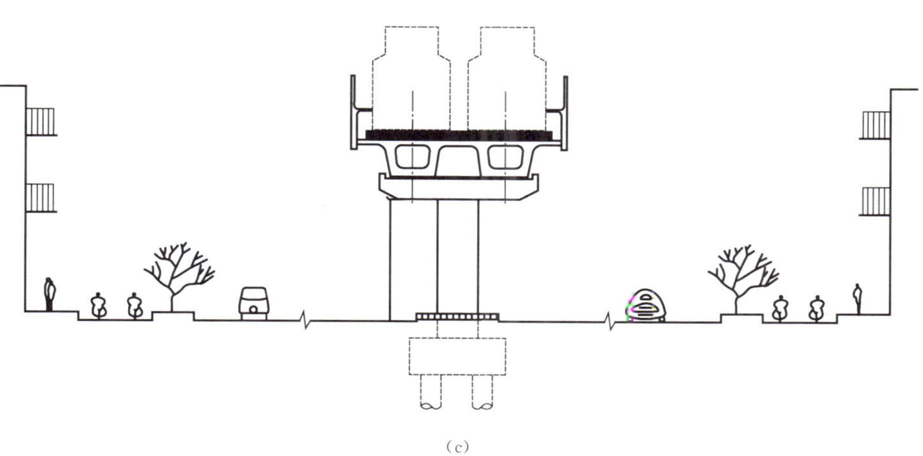

(c)

图 5-1-16 高架站

图 5-1-17　岛式站台

图 5-1-18　侧式站台

（一）导向系统

它包括各类导向标志、禁令标志及其他设备、设施标志，见图 5-1-19。

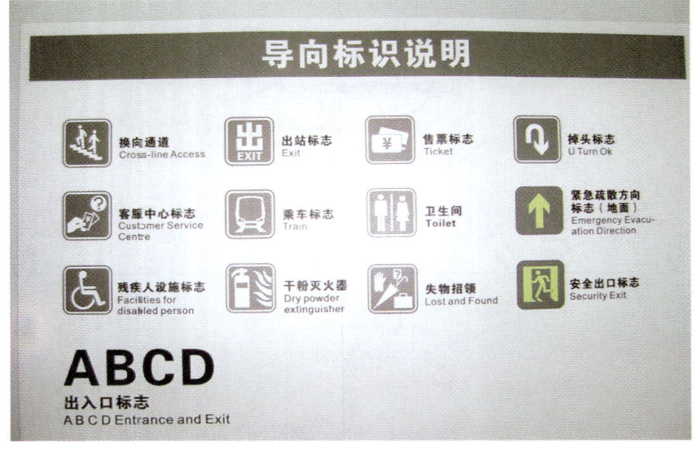

图 5-1-19　地铁车站内导向标识说明

1. 导向标志

导向标志是引导乘客乘坐列车或向乘客指示服务设施所设置的各类标志。主要有示意各出入口、公交站点的标志、自动或人工售票的标志、进出计费区的标志、乘客方向及站点分布的标志、紧急出口标志、公用电话标志及车站周边示意图等，见图 5-1-20。

(a)

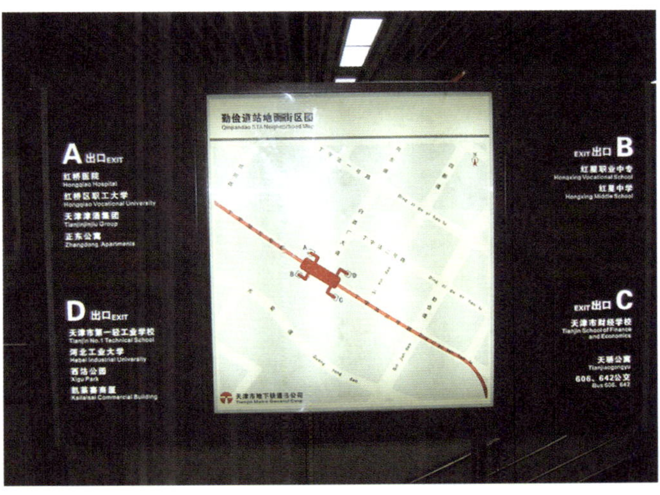

(b)

图 5-1-20　出入口方向

2. 禁令标志

禁令标志是指限制乘客某些行为的标志。主要有禁止吸烟标志、禁止携带易燃易爆物品标志、严禁跳下站台、进入隧道的标志等，见图 5-1-21。

禁止进入隧道
No entering the tunnel

(a)

禁止跨越
No striding

(b)

图 5-1-21　禁令标志

3. 其他设备、设施标志

其他设备、设施标志还包括服务于普通乘客的自动扶梯标志；为盲人提供方便的盲道及供残疾人专用的无障碍通道与垂直电梯的标志、公用电话、厕所等设施的标志，见图 5-1-22～图 5-1-24。

（1）安全指引标志：在楼梯及站台、站厅上设置荧光导向箭头，在停电时指引乘客如何出站，见图 5-1-25。另外，乘客在乘车过程中如遇到紧急情况或突发事件时，可以使用轨道交通提供的紧急设施，帮助自己脱离危险。

（2）紧急开门手柄：每个车门旁边都有一个紧急开门手柄，见图 5-1-26。如果列车发生故障或出现其他意外，车门无法正常开启，可以打破上面的薄片，按照顺时针旋转该手柄，车门就会开启，乘客能够离开车厢。

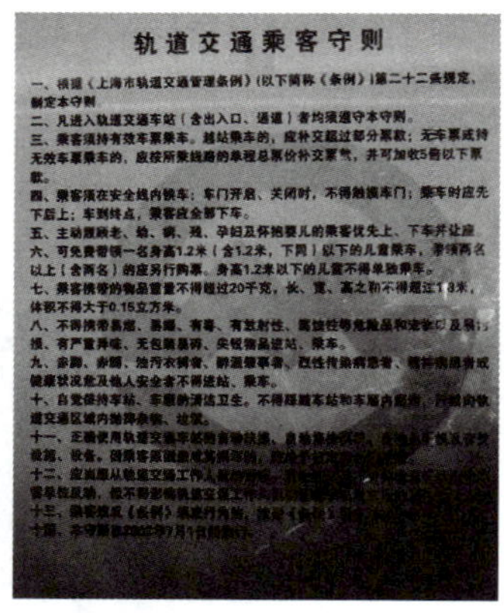

轨道交通乘客守则

一、根据《上海市轨道交通管理条例》（以下简称《条例》）第二十二条规定，制定本守则。
二、凡进入轨道交通车站（含出入口、通道）者均须遵守本守则。
三、乘客须持有效车票乘车。越站乘车的，应补交超过部分票款；无车票或持无效车票乘车的，应按所乘线路的单程总票价补交票气，并可加收5倍以下票款。
四、乘客须在安全线内候车；车门开启、关闭时，不得触摸车门；乘车时应先下后上；车到终点，乘客应全部下车。
五、主动照顾老、幼、病、残、孕妇及怀抱婴儿的乘客优先上、下车并让座。
六、可免费带领一名身高1.2米（含1.2米，下同）以下的儿童乘车，带领两名以上（含两名）的应另行购票。身高1.2米以下的儿童不得单独乘车。
七、乘客携带的物品重量不得超过20千克，长、宽、高之和不得超过1.3米，体积不得大于0.15立方米。
八、不得携带易燃、易爆、有毒、有放射性、腐蚀性等危险品和[illegible]以及易污损、有严重异味、无包装易碎、尖锐物品进站、乘车。
九、赤脚、赤膊、独行衣裤者、醉酒滋事者、烈性传染病患者、精神病患者或健康状况危及他人安全者不得进站、乘车。
十、自觉保持车站、车厢的清洁卫生。不得踩踏车站和车厢内座椅，不得在轨道交通区域内抛弃杂物、垃圾。
十一、[illegible]
十二、[illegible]
十三、[illegible]
十四、本守则自[illegible]起施行。

图 5-1-22　根据上海市轨道交通管理条例制定的乘客守则

图 5-1-23　天津地铁 1 号线内的卡通漫画

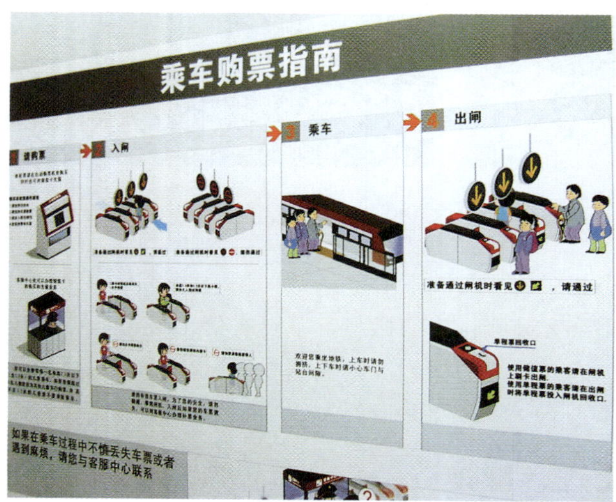

图 5-1-24　乘车购票指南

图 5-1-25　荧光导向箭头

（3）逃生锤：设置在列车内的车门附近的小锤子，在平时是不能使用的。但是在紧急情况下，如车内发生火灾或者是毒气袭击事件等，乘客可以用它砸碎车窗玻璃逃生，见图5-1-27。

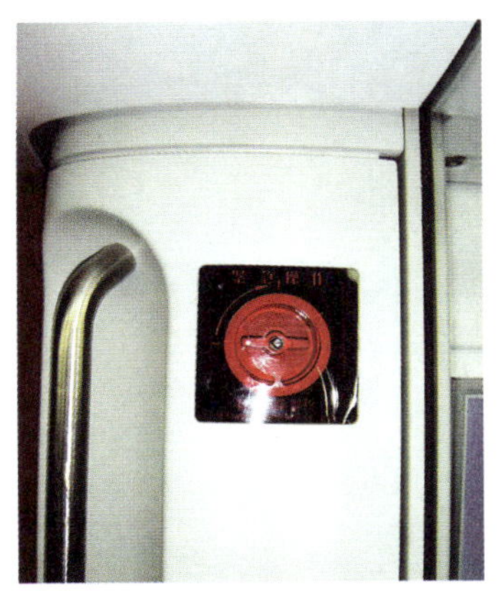

图5-1-26　紧急开门手柄

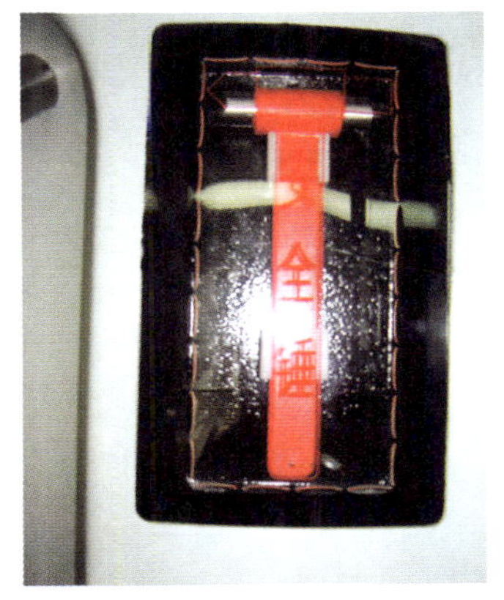

图5-1-27　逃生锤

（4）紧急通话按钮（列车内）：车厢内的车门附近安装了紧急通话装置。它是专门为乘客向乘务人员报警而设计的。使用这个通话器与司机直接通话，以迅速传递意外信息，见图5-1-28。

（5）紧急停车按钮（站台上）：在车站站台的立柱或墙壁上，安装了列车紧急停车按钮，见图5-1-29。一旦有人跌落站台，或发现火灾等紧急情况，乘客可以打碎上面的玻璃，按下按钮，列车制动。

图5-1-28　紧急通话按钮

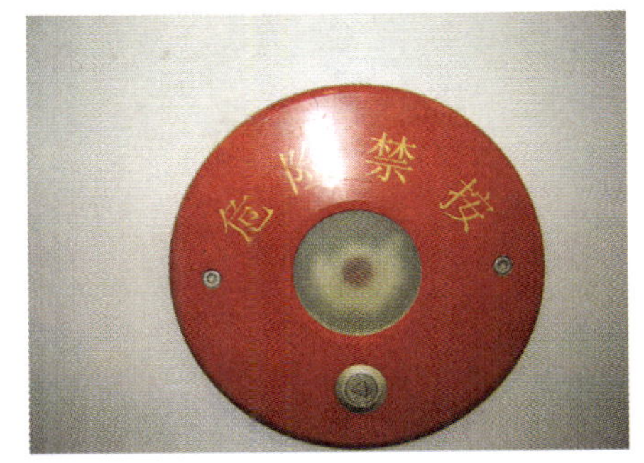

图5-1-29　紧急停车按钮

（二）广播系统

车站出入口及通道、站厅、站台、车站用房一般均设置广播，主要用于向乘客提示列车运行有关信息、乘车有关提示以及发生非常情况后有关信息的发布和组织、引导乘客，见图5-1-30。

（三）售检票系统

是指为乘客提供售票和检票服务的一系列相关设备。目前国内采用的售检票设备有人工售检票和自动售检票两种系统。

1. 人工售检票系统

人工售检票系统是单一的采用纸制车票作为介质，通过人工出售、人工检验票、人工统计的一种售检票系统，见图5-1-31。其特点是设备比较简单、车票单一、投资成本低；分

(a)

(b)

图 5-1-30 车站广播系统

图 5-1-31 人工售检票

段计费效果差、不利于在复杂的轨道交通网络中应用；运营成本大，不利于统计和分析。随着轨道交通的发展将逐步为自动售检票代替。

2. 自动售检票系统

自动售检票系统是通过计算机集中控制的，以磁卡及非接触器或 IC 卡为介质的一种售检票方式。

自动售检票设备通常由自动售票机、半自动售票机、自动检票闸机、车站和中央控制计算机组成，见图 5-1-32。为方便乘客购买车票，有的轨道交通收费系统还使用了具有良好图像界面、可以接受硬币、纸币、信用卡和 IC 卡等多种支付手段的接触式自动售票机。

根据技术制式的不同，自动售检票设备主要有以下三种系统：

(1) 磁卡型自动售检票系统。磁卡车票上涂有两种磁粉物质，一条为磁卡密码、编号等不变信息，另一条为车资、进站地点和时间等可变信息。磁卡车票可作为单程票、多程票、储值票等使用种类。磁卡型自动售检票系统设备较复杂，购置和维修费用较高。磁卡车票密

图 5-1-32　自动售检票

码的破译、伪造较容易，安全性稍差。

(2) 接触式 IC 卡型自动售检票系统。接触式 IC 卡上嵌装了集成电路芯片，信息载体是集成电路，读写器为电子设备，见图 5-1-33。接触式 IC 卡型自动售检票系统设备购置费用较低，与磁卡相比，接触式 IC 卡具有存储信息多、使用寿命长、保密性能好和防卫、防伪能力强等优点。

图 5-1-33　接触式 IC 卡

(3) 非接触式 IC 卡型自动售检票系统。非接触式 IC 卡上嵌装了集成电路芯片和环行线圈，读写时无接触、无磨损，只要读写器距离在 10cm 内，读写设备就可准确读写卡中信息. 并且电磁波信息还可透过非金属材料，见图 5-1-34。

(a)

(b)

图 5-1-34　非接触式 IC 卡

(a) 储值票；(b) 单程票

非接触式 IC 卡型自动售检票系统读写方便，有助于提高自动检票口的通过能力。

（四）照明系统

包括正常照明和应急照明。

由于轨道交通车站大部分为地下车站，且运营时间较长。因此，地下车站及地面车站夜间照明均由车站正常照明提供照明；应急照明是为了车站正常照明发生故障时，为疏散乘客提供必要的照明，通常由蓄电池提供，当正常照明失电同时，应急照明立即启用，一般可维持半小时左右。

（五）火灾防护系统

由火灾监控系统、报警系统和灭火系统组成。

火灾监控系统是由灵敏的光感、温感、烟感、红外线反应的传感器和自动巡检及显示元件组成。它以预防火灾为主，主要是在第一时间内，将探测器检测到的火灾情况及时传输给报警系统和自动灭火系统。自动报警系统以灯光信号和报警铃声及时反映到控制面板，提示车站值班人员，见图 5-1-35。而自动灭火系统在得到信号后，切断所有可能有助于燃烧的工作设备，如空调、通风机组的电气线路。同时，接通消防专用设备的工作电路，启动有关消防设备，如排烟风机、防烟垂壁、管道排烟阀。关闭电动防火门、防火卷帘门，接通火灾事故照明灯、疏散标志灯，打开自动售检票闸机等。

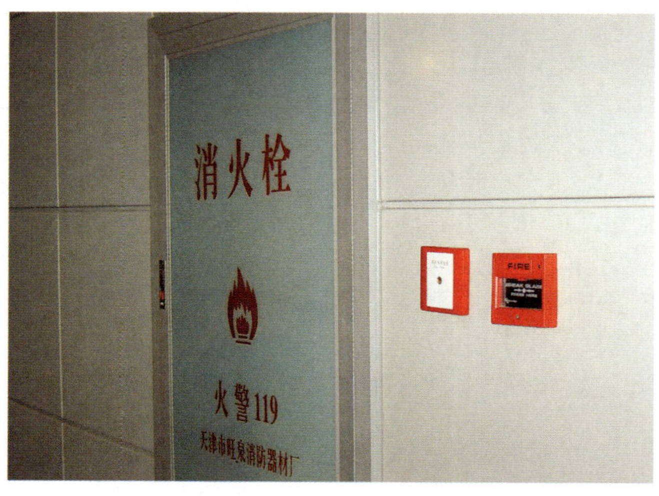

图 5-1-35　消防报警系统

火灾防护系统在最大程度上减少了火灾带来的财产损失和人员伤亡，是轨道交通车站必不可少的设备设施。火灾防护系统可以实行两级管理、三级控制方式，即在控制中心设防灾控制中心（主控级），在车站设防灾控制室（分控级）及控制中心监控、车站站控室监控和就地控制三级控制。车站火灾防护系统由设在车站站控室的火灾防护系统分机通过总线方式与现场的探测器、手动报警器、电话插孔、模块等设备组成车站火灾防护报警控制网络。车站综合控制室设置火灾防护报警控制器、地图式模拟显示屏、广播与电视监视装置、火灾防护系统调度电话分机等报警及控制设备。另外控制室还设有消防泵的直接启泵按钮。

在车站通信信号机房、变电所、电力配电室等重要电器设备房间设置气体灭火系统。气

体灭火系统为一独立系统，气体灭火房间内的探测器、控制盘等设备由气体灭火系统提供。

车站级（地下车站）火灾防护系统管辖范围包括本站和本站相邻各半个区间。当车站（地下车站）发生火灾时，火灾防护系统动作的一般顺序如下：探测器或手动报警器动作；车站火灾防护系统分机发出声光报警信号；控制中心发出声光报警信号；车站模拟屏及CRT显示报警部位；确认报警，显示用户信息；发出指令给设备监控系统（EMCS）；EMCS系统根据预先设置的程序启动相应的火灾模式，启动相应的消防联动设备；车站值班员同时可通过车站火灾防护系统分机或控制中心进行适当的手动控制；强制广播系统转入火灾事故广播状态；车站和火灾防护系统控制中心打印所有报警和操作活动记录；所有报警及操作活动记录在车站火灾防护系统分机和控制中心中。控制流程见图5-1-36。

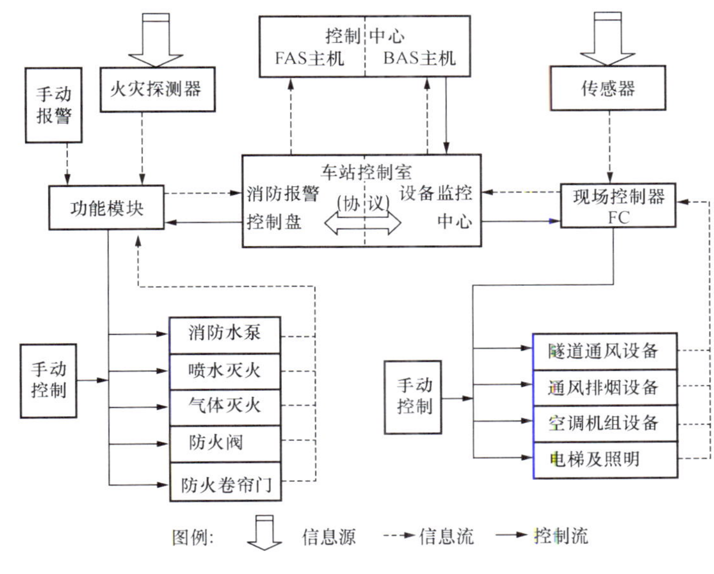

图5-1-36　灭火联动控制示意

高架车站火灾防护系统管辖范围为本站范围内的车站地面、站厅及站台层。

（六）车站站台屏蔽门

屏蔽门是设在站台边缘，把站台区域与列车运行区域相互隔开的设备。当隧道无车及列车进站时处于关闭状态。列车停稳后，由司机一人全程操作开启列车门及屏蔽门。乘客上下车结束后，车门与屏蔽门同时关闭。

屏蔽门按设置的高度可分为全封闭式屏蔽门和半封闭式屏蔽门（安全门）。

全封闭式屏蔽门是一道自上而下的玻璃隔墙和活动门，沿着车站站台边缘和两端头设置，把站台乘客候车区与列车进站停靠区域分隔开。这种屏蔽门系统的主要功能是增加安全性、节约能耗以及加强环境保护（见图2-9-1）。

半封闭式屏蔽门比全封闭式屏蔽门相对简单，高度比其低矮，空气可以通过屏蔽门上部流通。因此它相对全封闭式屏蔽门来说，主要起了一种隔离作用，提高了站台候车乘客的安全，从此意义上说可以称其为“安全门”。不过它同时也还能起到一定的降噪作用，见图5-1-37。天津地铁1号线安全门系统门体结构主要分为可以开启的活动门和不能开启的固定门两个部分。其中活动门高度为1.3m，固定门高度为1.45m。活动门与地铁列车门一一对应，列车进站并停稳后，活动门会与列车门同时打开，乘客上下列车后，活动门又会与列车门同时关闭，而后列车驶离站台。

图 5-1-37 半封闭式屏蔽门

屏蔽门的优点：首先，保证了候车乘客的人身安全，最大限度防止了可能出现的各类人员意外伤亡；其次，节省了人力资源，即在站台无需设置人员接发列车；再次，节约了车站空调能源，降低了列车噪声对乘客的干扰，环境更加适宜。

（七）车站通风与噪声控制系统

某些轨道交通车站设置在地表以下，无法采用自然通风。为了满足人们在车站内正常活动的环境需要，在地下车站必须设置车站通风系统，其主要作用是为车站提供足够的新鲜空气、排除废气和有害气体，改善车站的乘车环境，为乘客创造一个舒适的空间。

噪声是轨道交通的一大缺点。列车在高速运行时轮对和钢轨之间产生的摩擦是主要噪声源，尤其是高架轨道交通此类问题更为突出。目前，除了对车辆构造及轮轨作用体系方面做出改进以外，地下轨道交通采取的主要措施是在站台顶部、车站范围的隧道侧墙、站台下部轨道旁设置吸声板以及安装站台屏蔽门。而高架轨道交通主要是在线路沿线布置防噪墙等，见图 5-1-38。

图 5-1-38 设置防噪墙的高架线路

（八）车站空调系统

为了使地下车站有一个较舒适的乘车环境，除了配备必要的通风设备以外，还必须通过强制手段使车站内部的气温保持在一个适宜的状态，而这种强制手段就是车站空调系统装置。车站空调为车站内部源源不断地输送经过处理的空气，使之与车站内部其他空气进行热、湿交换，并将完成调节作用的空气排出，来保持车站内稳定的湿度和温度要求，见图5-1-39。

图 5-1-39　地铁隧道风机

（九）设备监控系统（EMCS）

设备监控系统监控的对象主要包括隧道通风、车站通风、空调、冷水系统、给排水、照明、电梯、自动扶梯、人防门等设备。通过对设备监控，使被监控对象达到安全运转、节省能源、方便管理、取得最佳经济效益的效果，创造一个良好、舒适的地下环境；在发生灾害状态下，协调机电设备的运行，最大限度地发挥车站设备的作用。EMCS 系统包括设置在控制中心的中央级监控系统，设置在车站内的车站级监控系统以及联系两者的通信通道。车站级监控系统，根据 EMCS 系统设备的功能分为车站级和就地级。整个系统分为控制中心中央级、车站级、就地级三级控制，实现控制中心中央级和车站级两级管理。系统设备包括硬件和软件两部分。硬件由现场就地级控制→探测设备→分控级车站监控设备→主控级控制中心监控设备组成。软件由基本操作系统、应用管理、数据库等部分组成，采用系统化程序设计方式，形成模块化结构，监控软件人机界面采用分层菜单，主菜单显示全线各站，车站菜单显示车站各个监控子系统，监控子系统菜单显示各个系统受监控对象的状态、故障信息，并可以控制被控对象等。EMCS 系统与通信、信号、低压配电、环控、给排水、火灾防护系统、人防门、电梯、扶梯等相关专业设通信接口。

车站级设备配置：EMCS 设备监控系统在车站站控室设有 EMCS 控制台，配有 EMCS 车站计算机、彩色显示器、打印机、UPS、模拟显示屏、网络连接等。EMCS 车站计算机主机及其外设设置于控制台上，控制台上安装通信装置。

就地级设备配置：在被控设备附近配有各种就地控制器及接口、执行器、探测器、继电器等。供电形式采用全站集中供电并配 UPS 不间断电源。

EMCS 监控对象和监控要求：

1. 通风空调系统

通风空调系统包括区间隧道通风系统、车站公共区通风空调系统、设备用房通风空调系统，EMCS 系统根据正常、阻塞、火灾的环控工况运行要求控制设备的运行状态。包括正常运营状态下的监控模式、非正常运营状态下的监控模式和紧急运营状态下的监控模式。

隧道通风系统进行控制中心级、车站级和就地级三级控制。控制中心级下达运行模式指令到车站级，由车站级对隧道通风系统设备进行模式控制，控制操作以控制中心级为主。

2. 照明系统

对工作照明、节电照明、广告照明、隧道照明进行多种模式的照明控制。当发生火灾时，转入灾害模式运行。同时接入 EMCS 车站计算机主机，由 EMCS 系统实现对照明系统的监控管理。

3. 给排水系统

车站（地下车站）和区间排水泵、废水泵、污水泵、集水泵根据水位高低自动启停，在控制中心监视隧道入口处排水泵和区间废水泵。

4. 自动扶梯、电梯

监视自动扶梯、电梯的上、下运行、开停状态、故障状态、手/自动状态。

5. 人防门

EMCS 仅对人防门的开关状态进行监视。

车站火灾防护系统与车站 EMCS 设备监控系统联系比较密切，所以两系统中心级与车站级操作控制台均在同一房间相邻设置，两系统微机间均通过标准接口联网。凡正常运行时由 EMCS 监控，而灾害时须由火灾防护系统管理设备，当发生灾害时，火灾防护系统发出指令，由 EMCS 系统控制执行，同时返回执行后的信息给火灾防护系统。

第二节　客　流　组　织

一、车站设置与客流组织的关系

（一）客流组织

轨道交通主要通过合理的客流组织来完成其大容量的客运任务，见图 5-2-1。客流组织是通过合理布置客运有关设备、设施以及对客流采取有效的分流或引导措施来组织客流运送的过程。客流组织的主要内容包括：车站售、检票位置的设置、车站导向的设置、车站自动扶梯的设置、隔离栏杆等设施的设置以及车站广播的导向、售检票数量的配置、工作人员的配备、应急措施等。轨道交通客运工作的特点决定客流组织应以保证客流运送的安全，保持客流运送过程的畅通，尽量减少乘客出行的时间，避免拥挤，便于大客流发生时的及时疏散为目的。

图 5-2-1　站厅客流组织

影响客流组织的因素较多，不同类型的车站其客流组织的内容有着较大的区别，中小车站的客流组织比较简单，而大车站、换乘站因客流较大、客流方向比较复杂，其客流组织也比较复杂。侧式站台的车站相对于岛式站台的车站，侧式站台的车站容易将不同方向的客流分开，但不利于乘客的换乘，售、检票设置较分散，不利于车站管理。

（二）车站的设置与客流组织的关系

轨道交通车站的选址、布置、规模等对其运营效果具有决定性的意义。优良的车站建筑既为乘客提供安全、便捷、舒适的乘降条件，又能吸引更多的客流，获得更好的运营效益。同时可以美化城市景观，以取得经济、社会和环境的综合效益，见图5-2-2。

图5-2-2　车站的设置

轨道交通车站的设置，一方面要考虑客流的吸引，站距不能过长。另一方面要考虑保持一定的行驶速度，站距不能过短。轻轨线路的站距一般在500～1000m，地铁线路的站距一般在1000～1500m之间。市区的站距应当小一些，市郊可以相对大一些。

轨道交通车站的规模应能满足远期预测客流集散量的需求，并设置与之相适应的出入口数，以方便乘客出入。车站的大小在很大程度上取决于站台的长度，站台长度决定于远期列车编组长度，站台的宽度取决于高峰小时的客流量。

轨道交通的选址、规模在轨道交通建设时已经确定，一般不能再改变，出入口及通道宽度、站厅及站台的规模一般在建设时根据预测客流量确定，在运营管理中如何正确设置售、检票位置，合理布置付费区，进行合理的导向对客流组织起着很重要的作用。在布置时一般要以符合运营时最大客流量，保持客流的畅通为原则，因此一般按以下要求进行布置：

1. 售、检票位置与出入口、楼梯应保持一定距离

售、检票位置一般不设置在出入口、通道内，并尽量保持与出入口、楼梯有一定的距离，从而保证出入口和楼梯的畅通，见图5-2-3。

2. 保持售、检票位置前通道宽敞

售、检票位置一般选择站厅内宽敞位置设置，以便于售、检票位置前客流的疏导，售、检票位置应适当保持一定距离，避免排队时拥挤。

3. 售、检票位置根据出入口数量相对集中布置

因轨道交通车站一般有多个出入口，为了减少乘客进入车站后的走行距离，一般设置多处售、检票位置，但过多设置售、检票的位置容易造成设备使用的不平衡，降低设备使用效率，并且不利于管理，因而售、检票位置应根据车站客流的大小相对集中布置，见图5-2-4。

图 5-2-3　某地铁车站站厅设置

图 5-2-4　根据客流量合理设置售检票设备位置

4. 应尽量避免客流的对流

客流的对流减缓了乘客出行的速度，同时也不利于车站的管理。因此车站一般对进出客流需进行分流，进出车站检票位置分开设置，保持乘客经过出入口和售、检票位置的线路不至于发生对流。

二、车站大客流的组织

轨道交通线路的走向一般都是客流集中的交通走廊，连接着重要的客流集散点，如铁路车站、汽车客运站、航空港、航运港等交通枢纽，大型商业经济活动中心、体育场、博览会、大剧院等重要文体活动中心，以及规模较大的住宅区等。正因如此，某些特殊车站会不定期地遇到大客流。为了保证乘客的安全和正常的运营秩序，这些车站在客流组织方面应备有完善的运营组织方案和措施。在一定程度上这些方案、措施补救了硬件设施的缺陷。

（一）大客流的定义

大客流是指车站在某一时段集中到达的，客流量超过车站正常客运设施或客运组织措施所能承担的流量时的客流。大客流一般在大型文体活动散场时或重要枢纽节假日期间发生。主要表现为：非常拥挤或极度拥挤、乘客流动速度明显减缓、客流交叉干扰严重、对乘客正常的出行造成不利影响、对运营安全造成威胁，见图5-2-5。

图5-2-5　大客流

根据大客流产生的影响和后果不同，大客流分为一级大客流和二级大客流：

1. 二级大客流

在这种情况下，乘客的正常出行和轨道交通所提供的服务水平受到一定程度的影响，车站比较拥挤，乘客感觉比较压抑，但尚未对乘客及轨道交通运营安全造成影响。

其判定标准是：站台聚集人数达到站台有效区域的70%（各车站可根据实际情况确定本站具体的乘客数量），并有持续不断上升的趋势。

2. 一级大客流

在这种情况下，已经给乘客及轨道交通运营安全造成影响，存在明显的安全隐患。

其判定标准是：站台聚集人数达到（或大于）站台有效区域的80%（各车站可根据实际情况确定本站具体的乘客数量），并且持续时间大于实际行车间隔时间。

（二）大客流的组织

大客流的组织应在保证疏散客流安全的前提下，尽快地疏散客流，大客流组织的主要措施包括：

1. 增加列车运能

根据大客流的方向，在大客流发生时，利用就近的折返线、存车线组织列车运行方案，增加列车运能，从而保证大客流的疏散。列车的运能是大客流组织的关键。

2. 增加售、检票能力

售、检票能力是大客流疏散的主要障碍，车站在设置售、检票位置时应考虑提供疏散大客流的通道。在大客流疏散时，可采取事先准备足够的车票，在地面、通道、站厅增加设置售票点，增设临时检票位置来疏散大客流。

3. 采取临时疏导措施

在大客流组织中，临时合理的疏导对客流方向进行限制是一项很重要的组织措施。主要包括出入口、站厅的疏导，站厅、站台扶梯以及站台的疏导。出入口、站厅的疏导主要是根据临时售、检票位置的设置，限制客流的方向，来保持通道的畅通和出入口、站厅客流的秩序。站厅、站台扶梯以及站台疏导主要是为了尽量保证客流均匀上下扶梯和尽快上下列车，保证站台候车的安全。疏导措施主要有设置临时导向、设置警戒绳、采用人工引导以及通过广播宣传引导等措施，见图 5-2-6。

图 5-2-6　设置警戒绳划分车站各功能区域

4. 关闭出入口或进行进出分流

大客流往往是难以预测的，因此为了保证大客流发生时疏散客流的安全，在难以采用有效的措施及时疏散客流时，可采用关闭出入口或对某部分出入口限制乘客进入车站的措施来阻止一部分客流或延长大客流疏散的时间。

三、客流的特征与调查分析

客流是规划轨道交通网络、安排工程项目建设顺序、设计车站规模和确定车站设备容量的依据，也是轨道交通系统安排运力、编制运输计划、组织行车和分析运营效果的基础。因此，轨道交通管理部门要抓住客流变化的特征，通过调查分析将得出的结果运用到工作中，不断地完善、不断地改进使我们的工作计划更贴近实际情况，取得最佳的效果，同时也减少了资源的浪费。

（一）客流的特征

客流是动态流，它随天、时、地的变化而改变，这种变化是城市社会经济活动和生活方式以及轨道交通系统本身特征的反映。

1. 一日内各小时的客流变化

小时客流随人们的生活节奏和出行特点而变化。一般清晨与夜间的乘客最少，上班和上学时段客流达到最高峰，高峰过后渐渐进入低谷，傍晚下班和放学时段客流进入次高峰，午夜客流逐渐趋于均衡。

2. 一周内每日客流的变化

日客流的变化上，例如在双休日，上、下班的两次高峰就不明显，全日客流往往也有所减少。而在连接商业网点、旅游景点的轨道交通线路上，双休日的客流又往往会有所增加。另外，周一与节日后的早高峰小时客流量和周末与节日前的晚高峰小时客流会比一般工作日早、晚高峰小时客流要大。

3. 季节性或短期性客流的变化

客流还存在着季节性的变化。例如每年的六月份即梅雨季节和学生复习迎考时期，客流通常是全年的低谷。另外，在旅游旺季，城市中流动人口的增加会使轨道交通线路的客流也随之增加。而短期性客流的激增，通常是因举办重大活动或遇天气骤变引起的。

除了从客流的时间分布上找到客流的特征外，还可以从空间分布上抓住客流的特征。

4. 各条线路客流的不均衡

各条线路客流的不均衡包括现状客流分布的不均衡和客流增长的不均衡两个方面，它们构成了整个轨道交通网客流分布的不均衡。

5. 各个方向客流的不均衡

在轨道交通线路上由于客流的流向原因，各个方向的客流通常是不相等的。在放射状的轨道线路上，早、晚高峰小时的各个方向客流的不均衡尤为明显。

6. 各个断面客流的不均衡

在轨道交通线路上由于各个车站乘降人数不同，线路单向各个断面的客流存在不均衡现象是不可避免的。

7. 各车站乘降人数的不均衡

在少数线路上，全线各站乘降量总和的大部分往往是集中在少数几个车站上办理。此外，新的居民住宅区形成规模和新的轨道交通线路投入运营，也会使车站乘降量发生较大的变化及带来不均衡的加剧或新的不均衡。

（二）客流的调查分析

客流是动态变化着的，但这种动态变化又是有规律的，可以在实践中了解它、掌握它，并根据客流的动态变化，及时配备与之相适应的运输能力，给乘客提供良好的服务。在运营过程中，要掌握客流在时间、空间上的动态变化规律，必须经常进行各种形式的客流调查。

客流调查问题涉及客流调查的内容、调查地点和时间的确定、调查表格和设备的选用以及调查方式的选择等事项。根据不同的情况和不同的需要，运营轨道交通系统的客流调查种类主要有以下几种：

1. 全面客流调查

全面客流调查是对全线客流的综合调查，通常也包括了乘客情况抽样调查。这种类型的客流调查时间长、工作量大、需要较多的调查人员。但通过调查及对调查资料进行整理、统计和分析，能对客流现状及出行规律有一个全面清晰的了解。

全面客流调查有随车调查和站点调查两种调查方式。随车调查是在车门处对全天运营时间内所有运行列车的上下车乘客进行调查；站点调查是在车站检票口对全天运营时间内所有在车站上下车乘客进行调查。轨道交通系统采用后者。

全面客流调查的内容通常包括全线客流调查和乘客抽样调查两部分。全线客流调查一般应连续进行二到三天，在全天运营时间内，调查全线各站所有乘客的下车地点和票种情况，并将调查资料以5min作为间隔分组记录下来。乘客情况抽样调查通过问卷方式进行，内容包括乘客构成情况调查和某类乘客乘车情况调查两项。乘客构成情况调查通常在车站进行，而某类乘客乘车情况调查可在特定的地点进行。

2. 乘客情况抽样调查

乘客情况抽样调查通过问卷方式进行，内容包括乘客构成情况调查和乘客乘车情况调查两项。

乘客构成情况调查在车站进行，被调查人数取全天在车站乘车人数的一定比例，调查表内容有年龄（老、中、青），性别（男、女），居住地（本地、外地），出行目的（工作、学习、购物、游览、访友、就医、其他）等。该项调查的时间可选择在客流比较正常的运营时间段。

某类乘客乘车情况调查可在月票发售点或其他地点进行，如对持月票乘客进行调查。被调查人数取某类乘客总数的一定比例，调查内容有年龄，性别，职业，家庭住址，到达车站的方式（步行、骑自行车、乘电汽车）和时间，上下车站，下车后到达目的地的方式（步行、骑自行车、乘电汽车）和时间，乘坐列车比过去乘坐电、汽车节省的时间等。

3. 断面客流目测调查

断面客流目测调查是一种经常性的客流抽样调查，根据需要，可选择一或两个断面进行调查，一般是对最大客流断面进行调查，调查人员用目测估计各车辆内的乘客人数。

4. 节假日客流调查

节假日客流调查是一种专题性客流调查，重点对春节、元旦、国庆节、双休假日和若干民间节日期间的客流进行调查。调查的内容包括机关、学校、企业等单位的休假安排，都市旅游业、娱乐业的发展程度，城市居民生活方式的变化等。该项调查一般是通过问卷方式进行的。

第三节　客　运　服　务

城市轨道交通工具作为一种现代化的交通工具，虽然是一个庞大和复杂的系统，但直接面对广大乘客提供服务，直接反映了轨道交通系统运营管理的水平，也是反映城市文明程度的一个窗口。

一、客运服务流程

服务可定义为具有无形特征的一种或一系列活动，通常发生在顾客同服务提供者及其有形的资源、商品或系统相互作用的过程中，以便解决消费者的有关问题。而城市轨道交通的服务是为广大乘客提供安全、迅速、准确、舒适、便利、经济的乘车、候车环境。

1. 引导乘客进站

在城市轨道交通各出入口设立明显的导向标志，方便乘客识别并根据导向指示进站乘车，见图5-3-1、图5-3-2。在一些轨道交通比较发达的城市，几乎每隔500m即有一个明显的导向标志，便于乘客选择各出入口进站。

图 5-3-1　北京地铁导向标志

图 5-3-2　香港地铁导向标志

2. 问讯服务

车站的问讯服务可分为有人式服务和无人式服务，车站的工作人员应向问讯的乘客提供服务，但随着时代的发展，车站的问讯服务向自助式服务方向发展，车站设置计算机查询平台，为乘客提供查询出行线路、票价以及各类票卡金额等功能，见图 5-3-3。在一些城市，已经采用了利用自动售票机实现售票和部分问讯功能一体化的设备。

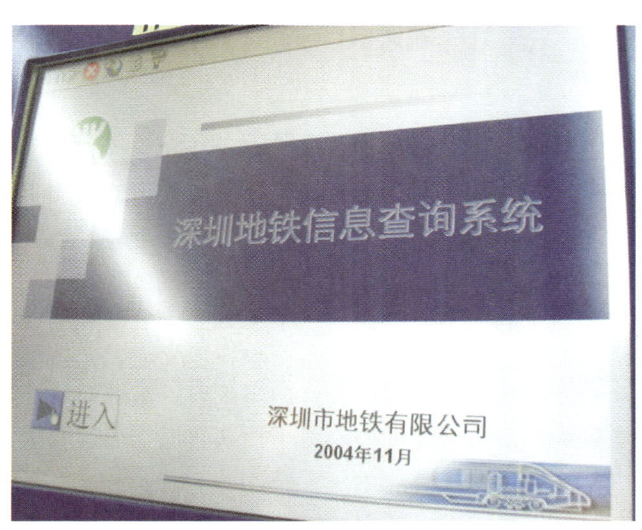

图 5-3-3　地铁信息查询系统

3. 售检票服务

目前，世界各国城市提供售检票服务的主要形式可分为人工售检票和自动为主、人工为辅两种方式，而且后者已经成为轨道交通售检票服务的主流形式，采用自动售检票系统替代人工，可以提供更为准确的售票服务，提高服务效率和水平，并从长远发展角度来看，也可以提高企业的经济效益，见图5-3-4。

4. 组织乘降

站台应设有明显的候车安全线，提示乘客在列车未进站停稳、车门未完全打开之前，不要越过安全线，以防发生意外事件。目前，个别城市已经采用屏蔽门技术，既可以为乘客提供一个舒适的候车环境，又能保障乘客的候车安全。另外，车站还提供广播，为乘客预报下次进站列车的方向，已经有两种新的方法投入运用，一种是自动广播系统，当后续列车驶入接近区段时，广播系统自动工作；另一种为在站台设置同位显示器，向乘客预告列车运行情况，见图5-3-5。

图5-3-4　入闸处

图5-3-5　站台候车

5. 出站验票

乘客到达目的站后，持票卡验票出站，车站应有各类向导标志，引导乘客从所需的出入口出站。对所购票卡票款不足的乘客，车站应提供补票服务。如使用自动售检票系统，车站还须提供票卡分析服务。

二、客运服务质量控制

轨道交通是一个技术密集型的大联动体，整个系统工作状态的好坏，直接表现在是否能安全、舒适、快捷地运送乘客，客运服务工作是反映轨道交通运营管理企业管理水平的重要标志，而且，服务质量对于一项服务产品的设计相当重要，服务质量是判断一家服务业公司好坏的最主要的依据。因此，服务质量的控制对于提高轨道交通运营管理企业的服务及管理水平有着重要的意义。

（一）服务质量模式

服务质量模式是一项综合质量体系，是对轨道交通运营管理理念的研究和探讨，它由以下三个部分组成：

1. 企业形象

指公司的整体形象以及其整体魅力。城市轨道交通由于其面向大众、服务大众的社会特征，决定了轨道交通运营管理企业不仅要讲究经济效益，更要考虑社会效益，企业文化的发展以及企业良好的社会形象同样是企业管理水平的一方面体现，见图5-3-6。

图5-3-6　天津地铁1号线运营公司

2. 技术性质量

即提供的服务是否具备适当的技术属性。这是服务质量技术上的保证，通过采用新技术，提高轨道交通的运行安全的保障力度，并为乘客提供一个舒适的乘车、候车环境，见图5-3-7。

图5-3-7　工作人员在客服中心提供服务

3. 功能性质量

研究服务是如何提供的。对客运服务的整个流程进行分析研究，不断完善各项服务设备及辅助性服务设施，增强各类设施、设备的功能性和简便实用性，以更好地满足乘客的需求。

（二）质量控制

首先，要对客运服务制定目标和各种规章制度及各岗位的工作标准。这个目标的确定直接影响着客运服务的质量，决定了客运服务质量的水准。

其次，要对客运服务进行现场管理。这是客运服务质量管理的实施、落实的有效手段。服务质量的现场管理，是以满足乘客的出行需求和精神需求为目的的。也就是要尽可能满足乘客对功能性、经济性、安全性、时间性、舒适性和文明性的要求。为了满足这些要求就要对人、设备、设施、方法和环境等五大因素进行控制。可以从以下几个方面来开展服务现场的质量管理工作：

1. 安全管理

对于任何一个行业来说，安全总是最根本的。因此必须把安全管理纳入到服务质量管理的范畴之中，见图 5-3-8。

图 5-3-8　站厅管理

2. 操作管理

车站的服务主要是通过服务人员在现场的操作来体现。服务人员的操作水平直接反映了服务质量，所以操作管理就显得格外重要，见图 5-3-9。

3. 设备管理

在强调服务质量的同时，也不能忽视处于静态的设施状况。设备管理的好坏与服务质量的高低密切相关。

4. 卫生管理

卫生水平对车站来说确实是十分重要的。卫生管理的好坏直接影响到企业的形象，见图 5-3-10。

最后，要对客运服务进行跟踪，这是对车站客运服务质量管理的有效保障。因为即使在完成了对客运管理模式的建立和加强了服务质量的现场管理之后，全面服务质量管理的体系仍然尚未彻底形成。虽然现场管理可以从一个局部来保证服务的质量，但从客运服务的整个流程来看，还需要建立起一种有效的机制，来全面地考察服务质量的整体状况。

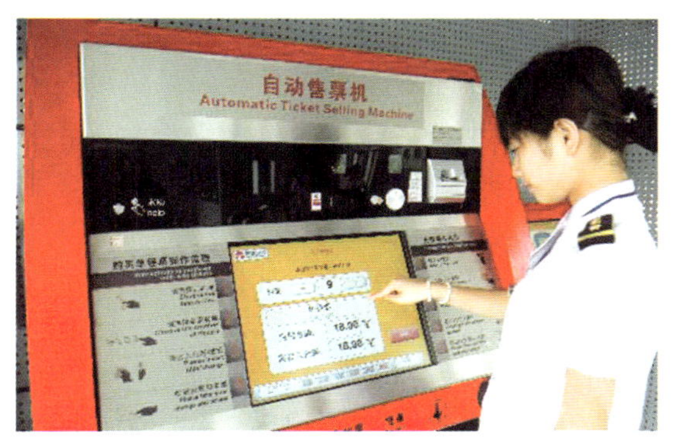

图 5-3-9　站务员调试自动售票机

图 5-3-10　物业管理

（三）服务要素与经济效益

企业在进行产品决策时往往很难确定服务出售物的构成要素，这不仅因为一些要素是无形的，从而使企业很难勾划出构成服务产品的所有要素，而且在实际操作过程中，一些服务构成要素对于某些行业，是不能使用传统的利润和投资回报率方式来予以衡量的，城市轨道交通业就是其中之一。轨道交通的服务要素主要有如下几个部分：

1. 服务的对象

由所有乘坐城市轨道交通的乘客构成。

2. 服务的提供者

轨道交通运营服务的工作人员及管理人员。

3. 服务的提供载体

将乘客由一地运送至另一地的所有运营设备及辅助性服务设施。

城市轨道交通由于投资大、成本高的特点及其所具有的社会属性，使城市轨道交通运营管理企业很难在短时期内取得盈利，当前世界上许多城市对城市轨道交通企业的定位更多的是非盈利性服务业或社会性服务业，将社会效益放在首位。只有香港的轨道交通运营管理企业处于盈利状态。目前，国内正处于城市轨道交通大发展的时期，用发展的眼光来看，城市轨道交通走市场经济的道路，建立现代企业制度是发展的趋势，因此，城市轨道交通的运营管理企业应在注重社会效益的同时，认真分析研究服务要素的构成及其联系，依靠科学先进的管理，合理控制成本，讲究经济效益，争取经济效益与社会效益的双赢。

（四）投诉及客伤处理

城市轨道交通业作为一个服务性的行业以及公共交通的手段，投诉及客伤的处理是不可避免的，妥善接待、处理投诉及客伤，是良好的企业形象、企业管理水平的体现。

1. 投诉的处理

城市轨道交通运营管理企业应建立相应的投诉处理的制度，并可指定运营服务主管部门受理，也可设立服务热线接待乘客的咨询和投诉，应认真受理，及时调查，按时回复。

（1）投诉按原因不同，可分为设施投诉、乘车环境投诉、服务质量投诉、列车运行投诉、票款差错投诉和其他投诉。

1）设施投诉：因城市轨道交通系统中下述设施出现故障或故障未能及时处理，以及其设置不能满足乘客正常乘车需求，引起乘客不满而造成的投诉均属于设施投诉：自动售检票系统的车站级设备、自动扶梯、照明、广播、导向标志、列车、车站内座椅、消防设施、报警设施等乘客在乘车过程中直接接触的地铁硬件设施。

2）乘车环境投诉：轨道交通站厅、站台以及列车内卫生状况达不到乘客要求，以及站厅内的商铺活动导致乘客乘车不便，引起乘客不满造成的投诉均属于乘车环境投诉。

3）服务质量投诉：因客运人员在提供服务的过程中，所提供的服务违反服务规范、程序、标准等，引起乘客不满，造成的投诉。

4）列车运行投诉：因列车晚点，列车无法正常运行，或由于司机在列车运行中违反操作规定，造成工作失误，引起乘客不满，造成的投诉。

5）票款差错投诉：因车站售票人员违反操作规定或服务技能不合格，导致票、款差错，引起乘客不满，造成的投诉。

6）其他投诉：未列入以上分类，因轨道交通系统其他原因引起乘客不满，造成的投诉。

（2）按投诉等级可分为以下几类：

1）D级——无伤害，无影响：该投诉内容并未给乘客造成人身伤害，也未在其他乘客中和社会上造成不良影响，此类投诉大多属于建议性投诉，并且车站站务员或值班站长可以当场给予解决。

2）C级——有伤害，无影响：该投诉内容已给投诉人造成人身伤害，但并未在其他乘客中和社会上造成不良影响，这类投诉可以由车站值班站长或投诉管理中心以灵活的方式解决，在处理结果让投诉人满意的基础上化解投诉。

3）B级——无伤害，有影响：该投诉内容并未给乘客造成人身伤害，但由于投诉者将投诉公布在媒体或在其他乘客中广泛散播，已给轨道交通运营造成不良影响。解决该类投诉时，除要客观适当地解决投诉，还要考虑如何消灭不良影响。

4）A级——有伤害，有影响：该投诉内容已给投诉人造成人身伤害，并且已在媒体和其他乘客之间广泛散播，对轨道交通产生严重不良影响。解决该类投诉时应注重调查事故原因，确定责任主体，做好善后处理工作。

投诉也可分为有责投诉和无责投诉两类。作为管理部门应认真对待乘客的两类投诉，妥善进行处理。投诉的接待处理作为企业的一个服务窗口，工作人员应具有一定轨道交通运营管理的专业知识和经验，了解企业的有关规章制度，语言得体，思维敏捷。

乘客投诉处理也是企业质量管理的一个组成部分，从投诉中可以发现企业管理的薄弱环节，一些好的建议、好的想法也是在乘客的投诉中引起管理部门的重视，从而进行改进完善，因此，投诉的接待处理是企业日常管理工作的一个组成部分，对提高服务质量和管理水平起着促进作用。

2. 客伤的处理

客伤是指乘客在轨道交通管辖的运营区域内发生的人身伤害及伤亡事件的总称。

客伤的处理原则是：真诚待人，实事求是，适时安抚，协商解决。同处理投诉一样，能否妥善处理好客伤事件直接影响到企业的对外形象，企业应制定客伤处理的规则，指定专门部门和专人负责处理客伤事件，处理客伤的工作人员要了解企业的各项规章制度、设施设备的工作和使用要求，并掌握一定的法律知识。

城市轨道交通企业为了维护企业的利益和乘客的利益，应向保险公司投保或设立安全基金以帮助企业妥善处理客伤理赔事宜。从客伤的处理中，也可反映出运营管理中的缺陷之处和一些设备设施方面的不完善，帮助企业发现问题，解决问题，更好地做好为乘客服务的工作。

三、站台客运作业

站台客运作业与列车正常运行秩序的维持，线路通过能力的充分利用，以及客运安全等都有密切的联系。站台客运作业的主要内容是接送列车与站台管理。

1. 接送列车

对站台候车乘客做好宣传疏导工作，提醒乘客在安全线以内候车，确保乘客人身安全。列车到达前，说明列车去向，组织乘客尽可能在站台上均匀分布候车，以缩短列车停站时间。列车到达后，提醒乘客先下后上，对下车乘客迅速疏导出站。对通过或特殊用途列车，应根据行车调度的通知及时广播，做好候车乘客的组织工作。列车到达终点站后，要及时做好清车工作，严禁列车带客进入折返线或车辆段。因特殊原因需在中间站临时清车时，要做好宣传解释工作，迅速清车。

接送列车时，要精神饱满、思想集中，站在指定位置面向列车，目送目迎，注意列车运行状态，发现异常情况及时采取相应措施并向行车值班员报告。

2. 站台管理

工作中要加强站台巡视，严防乘客跳下站台和进入隧道，防止乘客和闲杂人员在站台上长时间停留。注意候车乘客动态，发现有可疑情况，以及发现有携带各种危险品危及行车和乘车安全的情况，及时与有关人员取得联系，进行处理。

为确保列车运行安全和乘客安全，站台客运作业人员应与列车乘务人员密切配合，防止车门夹人夹物或车门未关列车启动等现象。

经常保持站台的清洁卫生。

1. 车站是由哪些部分构成的？
2. 车站是如何分类的？
3. 分别说明岛式站台车站和侧式站台车站的优缺点。
4. 我国目前采用的售检票模式有哪些？各有何特点？
5. 什么是大客流？具体表现有哪些？
6. 在大客流的情况下如何组织列车的运营？
7. 在车站哪些部位容易造成客流拥堵？并针对各部位特点说明可采用的措施。
8. 说明客运服务的流程。
9. 客伤处理的原则是什么？
10. 车站客运工作的主要任务是什么？

第六章 安全管理

由于轨道交通具备运量大、速度快、准时性好等优点，使得城市轨道交通成为21世纪全球各大都市的交通命脉。但由于城市轨道交通相对封闭，一旦发生事故就会造成较大的人员伤亡、经济损失，以及较严重的政治影响，见表6-1，因此，加强对城市轨道交通的安全管理至关重要。

表6-1　国内外部分城市轨道交通事故

事件分类	时间	地点	原因与后果
火灾	1982年3月	美国纽约	传动装置故障引发火灾，伤86人，1辆车报废
	1987年11月	英国伦敦	售票处大火，死亡31人
	1995年10月	阿塞拜疆巴库	电动机车电路故障，死亡558人，伤269人
	2003年2月	韩国大邱	人为纵火，死亡140人，伤289人，失踪318人
水灾	2001年9月	中国台北	暴雨和洪水造成18座车站被淹，地铁陷于瘫痪
	2003年7月	中国上海	隧道部分坍塌，地面出现“漏斗形”沉降，1栋8层楼房坍塌
停电	1996年1月	中国北京	高压输电线被砸断，57辆列车停运，时间长达146min
	2003年8月	英国伦敦	近2/3的地铁列车停运，约25万人被困在地铁中，许多地铁站被迫暂时关闭
毒气	1995年3月	日本东京	3条线路的5节车厢同时发生“沙林”毒气事件，造成12人死亡，5000多人受伤，14人终身残疾
列车相撞	1999年8月	德国科隆	地铁列车撞击事故，67人受伤
	2005年4月	日本	列车脱轨事故，91人死亡，456人受伤
爆炸	2001年8月	英国伦敦	发生爆炸，6人受伤
其他	1999年9月	白俄罗斯	地铁车站人数太多，发生意外，54人被踩死
	2000年6月	美国	列车出轨，89人受伤
	2004年3月	中国上海	一乘客从站台上跌落轨道，被一辆正好进站的地铁列车碾轧致死

一、安全的相关概念及其影响因素

（一）基本概念

安全是指在生产活动过程中，能将人或物的损失控制在可接受水平的状态。换言之，不管事故是否发生，只要人或物的损失是在人们可以接受的范围之内，就称之为安全；反之则为不安全。

安全管理是为了有效地减免生产事故及由生产事故所引起的人或物的损失而进行危险控制的一切活动。安全管理的发展是随着人们安全观念的转变而转变的。早期的安全管理主要是事后管理，人们仅仅围绕事故本身做文章，常常利用传统的行政手段、经济手段以及常规的监督检查手段来从事安全管理。20 世纪 60 年代以来，人们认识到强化隐患的控制、消除危险才能高效地预防事故，强化超前和预防成为现代安全管理的理念，其方法也转变为利用现代的法制手段、科学手段、文化手段和崇尚以人为本。根据我国《中华人民共和国安全生产法》、《城市轨道交通运营管理办法》以及各城市制定的轨道交通运营突发事件应急预案等法律、法规，“安全第一，预防为主”已成为我国城市轨道交通系统运营的安全管理方针。

（二）影响轨道交通安全的因素

1. 行车安全相关因素

城市轨道交通系统的网络运输能力体现了运输效率。提高网络的运输能力，可以最大程度地满足乘客出行要求，安全高效地完成输送任务。网络的运输能力主要影响轨道交通运行系统的可靠性，列车一旦发生延误不仅会影响到自身线路的正常运行，而且会影响到网络中其他列车的正常运行，见图 6-1。正是因为轨道交通运行延误具有传播性，在发生列车运行延误时，列车到达晚点或者取消车次都会降低线路与车站等设备的通过能力，限制系统设备能力的充分利用。特别是在客流高峰时段的运行延误，将导致更大的能力损失，严重影响城市轨道交通系统的运营稳定性和可靠性。因此，提高网络的运输能力，减少列车的运行延误对提高系统运行的可靠性是很重要的。

(a)

(b)

图 6-1 列车事故

(a) 东京地铁追尾；(b) 上海磁悬浮列车着火

2. 作业人员因素

在各类事故中，很多是由于乘客没有遵守乘车规则而造成的，但由于城市轨道交通工作人员疏忽引发的事故比例也较大，而且后果严重。几乎每一起重大事故都与工作人员的失职有关，特别是发生事故后，工作人员的处理是否及时、正确是影响事故后果的重要因素。因此对工作人员进行法制教育、技术教育、安全教育和职业教育是十分必要的。

3. 技术设备因素

技术设备的日常管理和维护直接影响着系统的运营安全和可靠性。城市轨道交通系统包含了以下主要设备：线路及车站、车辆及车辆段、通信信号、供电、环控设施、售检票以及防灾监控报警设备等。只有各项技术设备协同可靠工作，才能保证列车安全高效地完成运输任务。城市轨道交通系统一般采用了高可靠性、技术先进的设备，而且构成的系统具有“故障导向安全”的特征，使整个系统具有应对设备故障及突发事件的高度安全性。城市轨道交通的线路长度、站间距离相对较短，列车种类单一，因此为了保持列车运行秩序稳定，列车运行控制系统在一定范围内可以自动调整列车的运行状态。城市轨道交通车站一般不设置配线，列车在车站正线上办理客运作业，如果一列车出现故障，将直接影响到后续列车的正常运营。因此，整个轨道交通系统的设备维护和管理是十分关键的。

4. 安全管理因素

2002 年 11 月 1 日全国人大常务委员会审议通过了《中华人民共和国安全生产法》。此法适用于所有从事经营活动的单位。它的实施为轨道交通的安全管理提供了法律基础。在实际管理中，由于我国城市轨道交通部门安全监管的规章制度还不完善，容易出现安全考核和相关措施不到位的情况。另外，轨道交通安全监管缺乏必要的手段，使安全监管工作难以实施。针对当前我国城市轨道交通建设迅速发展的形势，建设部决定加大安全生产管理力度，强化城市轨道交通安全监管责任体系建设，重点开展了五方面工作：一是研究制定城市轨道交通安全方面的法规和政策；二是建立城市轨道交通安全评价制度，用系统论和方法论科学确定安全评价标准，并与有关部门合作选择一批安全评价机构；三是根据安全评价结果，督促落实安全责任机制；四是组织编制一系列安全导则，如地铁建设技术风险控制、试运行导则、试运营导则和抢险指南等；五是继续完善有关安全标准体系和职业安全防护标准，针对城市轨道交通的七大系统分别制定建设、运营的安全标准。

5. 外部环境因素

除了系统本身可能影响城市轨道交通系统运营安全和可靠性的因素外，自然灾害、恐怖袭击、人为破坏等突发事件也是影响运营和可靠性的关键因素，见图 6-2。这些突发事件的发生，将会造成重大的人身伤亡、财产损失以及运营中断，产生轨道交通运营的安全问题。因此，必须加强自然灾害、恐怖袭击或人为破坏事件的预警和发生后的应急处置，最大程度地降低人员伤亡和财产损失。

二、城市轨道交通系统事故分析

（一）事故等级标准的确定

我国目前尚未制定全国性统一的城市轨道交通事故等级分类标准。但各拥有轨道交通系统的城市都结合自身的特色，制定了相关的规则和标准。

【例 1】 北京标准。在《北京市轨道交通运营突发事件应急预案》中规定如下：

依据轨道交通运营突发事件可能造成的危害程度、波及范围、影响力大小、人员伤亡及财产损失等情况，由高到低划分为特别重大（Ⅰ级）、重大（Ⅱ级）、较大（Ⅲ级）、一般（Ⅳ级）四个级别。

Ⅰ级：特别重大轨道交通运营突发事件

在运营中，出现下列情形之一时称为特别重大轨道交通运营突发事件：

图 6-2　防化警察对列车进行防化检测

（1）造成轨道交通运营中断 6 小时以上；

（2）造成 30 人以上死亡（含失踪），或者危及 50 人以上生命安全，或者 100 人以上重伤（中毒）；

（3）造成被困人数 3000 人以上；

（4）造成 1 亿元以上直接经济损失；

（5）造成需要紧急转移安置 10 万人以上。

Ⅱ级：重大轨道交通运营突发事件

在运营中，出现下列情形之一时称为重大轨道交通运营突发事件：

（1）造成轨道交通运营中断 3 小时以上 6 小时以下；

（2）造成 10 人以上 30 人以下死亡（含失踪），或者危及 30 人以上 50 人以下生命安全，或者 50 人以上 100 人以下重伤（中毒）；

（3）造成被困人数 1000 人以上 3000 人以下；

（4）造成 5000 万元以上 1 亿元以下直接经济损失；

（5）造成需要紧急转移安置 5 万人以上 10 万人以下。

Ⅲ级：较大轨道交通运营突发事件

在运营中，出现下列情形之一时称为较大轨道交通运营突发事件：

（1）造成轨道交通运营中断半小时以上 3 小时以下；

（2）造成 3 人以上 10 人以下死亡（含失踪），或者危及 10 人以上 30 人以下生命安全，或者 10 人以上 50 人以下重伤（中毒）；

（3）造成被困人数 500 人以上 1000 人以下；

（4）造成 1000 万元以上 5000 万元以下直接经济损失；

（5）造成需要紧急转移安置 1 万人以上 5 万人以下。

Ⅳ级：一般轨道交通运营突发事件

在运营中，出现下列情形之一时称为一般轨道交通运营突发事件：

（1）造成轨道交通运营中断半小时以下；

（2）造成 3 人以下死亡（含失踪），或者危及 10 人以下生命安全，或者 10 人以下重伤

（中毒）；

（3）造成被困人数500人以下；

（4）造成1000万元以下直接经济损失；

（5）造成需要紧急转移安置1万人以下。

【例2】 天津标准。天津市依据造成或可能造成的危害程度、波及范围、影响大小、行车中断时间、人员伤亡及财产损失等情况，将突发事件由高到低划分为Ⅰ级（特别重大）、Ⅱ级（重大）、Ⅲ级（较大）、Ⅳ级（一般）四个等级。

Ⅰ级突发事件。指具备以下情形之一，需要天津市轨道交通应急处置指挥中心（以下简称指挥中心）统一协调、指挥各方面资源和力量处置的突发事件包括：因事故造成人员死亡3人以上或重伤5人以上；运营场所发生火灾、爆炸、有毒化学物质泄漏、构筑物坍塌事件，造成运营中断；运营列车冲突、脱轨或颠覆；遭受台风、水灾、地震等自然灾害侵袭，造成轨道交通运营中断；发生恐怖袭击事件或严重刑事案件，造成轨道交通运营中断；其他事态非常复杂，运营秩序受到特别重大影响，已经或可能造成特别重大人员伤亡、财产损失或环境污染等后果的突发事件。

Ⅱ级突发事件。指具备以下情形之一，需要指挥中心调度市有关部门联合处置的突发事件包括：因事故造成人员死亡2人以下或重伤4人以下；发生突发性大客流，运营秩序可能或已经失去控制；发生大面积停电，致使运营中断；车站内发生聚众闹事等突发事件，致使运营受阻；其他事态复杂，对运营秩序造成重大影响，已经或可能造成重大人员伤亡、财产损失或环境污染等后果的突发事件。

Ⅲ级突发事件。指具备以下情形之一，以轨道交通运营单位为主进行处置，必要时由指挥中心协调相关专业应急机构业务指导或支援能够处置的突发事件：部分运营区域发生突发性大客流，需要地面交通协助疏散；因设备故障等原因造成中断运营1小时以上，需要地面交通协助疏散；隧道大面积积水需要市政、电力等部门协助抢险；其他事态比较复杂，运营秩序受到严重影响的突发事件。

Ⅳ级突发事件。指事态比较简单，局部运营中断1小时以内，运营秩序受到影响，运营单位能够处置的突发事件。

（二）预警级别的确定

依据轨道交通运营突发事件的危害程度、发展情况和紧迫性等因素，轨道交通运营突发事件的预警由高到低分红色、橙色、黄色、蓝色四个级别。

（1）红色预警：预计将要发生特别重大（Ⅰ级）以上轨道交通运营突发事件，事件会随时发生，事态正在不断蔓延。

（2）橙色预警：预计将要发生重大（Ⅱ级）以上轨道交通运营突发事件，事件即将发生，事态正在逐步扩大。

（3）黄色预警：预计将要发生较大（Ⅲ级）以上轨道交通运营突发事件，事件已经临近，事态有扩大的趋势。

（4）蓝色预警：预计将要发生一般（Ⅳ级）以上轨道交通运营突发事件，事件即将临近，事态可能会扩大。

（三）事故分类

1. 行车事故

（1）定义。凡在地铁行车工作中，因违反规章制度，违反劳动纪律，技术设备不良及其他原因，在行车中造成人员伤亡、设备损坏、经济损失，影响正常行车或危及行车安全的，均构成行车事故。

（2）级别划分。按照行车事故的性质、损失及对正线列车运行的影响程度，行车事故分为重大事故、大事故、险性事故和一般事故。

1）凡列车因冲突、脱轨、火灾或爆炸等造成人员死亡 3 人或死亡、重伤 5 人及以上，或车辆中破一辆，或中断正线行车满 150min 及以上者列为重大事故。

2）凡列车因冲突、脱轨、火灾或爆炸等造成人员伤亡数不够重大事故，或车辆小破一辆，或中断正线行车满 90min 及以上者列为大事故。

3）凡事故性质较严重，但未造成损害后果或损害后果不够大事故者为险性事故。如列车冲突，列车脱轨，列车分离，未准备好进路接发列车，向占用区间发出列车，向占用线接入列车，列车冒进信号，错开车门、运行途中开门和车未停稳开门，列车开错方向或进错股道，客车夹人开车，电话闭塞时未办或错办闭塞发车等列为险性事故。

4）凡事故性质及损害后果不够险性事故者为一般事故。包括调车冲突，调车脱轨，挤岔，因错办或未及时办理信号致使列车停车，应停列车在站通过或应通过列车在站停车，因车辆部件脱落或货物装载不良刮坏技术设备，因各种原因中断正线行车满 30min 及以上，因行车作业人员违反劳动纪律延误列车正点运行，错误办理列车凭证发车，因调度命令漏发、漏传，或错发、错传延误列车正点运行等列为一般事故。

（3）责任划分。按照事故的责任性质，行车事故可分为责任事故和非责任事故。

1）责任事故：通过采取管理或技术手段能够预见和避免，但因工作疏漏、盲目蛮干而未能预见和避免；或者通过及时采取措施能够降低损失，但由于过失或者采取措施不力导致损失和影响加重的事故。

2）非责任事故：由于自然因素造成的不能预见、人力不可抗拒的事故，或在技术改造、发明创造、科学试验活动中，因科学技术条件限制无法预测而发生的事故。

2. 设备事故

（1）定义。指运营公司所属设备因非正常损坏造成停机或使设备质量、技术性能降低、影响正常使用，直接经济损失超过规定限额的行为或事件。

（2）级别划分。按照事故引发的经济损失和危害程度，分为一般事故、重大事故、特大事故，有专业规定的设备按其规定执行。

3. 人员伤亡事故

（1）轨道交通系统员工伤亡事故。员工在劳动过程中发生的人身伤害、急性中毒事故。即员工在本岗位劳动，或虽不在本岗位劳动，但由于公司的设备和设施不安全、劳动条件和作业环境不良、管理不善，以及公司领导指派到公司外从事本公司活动，所发生的人身伤害（即轻伤、重伤、死亡）和急性中毒事故。

（2）轨道交通外部人员伤害事故。指由于以下原因造成轨道交通系统外部人员受伤或死亡的事故：

1）列车在运行或调车过程中发生的颠覆、冲突、脱轨等；

2）自动扶梯、楼梯、电梯等车站设备故障；

3）跳轨、翻越栏杆等受害人自身原因；

4）他人谋害、恐怖分子施放毒气等外部原因；

5）地震、战争等不可抗力因素。

4. 火灾事故

5. 其他

三、行车事故的处理

1. 行车事故处理规则

（1）发生行车事故时，首先确保乘客及有关人员的安全。

（2）发生事故时，要积极采取措施，迅速抢救，尽快恢复运营，尽量减少损失。

（3）有关人员应尽力判明事故对行车的影响，以提高处理事故的效率。

（4）控制中心必须按照“先通后复”的原则组织指挥事故处理。

（5）发现或确认事故后，必须确保信息畅通，立即报告有关人员。

2. 行车事故调查处理原则

（1）“四不放过”的原则。即事故原因不查清不放过，事故责任者得不到处理不放过，整改措施不落实不放过，事故教训不吸取不放过。必须查出原因，分清责任，吸取教训，制定措施，防止同类事故再次发生。

（2）“先通后复”的原则。事故发生后，要积极采取措施，迅速抢救，尽快恢复运营，尽量减少损失。

（3）以事实为依据的原则。处理事故要以事实为依据，以有关法规、制度为准绳，认真调查分析，查明原因，分清责任，吸取教训，制定对策。对事故的责任者，应根据事故的性质和情节，予以批评教育、经济处罚、行政处分直至追究法律责任。事故性质、情节严重的，要按有关规定逐级追究领导责任。对事故分析处理拖延、推托责任、姑息纵容、隐瞒不报或不如实反映事故情况者，应予以严肃批评教育或纪律处分。

3. 行车事故报告程序

在区间发生行车事故时，由值乘司机立即报告行车调度员，无法和行车调度员联系时，可报告就近车站行车值班员，由行车值班员转报行车调度员；在车站内或车辆段内发生行车事故时，由车站行车值班员或车辆段运转值班室值班员报告行车调度员；其他目击人员可以通过车站工作人员向行车调度员报告。

行车调度员接到事故报告后，应采取下列措施：

（1）接到值乘司机或车站行车值班员的事故报告后，立即报告控制中心主任和值班调度主任。报告事项包括：发生时间（月、日、时、分），发生地点（区间、千米、米、某站、上行或下行正线），列车车次、车组号、关系人员职务、姓名，事故概况及原因，人员伤亡及车辆、线路等设备损坏情况，是否需要救援，是否影响邻线运行，以及其他必须说明的内容、要求。

（2）接到救援请求后，应及时向车辆段运转值班室值班员发布救援列车出动命令。

（3）立即关闭后方站的出站信号（调控权下放时，应立即通知后方站行车值班员关闭出发信号），阻止续行列车进入区间。

（4）通知电力调度员，切断牵引电流。

（5）根据需要，向列车司机发布疏导乘客命令，命令应指明疏导方向及注意事项。

（6）根据需要，向有关站发布疏导乘客的命令。

（7）对已进入该区间的其他列车应采取措施使其退回后方站，若不能退回后方站时也应发布疏导乘客命令。

（8）尽快开通线路，恢复按图行车。

（9）及时填写“行车事故概况”。

发生人员伤亡、火灾、爆炸、毒气袭击等事故，需要报告119火警、120急救中心或公安派出所时，由值班站长、事故现场目击者在第一时间内报告；值乘司机应立即报告控制中心，由控制中心立即报告119火警、120急救中心或公安派出所等外部救援单位。

4. 行车事故现场处置

在事故报告完成之后，有关人员要迅速进行现场的处置。在专业人员及救援人员到达事故现场前，若事故发生在区间，由值乘司机负责；若事故发生在车站或车辆段，由值班站长/行车值班员或车辆段运转值班室值班员调度员负责。其任务是指挥抢救伤员、引导乘客自救、组织疏散及安抚乘客等，并保护现场、查找证人、做好记录，等待进一步救援。在有关救援人员到达后，由事故现场的负责人或委任相关专业人员指挥救援，处理善后工作。

在险性事故和一般事故发生后，值乘司机必须立即报告，并等待行车调度员的进一步命令指示，按要求执行，不得擅自移动列车。如需事故救援，值乘司机应按规定请求救援，并在救援人员和设备到达现场前负责列车的安全、乘客的安全。在救援人员到达后向现场指挥人员报告情况，并按行车调度员或救援指挥人员的命令执行。

四、客运事故的处理

1. 自动扶梯伤害事故的处理

（1）车站工作人员赶赴事故现场。

（2）关闭自动扶梯，做好人员疏散。

（3）对受害人实施救治，如伤势较重，应立即拨打120，至少有一名工作人员陪同前往。

（4）挽留目击证人，记录事故相关信息。

（5）若事故情节较重（属大事故及以上者），通知相关部门和人员。

（6）事故处理完毕，清理现场。检查自动扶梯，恢复运行。

2. 坠物伤害事故的处理

（1）车站工作人员赶赴事故现场。

（2）工作人员圈定并隔离事故现场，防止再次坠物伤人。

（3）对受害人实施救治，如伤势较重，应立即拨打120，至少有一名工作人员陪同前往。做好事故现场的客流组织工作。

（4）挽留目击证人，记录事故相关信息。

（5）若事故情节较重（属大事故及以上者），通知相关部门和人员。

（6）事故处理完毕，清理现场。联系相关单位和人员。

3. 乘客乘降意外的处理

（1）立即停车，开启车门（司机紧急停车，或按下紧急停车按钮停车）。

（2）按照对受害人伤害的程度，采取不同的救治处理。

（3）挽留目击证人，记录事故相关信息。

（4）若事故情节较重（属大事故及以上者），通知相关部门和人员。

（5）检查车门有无故障，立即恢复行车。做好列车延误后的客运组织工作。

五、城市轨道交通安全管理对策研究

1. 加强人员培训和系统设备的日常维护

城市轨道交通系统是一个包含土建、车辆、供电设备、通讯信号、运营管理等多学科、多专业、多工种的复杂大系统。系统的安全与可靠性贯穿了从工程的前期决策、设计、施工到运营管理等各个阶段的全过程。对每个有不同岗位要求的工作人员而言，高质量地完成本岗位的工作要求，是保证轨道交通系统安全高效运营的关键，因此，必须加强工作人员的职业素质和道德培养。

城市轨道交通运营所依赖的交通设施，虽然采用了较高的可靠性标准，列车运行控制软硬件系统也采用了冗余设计来增强系统工作的可靠性，但在长期复杂多变的外界因素干扰下，仍然难以保证运营设施与设备不产生功能失效，因而系统实际运营过程中发生随机故障在所难免。为了降低故障发生率，就需要对系统的各种设施设备做好日常的维护和管理，发现问题及早解决，最大程度地消除发生故障的隐患，从而保证轨道交通系统安全高效运行。

2. 提高轨道交通系统的技术装备水平

为了保证轨道交通系统中各种设备的正常运行，减少故障、事故和突发事件的发生，应尽可能地利用最先进的技术装备和高科技手段。如采用高技术支持的信息管理、应急处置系统等来确保各种事件发生时的信息传输通畅以及应对措施的有效实施；采用列车运行智能化调度系统，减少因人工疏忽所引发的各种故障或事故；采用线网综合运营协调系统，保证网络中各车辆的高效、安全、可靠运行。

3. 应急预案的制订和演练

通过安全设计、操作、维护、检查等措施，可以预防事故、降低风险，但达不到绝对的安全。因此需制定在发生轨道交通事故后所采取的紧急措施和应急处置预案，充分利用一切可能的力量，在事故发生后迅速控制事故发展并尽快排除事故，保护乘客和员工的人身安全，将事故对人员、设施和环境造成的损失降低至最低程度。应急预案是应急救援系统的重要组成部分。针对各种不同的紧急情况制定有效的应急预案，不仅可以指导各类人员的日常培训和演习，保证各种应急资源处于良好的准备状态，而且还可以指导应急救援行动按计划有序地进行，防止因行动组织不力或现场救援工作混乱而延误事故救援，降低人员伤亡和财产损失。在预案演练时，可以与公安、消防、医院、公交等系统的相关部门实行联合演习，增加演练的实战性，更好地掌握演练技巧。

4. 开展公众安全宣传教育，提高全民的安全防范意识

轨道交通的运营安全直接关系到乘客的人身安全和财产安全，与广大人民群众的切身利益息息相关。要实现轨道交通运营安全有序，在加强员工安全教育基础上，必须对广大乘客进行宣传教育，提高全民的安全防范意识。

在加强轨道交通系统员工的安全教育和职业道德教育的基础上，延伸“全员安全管理”的外延，通过积极推进轨道交通安全文化的建设，致力于建造包括轨道交通系统员工和广大乘客在内的“安全型社会”。首先，对全体轨道交通员工持续进行严格的安全培训，提高员工安全意识，使员工掌握安全知识，严格执行安全制度，提高自救、互救和应急处理能力。其次，定期与轨道交通车站内公安、保洁人员、商铺银行营业人员等召开安全联席会，组织他们参加各种轨道交通安全演练，使他们的安全理念与轨道交通保持一致，安全知识和应急技能与轨道交通系统员工同步提高；对外单位的施工负责人进行轨道交通施工管理规章和安

全培训，实行持证上岗；与轨道交通车站周边的社区进行联合，共同维护轨道交通运营安全。最后，定期开展轨道交通安全宣传活动，向市民派发宣传轨道交通安全知识的小册子，充分发挥轨道交通车站和列车等宣传阵地，会同新闻媒体，进行广泛的安全宣传教育，提高市民对轨道交通安全知识的认识和掌握。

例如，为确保地铁安全运营，北京地铁公司制订了安全宣传教育计划，其目的是为了提高乘客乘坐地铁的安全意识，自觉执行乘坐地铁的有关规定，掌握和提高地铁突发事件发生后的自救、互救和逃生技能，最大限度地减少人员和财产损失。阶段性工作与年度计划相结合，以阶段性工作成果促进年度计划的实施。根据年度内不同时期的活动特点如“春运”、“安全生产月”、“119 消防宣传日”等，组织相关“宣传周”“宣传日”在地铁车站举行活动。在活动中营造浓厚的宣传氛围，悬挂横幅、串旗、彩旗，设置宣传台，由相关领导、工作人员向乘客发放宣传品，回答乘客咨询，向乘客赠送安全知识纪念品等。开展地铁网站进行有关安全规定、安全知识、自救逃生技能、安全法规等知识和规定的登载。积极主动与新闻媒体配合，取得其支持，进行相关安全知识和情况的报道，扩大宣传范围和力度。运营公司安全部门编制“地铁乘客须知与避险手册”“乘客遇险怎么办”等宣传材料，在各项活动中向乘客发放。

六、车站的安全设备

在日常工作中，应自觉遵守安全生产规章制度和劳动纪律，不违章作业，并随时制止他人违章作业；遵守有关设备保养制度的管理，正确使用各种设备及工具。车站内配备的安全生产设备主要如图 6－3～图 6－14 所示。

防爆罐是一种能有效防护如手榴弹等爆炸物爆炸时产生的冲击波和破片的重要设备，可以避免或减轻对周围人员的伤害，以及对公共场所的损坏，主要用于临时隔离爆炸物，临时储存及处置爆炸物品。

防爆毯是一种用高强度防弹纤维材料，经过特殊工艺加工制成的一种毯子形状的防爆器材。从硬度上分为软体和硬体两种，从规格上分为 1.2m 见方和 1.6m 见方两种。它是由防爆围栏和防爆毯两部分组成的。在使用时先用防爆围栏将可疑爆炸物罩住，尽量将可疑爆炸物置在中心，然后再将防爆毯该在围栏之上（防爆毯也尽量铺向中心）。一般的防爆毯可防 TNT 的重量为 60g 左右，人员在 1m 之外不受伤害。

图 6－3　云台

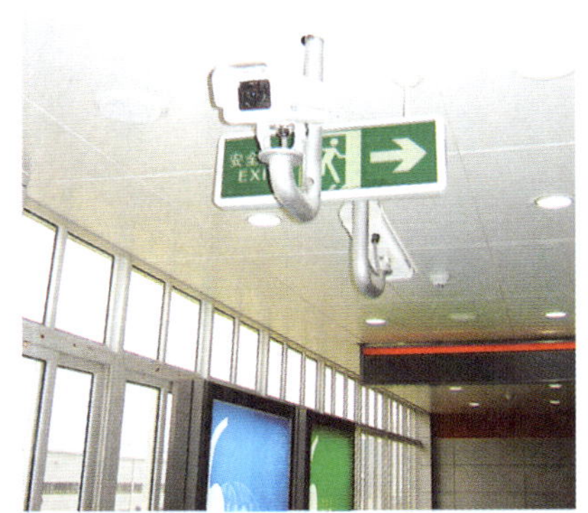

图 6－4　摄像机

图 6-5　CCTV

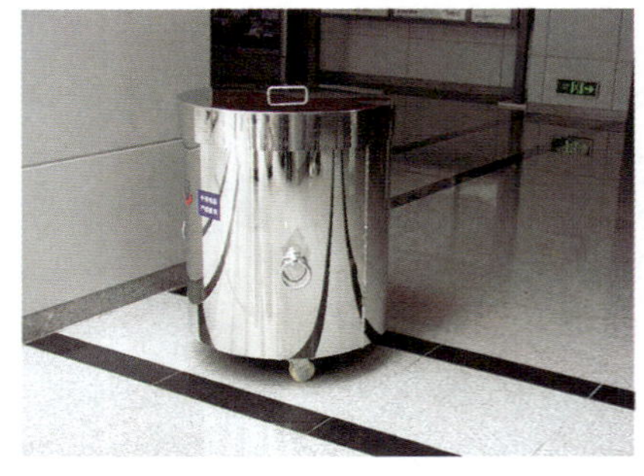

图 6-6　防爆罐

图 6-7　疏散标志

图 6-8　消火栓及灭火器

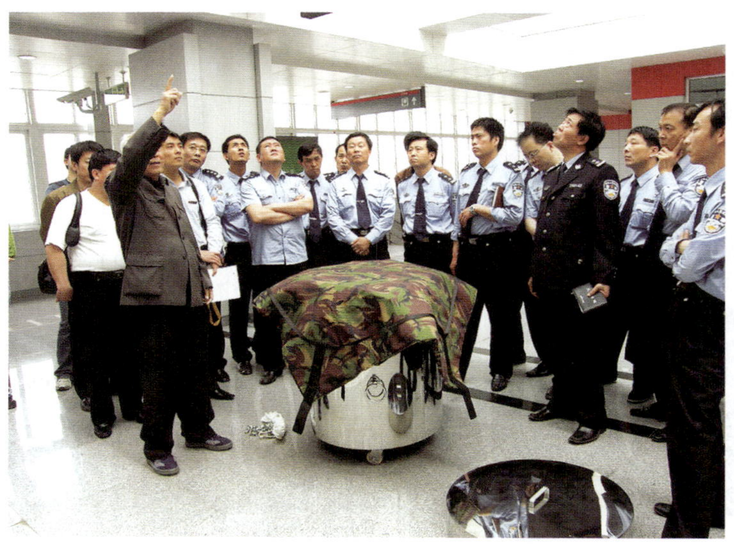

图 6-9　防爆毯

图 6-10 呼吸器

图 6-11 车站工作人员与公安人员共同处理事故

图 6-12 荧光背心

图 6-13 警戒绳

图 6-14　车站综控室配备的安全工具与紧急救护用品

车站行车备品包括员工劳动保护用品和专用器具两大类。劳动保护用品包括安全帽、绝缘手套、沙手套、安全带、荧光背心、口笛、手电筒、强力探照灯及其充电用具、臂章等；专用器具包括钩锁器、手摇把、信号灯及其充电用具、信号旗、红闪灯及其充电用具、无线电台及其充电用具、手提广播、调度命令、行车凭证、下轨梯、拾物钳、急救箱等。所有行车备品摆放要求整齐、有序，行车备品柜要有统一标识和备品目录，标明备品名称、数量及负责人，使用过程中要求正确操作，珍惜爱护。

紧急电话供紧急状态下乘客或车站工作人员使用，每台紧急电话都设成热线电话，用户摘机即连接至综合控制室值班员话机上，各车站每侧站台设两台紧急电话，如图 6-15 所示。

闸机开启按钮一般设置在车站综控室，当站台发生火灾或其他事故时按下此钮可开启全部闸机，便于站内乘客的疏散，如图 6-16 所示。

图 6-15　紧急电话

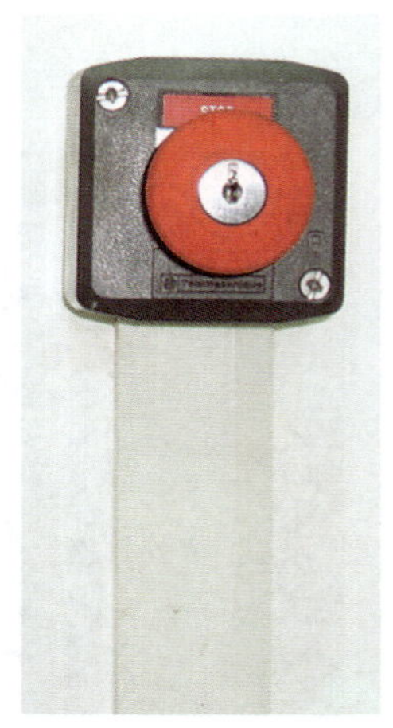

图 6-16　闸机开启按钮
（设置在车站综控室，紧急情况下按此钮可开启全部闸机）

思　考　题

1. 影响轨道交通安全的因素有哪些？
2. 什么是行车事故？行车事故是如何分类的？
3. 发生行车事故应如何处理？
4. 发生客运事故应如何处理？
5. 对城市轨道交通安全应从哪些方面加强管理？
6. 车站应配备哪些安全设备？

附　　录

附录一　电话闭塞的办理程序

1. 请求闭塞

车站行车值班员在接到后方车站列车发出通知后用专用电话向前方车站行车值班员提出闭塞请求。“××站××次列车请求闭塞。”

2. 同意闭塞

接车站行车值班员在清楚后方车站与本车站两站区间及本车站站台没有被列车占用时，要同意发车站行车值班员的闭塞请求，并拟出承认此次闭塞的电话记录号码，记入《行车日志》，然后向发车站答复闭塞请求。“××站承认××次列车闭塞，电话记录号码××××，值班员×××。”

3. 填写路票

发车站行车值班员要将接车站承认闭塞的电话记录进行登记，即写入《行车日志》，待开通发车进路后，方可以填写路票。填写路票的行车值班员要在路票上签名，并加盖本车站站印。路票填写字迹清楚，不得涂改，路票一式两份，一份交司机，一份本站留存。

4. 交换路票

车站行车值班员在将路票交给司机以前要再次对路票的书写内容进行核查，确保路票的书写内容准确无误。除始发站以外，车站行车值班员要先将司机手中的前方车站的路票收回以后，然后方才可以将本站的路票交给司机。收回的前方车站的路票要划“×”注销，并在本站存留三个月，以备查验。

5. 阅读路票

路票是司机驾驶地铁车辆进入区间的唯一凭证，司机接到路票以后要认真阅读路票，确认路票的书写内容正确无误，并确认车站行车值班员给出的发车信号正确后，方可以驾驶车辆进入区间。

6. 确定发车

发车站的行车值班员在确认路票交接作业已完成，列车关门作业已完成，按运行图规定的发车时刻已到后，才可以向本次列车发出发车信号。

7. 出发报点

列车由本站出发后，行车值班员要立即将本次列车的发车时刻用电话向控制中心调度员报告本次列车的到发时刻：“××站××次列车××时××分到达××站，××时××分离开××站”。

8. 到达报点

列车到达本车站以后，车站行车值班员要立即用电话向发车站行车值班员报告本次列车

的到达时刻，以便于发车站注销此次列车闭塞。

9. 电话号码

电话闭塞的电话记录号码定为四位数，前两位数为车站名的代码，车站名的代码是固定不变的。后两位数为本站电话闭塞记录使用的序号（1～99），此序号是递增使用的，每日从“1”开始，到“99”后再回到“1”。上行的电话闭塞的电话记录使用的序号为偶数，下行的电话闭塞的电话记录使用的序号为奇数。

10. 准备工作

填写路票是一项十分重要的行车工作，为了防止填写错误和提高工作效率，每一个车站的每一个班要备有一本路票，可以事先把站印、站名印盖好，便于在具备填写条件时立即填写，以免因此而影响行车时间。

附录二 手信号的显示

序号	手信号类别	显示方式	
		昼间	夜间
1	停车信号：要求列车停车	展开红色的信号旗；无信号旗时，双臂高举向两侧上下急剧摇动	红色信号灯光；无红色灯光时，用绿色以外灯光上下急剧摇动
2	发车信号：要求列车发车	展开绿色的信号旗，上弧线向列车方向作圆形转动	绿色信号灯光，上弧线向列车方向作圆形转动
3	通过信号：准许列车由车站通过	展开绿色的信号旗	绿色信号灯光
4	引导信号：准许列车进入车站或车场	展开黄色的信号旗，高举头上左右摇动	黄色信号灯光，高举头上左右摇动
5	紧急停车信号	展开红色的信号旗，下压数次；无信号旗时，双臂高举头上，向两侧急剧摇动	红色信号灯光下压数次；无红色灯光时，用白色灯光上下急剧摇动
6	减速信号	展开黄色的信号旗；无黄色信号旗时，用绿色信号旗下压数次	黄色信号灯光；无黄色灯光时，用白色或绿色灯光下压数次
7	开门信号	双臂高举头上，作左右分开式	白色信号灯光胸前左右摇动
8	关门信号	单臂高举头上，作左右摇动	手持信号灯，红、白两色灯光交替显示
9	不开门信号	双臂高举头上，作交叉式	红色信号灯光胸前左右摇动
10	开门良好信号	单臂高举作圆形	

附录三　调车手信号的显示

序号	手信号类别	显示方式	
		昼间	夜间
1	停车信号	展开红色的信号旗；无信号旗时，双臂高举向两侧上下急剧摇动	红色信号灯光；无红色灯光时，用绿色以外灯光上下急剧摇动
2	指挥列车或车辆向显示人方向来信号	展开绿色的信号旗，在下方左右摇动	绿色信号灯光，在下方左右摇动
3	指挥列车或车辆向远离显示人方向去信号	展开绿色的信号旗，上下摇动	绿色信号灯光，上下摇动
4	指挥列车或车辆向显示人方向稍行移动信号（包括联挂）	左手拢起红色信号旗直立平举，右手展开绿色信号旗在下方左右小摆动	绿色信号灯光，下压数次后，再左右小动
5	指挥列车或车辆向显示人反方向稍行移动信号（包括联挂）	左手拢起红色信号旗直立平举，右手展开绿色信号旗在下方上、下小动	绿色信号灯光，下压数次后，再左右小动
6	车辆连接信号	双臂高举头上，使拢起的手信号旗成水平末端相接	红、绿色信号灯光交互显示数次；无绿色灯光时，用白色灯光代替
7	三、二、一车距离信号	右手展开绿色的信号旗下压三、二、一次	绿色灯光下压三、二、一次
8	取消信号：通知前发信号取消	拢起手信号旗，两臂与前下方交叉后左右摇动数次	红色信号灯光作圆形转动后，上下摇动
9	减速信号	展开绿色信号旗下压数次	绿色信号灯光下压数次

附录四　汽笛信号鸣示方式

序号	名称	鸣示方式	使用时机
1	注意信号	一长声	1. 列车或机车启动前； 2. 车辆被迫在区间停车，再次启动前； 3. 通过列车接近车站站台时
2	退行信号	两长声	列车开始退行前
3	推进信号	一长声一短声	1. 列车由尾部驾驶室控制列车运行； 2. 两组列车联挂后，由后一组列车驾驶室控制全部列车运行

续表

序号	名　称	鸣示方式	使　用　时　机
4	报警信号	连续长声	1. 发现线路上有危及行车安全的不良处所； 2. 列车发生重大事故，需要救援时
5	呼唤信号	两短一长声	1. 车辆司机发现信号显示不正确或不清楚； 2. 车辆需要进入车辆段或停车场
6	召集信号	三长声	解除列车防护，并召回防护人员到车上
7	紧急停车信号	连续短声	1. 司机发现邻线发生影响行车的故障，向邻线运行的列车司机发出紧急停车信号时； 2. 两组列车联挂后，正在运行的列车牵引端或被牵引端需要紧急停车时
8	制动缓解信号	三短声	使车辆制动机缓解
9	回应信号	重复本务列车发出的鸣示	1. 在联挂的列车中本务列车鸣笛后，跟随列车要回示； 2. 邻线运行的列车司机发出紧急停车信号时，本线列车司机听到后立即回示

附录五　服务礼仪标准

项目	内　容	标　　准
仪表仪容标准	仪容	要求：仪容端庄大方，讲究个人卫生，注意将头发梳理整齐，男士不留长发、蓄胡须；女士保持淡雅得体，修饰物不得过于奢华，不染异色指甲，保持手脸清洁
	着装	要求：穿着规定的制服，佩戴领带，制帽端正，衣扣整齐，衬衣洁净，保持皮鞋光亮，衣冠整齐清洁；集体参加上级召开的会议或者接受上级检查时，穿着统一制服，戴制帽；按季节统一更换服装
	标志佩戴	帽徽：端正佩戴在帽子箍上方正中央； 胸章：佩戴在上衣左上方； 工作牌：悬挂于胸前，保持正面向外
仪态标准	站姿	要求：挺胸收腹，两肩下沉，双脚并拢脚尖略打开成“V”字型，气上提，收下颚，面带微笑。女双手交叉相握，四指并拢叠放身体前面。男双手相握放在身后，一手半握拳，另一只手握其手腕处
	坐姿	要求：入座前，腿与座椅应有一英尺的距离，当坐下时，右腿后退半步，坐时不要抖腿； 女右手轻抚裙子（手心向上）左手自然放在身体一侧，坐下后右腿向前双脚双腿并拢，双手自然放在腿上，五指并拢，大小腿之间成90°直角，上身挺直； 男坐下后，可将双脚略分开，膝关节稍分。双手五指伸直或轻握拳头放在双腿之上

续表

项 目	内 容	标 准
仪态标准	行走	要求：在标准站姿的基础上迈步前行，收腹收臀提气，目视前方，行走时脚内侧在同一支线上，双臂自然摆动，摆动幅度不宜过大。步伐不宜过急过大，脚不宜抬高，做到轻、灵、巧、稳，自然稳健，注意节奏，除遇紧急情况不要在站厅站台奔跑。女在巡视时，双手可自然相握，抬至腰间
	蹲	要求：当腰弯至低于45°以下时，不可提臀弯腰，必须下蹲，蹲下时，一腿高，一腿低，腿高一侧的手轻轻扶在腿上，腿低的一侧手用来取拾物品，背部尽量保持自然挺直
举止行为标准	敬礼	要求：迎接列车进站时，站台服务人员面对进站列车，当列车于自己相距5m时立正，举手敬礼，并随列车的移动转动，保持始终正对列车。 姿势：上体正直，右手取捷径迅速抬起，五指并拢自然伸直，中指微接帽檐右角前约2cm处，手心向下，微向外张约20°，手腕不得弯曲，右大臂略平，与两肩略成一线。礼毕时，手取捷径迅速放下
	握手	顺序：女士先伸手，男士再握手；领导和上级及长辈先伸手，下级和晚辈再趋前握手；乘客先伸手，服务人员再趋前握手。 要领：保持站立姿势，身体前趋式，右臂向前伸出，与身体呈50°～60°的角度，手心微向左上，拇指前指，其余自然并微向内曲，目视对方，握住手后稍用力即可放开．如果关系亲密，场面隆重，双方的手握住后应上下微摇几下，以表示其热情。 忌：忌贸然伸手，目光游移，长时间不放手，交叉握手，敷衍了事，出手慢慢吞吞，握手后用手帕擦手
	交谈	要求：礼貌、诚恳、友好。与对方的距离适中，眼睛自然注视着对方。可采取“散点柔视”法（两个人在社交距离上的交往中，目光是集中在对方两眼和鼻尖构成的倒三角形的中心，并以此向外扩散至发际，下到衬衫的第二颗纽扣，两边到耳朵这样一个范围内）。勿偏视、俯视、斜视、窥视等
	鞠躬	要求：身体向前，腰部下弯，头、颈、背自然成一条直线，视线随着身体的移动而移动
	手势	要求：五指并拢，拇指向上指向前方，视线需看手指的方向，手臂略成弧线时关节收回。 忌：忌动作过大，手拿物品打手势
	接待	要求：乘客来问询时，主动起立、让座，面对乘客回答；正在作业中时遇乘客问询，站稳回答；做到热情周到，以礼相待，讲究礼貌，不卑不亢。尊重少数民族或外宾的风俗习惯和宗教信仰。 忌：忌漫不经心，边答边做其他的事，边走边答
态度标准	表情	要求：亲切自然，文雅庄重，面带微笑，诚恳热情，不卑不亢
	态度	要求：尊重乘客，服务主动热情、细心周到，和蔼耐心，有问必答；树立乘客至上的服务观念，做到忍让宽容，得理让人，打不还手，骂不还口，虚心接受乘客意见，不断改进服务态度，对乘客反复挑剔和反复询问不计较，对乘客过失不计较。 忌：对乘客冷、硬、顶、训；说脏话和伤人的话，对乘客的问题视而不见，置若罔闻。以貌取人，感情用事，指手画脚，强词夺理

续表

项目	内　容	标　　准
语言标准	称呼	要求：对乘客的称呼如：乘客们、各位乘客、先生、女士、同志、大爷、大娘、同学、小朋友、这位/那位等；对外宾乘客称先生、小姐；对领导的称呼可称职务或职务前加姓氏；同事之间称呼可直接称呼姓名，年长的同事可尊称师傅
	语言声调	服务时应使用软性语言，十字文明用语常挂嘴边（您好，请，谢谢，对不起，再见），保持亲切、平和声调
		维持乘车秩序时，应用稳定、说服、赞扬的语言，声调可略微提高
		纠正违章时，应用启发、诱导、婉转的语言，音量不宜过高
		广播宣传通告时，讲普通话，吐字清晰，音能准确，声调适中、亲切
		突发事件时，使用安抚、沉着、有信心的语言，不能使用让人慌张、压抑等消极影响的语言，声调不宜过高
		处理乘客投诉或接受乘客批评和表扬时，使用谦虚、感谢、称扬的语言，音量适中

附录六　服务语言动作标准

序号	内　容	要　　求	动　　作	语　　言
1	引导乘客入站买票	笑脸相迎，语言亲切，做到腿勤、嘴勤、机警灵活	引导乘客顺序通过闸机，给与乘客必要的帮助；手势指示售、检票地点，通道	“请您走这边。” “请这边排队买票/进站。” “需要我帮您……吗？”
2	维持秩序	态度诚恳，不指手画脚	维持购票、过闸机、上下车秩序，引导乘客排队购票、过闸机、顺序上下车，避免乘客抢上强下	“乘客们，请您们排好队，协助我们共同维护好秩序，谢谢大家。” “请大家互相关照，按顺序上下，不要拥挤。” “请注意安全，站在黄线外候车。” “××，请先下后上，不要着急，避免发生意外”
3	售票	眼睛要看着乘客，主动询问，面带微笑，诚恳热情	接款后复述收到款额，讲清余款数。 发现错找钱、错出票时及时纠正。 当非正常停止售票时，对乘客耐心解释	“请问您要去哪？”“请问您要几张票？”“请问您要充多少钱？” “请确认显示屏票价。”“收您××元，找您××元，请您收好。” “乘客们，由于××，本站暂时停止售票，我们正积极排除。给您带来不便，我们表示歉意”
4	检票	和蔼，耐心解释，不责怪乘客	注意过闸机人流，将持无效票或无票乘客请至检票亭补票	“请您出示车票；”“请您到检票亭按规定补票，谢谢合作；”“您的小朋友身高超过了乘车规定，请这边补票”

续表

序号	内容	要求	动作	语言
5	检查三品时	诚恳、礼貌；做好宣传，讲明意义，征得乘客理解和支持	礼貌征得乘客同意后开包检查；遇乘客阻扰，礼貌劝服，必要时与车站警务室联系	“为保证安全，请您把包打开我们检查一下，谢谢。” “您带的物品不符合乘车规定，请您乘坐别的交通工具”
6	从乘客间通行时	语气和蔼，谦虚	主动给乘客让路，避免在乘客交谈时从中间通过	“劳驾，请您让一下，谢谢！”“借光请让我过一下，谢谢！”
7	解答乘客问讯	主动热情，和蔼耐心，有问必答	站稳，面对乘客回答，帮助乘客解决具体问题	“有什么我可以帮您的？”
8	为乘客提供帮助时		扶助残疾人、老人，重点照顾其出入闸机，指引方向乘车或出站，必要时扶助下站台。 为乘客提包拉行李带小孩时，走在乘客前方或左右 1m 处，不得远离乘客	“××，请走这边……” “我来帮您……” “请您右手持票，走左边通道”
9	不能解答或不能办的事时	歉意地		“请您到×××去问问吧。” “您的事可以到×××办理”
10	接待乘客来访	热情接待	主动让座，走时起立相送	“您好，您有什么事？”“您反映的问题很好，我们调查一下，做得不对的地方我们一定请示领导对其批评教育”
11	接受乘客感谢或表扬	谦虚		“不用客气，这是我们应该做的。” “感谢您对我（们）的鼓励，我（们）做得还不够”
12	乘客提意见、批评时	诚恳，虚心听取	不得左顾右盼，或当面驳斥，当上级处理与乘客的纠纷时，不继续与乘客争执，不用讽刺、嘲弄腔调向乘客表示道歉	“您提的意见很好，我们一定改正，感谢您对我们的帮助。” “对不起，……感谢您的帮助，谢谢。” “谢谢您对车站的关心，我们一定改正”
13	乘客要填写意见本时		不在后面观看或指手画脚，相互议论，更不准待乘客写完意见后将意见撕下	“请多批评指正”
14	乘客往地上扔杂物时	低声缓语，不准斥责		“请您多协助我们保持好环境卫生，请您把××扔进垃圾箱”
15	乘客携带物品超限		目测乘客携带的物品是否违反规定，超限则劝其离开车站	对不起！您的货物超重（超限），请您乘坐别的交通工具

续表

序号	内　容	要　　求	动　　作	语　　言
16	接听电话时	态度端正，声音和缓	电话铃至少应在第三声铃响前拿起电话筒，通话先问候，结束时礼貌道别，待对方挂机后再放下话筒	“您好，这里是××部门（站），请问您有什么事？……再见”
17	纠正违规时	坚持原则，和言劝服，以理服人		“××，请不要……，这样是违反乘车规定的，请……”
18	领导检查工作时		主动迎上，领导伸手要立即上前热情握手	“××您好！欢迎××检查工作” “谢谢领导的鼓励……”
19	处理乘客间纠纷时		上前劝解纠纷，防止事态发展，将争吵乘客分开远去，避免争吵	“有什么我可以帮您处理的问题吗？”
20	突发事件时	沉着、冷静处理	安抚引导乘客，紧急事故按照紧急预案程序动作	“乘客们，为了大家的安全，请听从服务人员的安排”

附录七　天津市轨道交通管理规定

第一章　总　　则

第一条　为了加强本市轨道交通管理，保障运营安全和运营秩序，维护轨道交通运营单位和乘客的合法权益，根据国家有关规定，结合本市实际情况，制定本规定。

第二条　本规定所称轨道交通，是指地铁、轻轨等轨道公共客运系统。

本规定所称轨道交通设施，是指轨道交通的轨道、隧道、高架、路基、车站（含出入口、通道、通风亭等）、车辆、机电设备、通信信号系统、电缆、供电系统和其他附属设施、设备，以及为保障轨道交通运营而设置的相关设施、设备。

第三条　本规定适用于本市行政区域内轨道交通的规划、建设、运营、设施保护及相关管理活动。

第四条　市建设行政主管部门是本市轨道交通的行政主管部门，负责本规定的组织实施。

公安机关负责本市轨道交通的治安管理，维护轨道交通的治安秩序和反恐怖活动。

规划、土地、发展和改革、消防、市容、卫生、环境保护等行政管理部门和相关区、县人民政府，按照各自职责做好轨道交通的管理工作。

第二章　规划和建设管理

第五条　本市轨道交通专项规划由市规划行政主管部门会同市发展和改革管理部门根据本市国民经济和社会发展规划组织编制；本市轨道交通建设规划由市建设行政主管部门根据轨道交通专项规划组织编制。轨道交通专项规划和建设规划应当报市人民政府审批。

编制轨道交通专项规划和建设规划，应当听取区、县人民政府、各有关方面和专家、市民的意见，科学合理安排轨道交通不同线路之间、轨道交通与其他公共交通系统之间的换乘衔接。

第六条 城市规划确定的轨道交通用地，未经法定程序调整，不得改变用途。

轨道交通建设使用地面以下空间的，不受其上方土地使用权属的限制。

第七条 市规划行政主管部门应当根据轨道交通专项规划和建设规划，以及客流量、乘客换乘需要和用地条件，预留公共交通换乘枢纽、机动车和非机动车停车场、公共厕所等公共设施用地，非经法定程序不得挪作他用。

第八条 轨道交通建设资金通过多渠道、多方式筹集。鼓励国内外企业和其他组织投资建设和经营轨道交通。

第九条 轨道交通工程的建设应当采取措施，防止和减少对上方和周围已有建筑物、构筑物的影响，保障其安全。

第十条 轨道交通工程建设项目的勘察、设计、施工、监理，应当遵守国家和本市规定的设计规范、技术标准。

轨道交通工程建设项目的勘察、设计、施工、监理，应当通过招标投标，由具备相应资质等级的单位承担。

第十一条 轨道交通工程竣工后，应当进行工程初验；初验合格的，可以进行试运行；试运行合格，并具备基本运营条件的，可以进行试运营；试运营合格后，应当按照国家有关规定验收。经验收合格后，方可交付正式运营。

第十二条 在轨道交通线路弯道内侧，不得修建妨碍行车瞭望的建筑物、构筑物，不得种植妨碍行车瞭望的树木。

第三章 运 营 管 理

第十三条 轨道交通运营单位应当按照国家和本市规定的服务标准提供运营服务，建立健全各项安全运营制度和安全操作规程，保障轨道交通的正常、安全运营。

轨道交通运营单位未经市建设行政主管部门批准，不得中止或者终止运营服务。

第十四条 轨道交通运营单位应当按照消防管理、事故救援的有关规定，保持轨道交通设施内设置的消防、防汛、防护、报警、救援等器材设备的完好和电子监控设施的正常运行。

第十五条 轨道交通运营单位对运营设施和服务设施应当定期检查，及时维修、更新，确保轨道交通设施处于可安全运行的状态，保持售票、检票、自动扶梯、车辆、通风、照明等设备完好，保持车站、车厢整洁，做到出入口、通道畅通，标志醒目。

轨道交通运营单位应当在车站设置废物箱等必要的服务设施。车站、车辆的广告设置应当合法、规范、整齐、文明。

第十六条 轨道交通运营单位应当组织对轨道交通关键部位和关键设备的长期监测工作，制定和落实安全运营措施，并按照市建设行政主管部门的规定委托具有资质的安全评价机构对轨道交通进行安全评价。

在发生地震、火灾等重大灾害后，轨道交通运营单位应当对轨道交通进行安全性检查，经检查合格后，方可恢复运营。

第十七条　轨道交通运营单位应当定期对从业人员进行安全教育和培训，保证从业人员具备必要的安全运营知识，熟悉有关的安全运营制度和安全操作规程，掌握本岗位的安全操作技能。

第十八条　轨道交通运营单位应当在车站醒目处公布首末班车行车时刻、列车运行状况提示和换乘指示。需要调整首末班车行车时间的，应当通过媒体或者其他有效手段及时向公众告示。

第十九条　轨道交通票价的确定和调整，应当由市建设行政主管部门提出方案，市价格主管部门按照有关规定召开听证会，广泛听取社会各方面的意见，并报经市人民政府批准。

轨道交通运营单位应当执行市人民政府批准的票价，并予以公布。

第二十条　乘客应当持有效车票乘车，并遵守票务规定。

乘客应当接受轨道交通运营单位工作人员的管理，在安全区域内候车，车门开启、关闭过程中不得触摸车门，乘车时应先下后上，车到客运终点后乘客应当全部下车。

乘客应当正确使用轨道交通车站的自动扶梯、自动售检票机、自动兑币机以及其他有关设施、设备，造成损坏的应当依法予以赔偿。

第二十一条　在轨道交通设施范围内禁止下列行为：

（一）拦截列车；

（二）强行上下车；

（三）擅自进入轨道、隧道等禁止进入的区域；

（四）攀爬、跨越高架、围墙、护栏、护网、门闸、安全门等设施；

（五）醉酒者、传染病患者、无监护人陪伴的精神病患者或者健康状况危及他人安全者进站、乘车；

（六）携带动物，充气气球以及易污损、有严重异味、无包装易碎和尖锐的物品进站、乘车；

（七）在车站或者车厢内吸烟，随地吐痰、便溺，乱吐口香糖渣，乱扔果皮、纸屑等杂物；

（八）向轨道交通区域内抛掷杂物、垃圾；

（九）乞讨，躺卧，踩踏车站及车厢内的坐席；

（十）涂写、刻画或者擅自张贴；

（十一）在车站、站台、站厅、出入口、通道停放车辆、堆放杂物或者擅自设摊、卖艺或者从事销售活动；

（十二）未经轨道交通运营单位同意，拍摄电影、电视剧、广告等；

（十三）危害轨道交通运营和乘客安全的其他行为。

第二十二条　禁止乘客携带易燃、易爆、有毒和放射性、腐蚀性的危险品进站、乘车。

轨道交通运营单位有权对乘客携带的物品进行安全检查，对携带危害公共安全的危险品的乘客，应当阻止其进站或者责令其出站；强行进站或者拒不出站的，由公安机关依法予以处理。

第二十三条　轨道交通运行过程中发生故障而影响运行时，轨道交通运营单位应当及时排除故障，恢复运行。无法及时恢复运行的，轨道交通运营单位应当妥善组织乘客疏散，乘客不得在车厢或者车站滞留。

第二十四条 市建设行政主管部门和轨道交通运营单位应当建立投诉受理制度，接受乘客投诉。

轨道交通运营单位对乘客投诉应当及时作出答复，需要调查的，应当自受理投诉之日起10个工作日内作出答复。乘客对答复有异议的，可以向市建设行政主管部门投诉，市建设行政主管部门应当自受理乘客投诉之日起10个工作日内作出答复。

第二十五条 电力、通信、供水等相关单位应当保证轨道交通正常运营的用电、通信和用水。

第四章 设 施 保 护

第二十六条 轨道交通应当按照以下范围设置安全保护区：

（一）地下车站与隧道周边外侧50m内；

（二）地面和高架车站以及线路轨道外边线外侧30m内；

（三）出入口、通风亭、变电站等建筑物、构筑物外边线外侧10m内。

第二十七条 在轨道交通高架垂直投影区域内禁止下列行为：

（一）停放机动车辆、机械设备；

（二）堆放货物、杂物；

（三）私自圈占土地。

第二十八条 禁止下列损坏轨道交通设施的行为：

（一）非紧急状态下动用应急装置；

（二）损坏车辆、隧道、轨道、路基、车站等设施设备；

（三）损坏和干扰防护监视设备、机电设备、电缆、通信信号系统、供电系统；

（四）污损安全、消防、疏散导向、站牌等标志；

（五）在桥墩或者桥梁上钻孔打眼，私搭电线及其他承力绳索；

（六）其他损坏轨道交通设施的行为。

第二十九条 在轨道交通安全保护区内进行下列作业的，应当向市建设行政主管部门提出申请，并提交施工作业方案、安全防护方案和轨道交通运营单位的书面意见：

（一）新建、扩建、改建或者拆除建筑物、构筑物；

（二）敷设或者架设管线、挖掘、爆破、地基加固、打井、吊装；

（三）在过河隧道段挖掘、疏浚河道；

（四）其他大面积增加或者减少载荷的活动。

市建设行政主管部门应当在20天内做出批准或者不予批准的决定，并告知轨道交通运营单位。必要时，市建设行政主管部门可以组织专家进行技术论证。

第五章 应 急 和 事 故 处 理

第三十条 市建设行政主管部门应当会同有关部门制定轨道交通突发事件应急预案，报市人民政府批准。

轨道交通运营单位应当制定轨道交通突发事件先期应急处置方案，报市建设行政主管部门、公安机关及其他相关部门备案。

轨道交通运营单位应当建立应急救援组织，配备救援器材设备，并定期组织演练。

第三十一条　轨道交通运营中发生自然灾害、安全事故、恐怖活动或者其他突发事件时，轨道交通运营单位应当按照轨道交通突发事件先期应急处置方案组织疏散、排险、救援及采取其他应急处置措施，并按照规定报告相关部门；相关部门应当按照轨道交通突发事件应急预案采取应急处置措施。

第三十二条　轨道交通运营中发生人身伤亡事故的，轨道交通运营单位应当按照规定及时向有关部门报告，并按照先抢救受伤者、保护现场、维持秩序、及时排除障碍、恢复正常运行，后处理事故的原则处理。任何单位和个人不得阻碍轨道交通正常运营。公安机关应当及时对现场进行勘查、检验，依法处理事故死亡人员的尸体，出具事故调查结论和伤亡鉴定结论。

第三十三条　发生客流量激增危及运营安全的，轨道交通运营单位应当及时调整运营方案。不能及时调整或者调整后仍然不能有效疏导客流的，轨道交通运营单位应当采取限制客流的临时措施，并做好与公共汽车、出租汽车等运营单位的衔接，确保运营安全。

第三十四条　遇有自然灾害、恶劣气象条件或者发生突发事件等严重影响轨道交通安全的情形，并且无法采取措施保证安全运营时，轨道交通运营单位可以暂时停止线路运营或者部分路段运营，但应当报市建设行政主管部门备案，并及时向社会公告。

第六章　法　律　责　任

第三十五条　轨道交通运营单位违反本规定第十三条、第十四条、第十五条、第十六条、第十八条的，由市建设行政主管部门责令限期改正；逾期仍不改正的，处以 1000 元以上 3 万元以下罚款。

第三十六条　轨道交通运营单位违反本规定第十九条第二款，未执行市人民政府批准的票价的，由价格主管部门按照有关规定予以处罚。

第三十七条　违反本规定第二十一条的，轨道交通运营单位有权予以制止；拒不改正的，由市建设行政主管部门处以 50 元以上 5000 元以下罚款。

第三十八条　违反本规定第二十二条第一款的，由市建设行政主管部门责令改正；不改正的，处以 100 元以上 5000 元以下罚款。

第三十九条　违反本规定第二十七条第（一）项、第（二）项的，由区、县城市管理综合执法机构或者市容管理部门责令限期改正；逾期仍不改正的，处以 100 元以上 1 万元以下罚款，并强行予以清除。

违反本规定第二十七条第（三）项的，由土地行政主管部门责令限期改正；逾期仍不改正的，处以 1000 元以上 3 万元以下罚款，并强行予以清除。

第四十条　违反本规定第二十八条的，由市建设行政主管部门责令限期改正，并可处以 500 元以上 3 万元以下罚款；造成轨道交通设施损坏的，应当依法予以赔偿。

第四十一条　违反本规定第二十九条，未经批准擅自作业的，由市建设行政主管部门责令停止作业，处以 5000 元以上 3 万元以下罚款。

第四十二条　拒绝、妨碍轨道交通管理部门工作人员依法执行职务，扰乱轨道交通运营秩序，妨害轨道交通安全，损毁轨道交通设施的，构成违反治安管理行为的，由公安机关依法予以处罚；构成犯罪的，依法追究刑事责任。

第四十三条　本规定所列禁止性行为应当在显著位置公示。对违反本规定的行为，市建设行政主管部门可以委托轨道交通管理机构实施行政处罚。

第七章 附 则

第四十四条 本市轨道交通运营的服务标准和票务规定由市建设行政主管部门制定。

第四十五条 本规定自 2006 年 6 月 1 日起施行。

附录八 国家处置城市地铁事故灾难应急预案

1 总 则

1.1 编 制 目 的

做好城市地铁事故灾难的防范与处置工作，保证及时、有序、高效、妥善地处置城市地铁事故灾难，最大程度地减少人员伤亡和财产损失，维护社会稳定，支持和保障经济发展。

1.2 编 制 依 据

依据《中华人民共和国安全生产法》、《中华人民共和国消防法》、《突发公共卫生事件应急条例》、《国务院关于特大安全事故行政责任追究的规定》和《国家突发公共事件总体应急预案》，制定本预案。

1.3 适 用 范 围

本预案适用于我国地铁（包括轻轨）发生的特别重大事故灾难，致使人民群众生命财产和地铁的正常运营受到严重威胁，具备下列条件之一的：

（1）造成 30 人以上死亡（含失踪），或危及 30 人以上生命安全，或者 100 人以上中毒（重伤），或者直接经济损失 1 亿元以上；

（2）需要紧急转移安置 10 万人以上；

（3）超出省级人民政府应急处置能力；

（4）跨省级行政区、跨领域（行业和部门）；

（5）国务院认为需要国务院或建设部响应。

1.4 工 作 原 则

（1）以人为本、科学决策。发挥政府公共服务职能，把保障人民群众的生命安全、最大程度地减少事故灾难造成的损失放在首位。运用先进技术，充分发挥专家作用，实行科学民主决策。

（2）统一指挥、分级负责。在国务院的统一领导下，由建设部牵头负责，省（区、市）人民政府和国务院其他有关部门、军队、武警按照各自的职责分工和权限，负责有关地铁事故灾难的应急管理和特别重大、重大事故灾难的应急处置工作。

（3）属地为主、分工协作。地铁事故灾难应急处置实行属地负责制，城市人民政府是处置事故灾难的主体，要承担处置的首要责任。国务院各有关部门、军队、武警、省（区、市）人民政府要主动配合、密切协作、整合资源、信息共享、形成合力，保证事故灾难信息的及时准确传递、快速有效处置。

（4）应急处置与日常建设相结合、有效应对。国务院各有关部门、军队、武警和省（区、市）人民政府，尤其是地铁所在地城市人民政府，对事故灾难要有充分的思想准备，调动全社会力量，建立应对事故灾难的有效机制，做到常备不懈。应急机制建设和资源准备要坚持应急处置与日常建设相结合，降低运行成本。

2　组织机构与职责

2.1　国家应急机构

国务院或国务院授权建设部设立城市地铁事故灾难应急领导小组（以下简称“领导小组”）。领导小组下设办公室、联络组和专家组。

领导小组办公室设在建设部质量安全司，具体负责全国地铁事故灾难应急工作。领导小组联络组由各成员单位指派的人员组成。领导小组专家组由地铁、公安、消防、安全生产、卫生防疫、防化等方面的专家组成。

2.2　省级、市级地铁事故灾难应急机构

省级、市级地铁事故灾难应急机构应比照国家地铁事故灾难应急机构的组成、职责，结合本地实际情况确定。

2.3　城市地铁企业事故灾难应急机构

城市地铁企业应建立由企业主要负责人、分管安全生产的负责人、有关部门参加的地铁事故灾难应急机构。

3　预警预防机制

3.1　监测机构

城市人民政府建设行政主管部门负责城市地铁的运行监测、预警工作，建立城市地铁监测体系和运行机制；对检测信息进行汇总分析；对城市地铁运行状况进行收集、汇总分析并做出报告，每半年向国家和省级地铁应急机构做出书面报告。

3.2　监测网络

由省级、市级建设行政主管部门、城市地铁企业组成监测网络，省级、市级建设行政主管部门设立城市地铁监察员对城市地铁进行检查监督。

3.3　监测内容

城市地铁的规章制度、强制性标准、设施设备及安全运营管理。

4　应急响应

4.1　分级响应

Ⅰ级响应行动（响应标准见1.3）由领导小组组织实施，当领导小组进入Ⅰ级响应行动

时，事发地各级政府应当按照相应的预案全力以赴组织救援，并及时向领导小组报告救援工作进展情况。

Ⅱ级以下应急响应行动的组织实施，由省级人民政府决定。城市人民政府可根据事故灾难的严重程度启动相应的应急预案，超出本级应急处置能力时，及时报请上一级应急机构启动上一级应急预案实施救援。

4.1.1 领导小组的响应

建设部在接到特别重大事故灾难报告2小时内，决定是否启动Ⅰ级响应。

Ⅰ级响应时，领导小组启动并实施本预案。及时将事故灾难的基本情况、事态发展和救援进展情况报告国务院并抄报国家安全监管总局；开通与国务院有关部门、军队、武警等有关方面的通信联系；开通与事故灾难发生地的省级应急机构、事发地城市政府应急机构、现场应急机构、相关专业应急机构的通信联系，随时掌握事态进展情况；派出有关人员和专家赶赴现场，参加、指导应急工作；需要其他部门应急力量支援时，向国务院提出请求。

Ⅱ级以下响应时，及时开通与事故灾难发生地的省级应急机构、事发地城市政府应急机构的通信联系，随时掌握事态进展情况；根据有关部门和专家的建议，为地方应急指挥救援工作提供协调和技术支持；必要时，派出有关人员和专家赶赴现场，参加、指导应急工作。

4.1.2 国务院有关部门、军队、武警的响应

Ⅰ级响应时，国务院有关部门、军队、武警按照预案规定的职责参与应急工作，启动并实施本部门相关的应急预案。

4.2 不同事故灾难的应急响应措施

4.2.1 火灾应急响应措施

（1）城市地铁企业要制定完善的消防预案，针对不同车站、列车运行的不同状态以及消防重点部位制定具体的火灾应急响应预案；

（2）贯彻“救人第一，救人与灭火同步进行”的原则，积极施救；

（3）处置火灾事件应坚持快速反应的原则，做到反应快、报告快、处置快，把握起火初期的关键时间，把损失控制在最低程度；

（4）火灾发生后，工作人员应立即向“119”、“110”报告。同时组织做好乘客的疏散、救护工作，积极开展灭火自救工作；

（5）地铁企业事故灾难应急机构及市级地铁事故灾难应急机构，接到火灾报告后，应立即组织启动相应应急预案。

4.2.2 地震应急响应措施

（1）地震灾害紧急处理的原则：

1）实行高度集中，统一指挥。各单位、各部门要听从事发地省、直辖市人民政府指挥，各司其职，各负其责；

2）抓住主要矛盾，先救人、后救物，先抢救通信、供电等要害部位，后抢救一般设施。

（2）市级地铁事故灾难应急机构及地铁企业负责制定地震应急预案，做好应急物资的储备及管理工作。

（3）发布破坏性地震预报后，即进入临震应急状态。省级人民政府建设主管部门采取相

应措施：

1）根据震情发展和工程设施情况，发布避震通知，必要时停止运营和施工，组织避震疏散；

2）对有关工程和设备采取紧急抗震加固等保护措施；

3）检查抢险救灾的准备工作；

4）及时准确通报地震信息，保护正常工作秩序。

（4）地震发生时，省级人民政府建设主管部门及时将灾情报有关部门，同时做好乘客疏散和地铁设备、设施保护工作。

（5）地铁企业事故灾难应急机构及市级地铁事故灾难应急机构，接到地震报告后，应立即组织启动相应应急预案。

4.2.3　地铁爆炸应急响应措施

（1）迅速反应，及时报告，密切配合，全力以赴疏散乘客、排除险情，尽快恢复运营；

（2）地铁企业应针对地铁列车、地铁车站、地铁主变电站、地铁控制中心，以及地铁车辆段等重点防范部位制订防爆措施；

（3）地铁内发现的爆炸物品、可疑物品应由专业人员进行排除，任何非专业人员不得随意触动；

（4）地铁爆炸案件一旦发生，市级建设主管部门应立即报告当地公安部门、消防部门、卫生部门，组织开展调查处理和应急工作；

（5）地铁企业事故灾难应急机构及市级地铁事故灾难应急机构，接到爆炸报告后，应立即组织启动相应应急预案。

4.2.4　地铁大面积停电应急响应措施

（1）地铁企业应贯彻预防为主、防救结合的原则，重点做好日常安全供电保障工作，准备备用电源，防止停电事件的发生；

（2）停电事件发生后，地铁企业要做好信息发布工作，做好乘客紧急疏散、安抚工作，协助做好地铁的治安防护工作；

（3）供电部门在事故灾难发生后，应根据事故灾难性质、特点，立即实施事故灾难抢修、抢险有关预案，尽快恢复供电；

（4）地铁企业事故灾难应急机构及市级地铁事故灾难应急机构，接到停电报告后，应立即组织启动相应应急预案。

4.3　应急情况报告

应急情况报告的基本原则是：快捷、准确、直报、续报。

4.3.1　快捷

最先接到事故灾难信息的单位应在第一时间报告，最迟不能超过1小时。

4.3.2　准确

报告内容要真实，不得瞒报、虚报、漏报。

4.3.3　直报

发生特别重大事故灾难，要直报领导小组办公室，同时报省、市地铁事故灾难应急机构。紧急情况下，可越级上报国务院，并及时通报有关部门。

4.3.4 续报

在事故灾难发生一段时间内，要连续上报事故灾难应急处置的进展情况及有关内容。

4.3.5 报告内容

特别重大事故灾难快报及续报应当包括以下内容：

(1) 事件单位的名称、负责人、联系电话及地址；

(2) 事件发生的时间、地点；

(3) 事件造成的危害程度、影响范围、伤亡人数、直接经济损失；

(4) 事件的简要经过；

(5) 其他需上报的有关事项。

4.3.6 报告程序

(1) 地铁事故灾难发生后，现场人员必须立即报警，并报告地铁企业应急机构。有关部门接到报告后，应迅速确认事敌灾难性质和等级，立即启动相应的预案，并向上级地铁应急机构报告。

(2) 特别重大事故灾难发生单位、属地政府及其相关行政主管部门，接报后必须做到：

1) 迅速采取有效措施，组织抢救，防止事故灾难扩大；

2) 严格保护事故灾难现场；

3) 迅速派人赶赴事故灾难现场，负责维护现场秩序和证据收集工作；

4) 服从地方政府统一部署和指挥，了解掌握事故灾难情况，协调组织事件抢险救灾和调查处理等事宜，并及时报告事态趋势及状况。

(3) 因抢救人员、防止事故灾难扩大、恢复生产以及疏通交通等原因，需要移动现场物件的，应当做好标志，采取拍照、摄像、绘图等方法详细记录事故灾难现场的原貌，妥善保存现场重要痕迹、物证。

(4) 发生特别重大事故灾难的单位及城市地铁事故灾难应急机构应在事故灾难发生后 4 小时内写出事故灾难快报，分别报送国家、省地铁事故灾难应急机构。

4.4 情况接报

(1) 领导小组办公室获悉发生城市地铁事故灾难后，迅速通知领导小组，并根据事故灾难的性质和严重程度提出启动预案的建议。

(2) 领导小组接到报告后，应将有关情况上报国务院，同时通报国务院有关部门。

4.5 紧急处置

紧急处置应按照属地为主的原则，依靠本行政区域的力量。事故灾难发生后，地铁企业和当地人民政府应立即启动应急预案，并按照应急预案迅速采取措施，使事故灾难损失降到最低。

根据事态发展情况，出现急剧恶化的特殊险情时，现场应急指挥机构在充分考虑专家和有关方面意见的基础上，及时制定应急处置方案，依法采取紧急处置措施。

4.6 医疗卫生救助

各级卫生行政部门要根据《国家突发公共事件医疗卫生救援应急预案》，组织做好应急为的，由公安机关依法予以治安处罚；构成犯罪的，由司法机关依法追究刑事责任：

（1）不按照规定制定事故灾难应急预案，拒绝履行应急准备义务的；

（2）不按照规定报告、通报事故灾难真实情况的；

（3）拒不执行地铁事故灾难应急预案，不服从命令和指挥，或者在应急响应时临阵脱逃的；

（4）盗窃、挪用、贪污应急工作资金或物资的；

（5）阻碍应急工作人员依法执行任务或者进行破坏活动的；

（6）散布谣言，扰乱社会秩序的；

（7）有其他危害应急工作行为的。

7.4　国际交流与合作

领导小组要积极建立与国际地铁应急机构的联系，开展国际间的交流与合作活动。

7.5　预案实施时间

本预案自印发之日起实施。

参 考 文 献

1. 何宗华，汪松滋等．城市轨道交通运营组织．北京：中国建筑工业出版社，2003
2. 季令，张国宝．城市轨道交通运营组织．北京：中国铁道出版社，2006
3. 陈兴华等．地铁设备监理．北京：中国铁道出版社，2007
4. 北京市城建设计研究院等．城市快速轨道交通工程项目建设标准．1999
5. 毛保华，姜帆等．城市轨道交通．北京：科学出版社，2001
6. 孙章，何宗华等．城市轨道交通概论．北京：中国铁道出版社，2000
7. 张振淼．城市轨道交通车辆．北京：中国铁道出版社，2005
8. 车站值班员培训教材．天津地下铁道总公司，2003